病院管理学
Hospital Management

山内一信 監修
村田 幸則・加藤 憲 編著

同友館

はじめに

　本書は東海病院管理学研究会の50周年を記念して編纂されたものである。東海病院管理学研究会は日本病院管理学会（現日本医療・病院管理学会）が設立された1963年（昭和38年）の3年後の1966年（昭和41年），日本病院管理学会の支部的役割を想定して設立された。設立には当時の名古屋大学医学部第一外科の橋本義雄教授，名古屋大学医学部附属病院事務部長の山元昌之先生らの尽力によるものである。

　以来，年4回の研究会を毎年行った。この4回の柱となるテーマはおおよそ医療，看護，建築，その他からその時々に話題となった内容が取り上げられた。この間の成果は毎年，『東海病院管理学研究会年報』として発刊されており，これらの研究会から得られた成果は必ずしも小さなものではないと自負している。2016年（平成28年）には50周年記念の研究会が開かれ，これを契機として報告書は機関誌の形を取り，号から巻へと呼称を変更した。

　この50周年の記念事業として，教科書を編纂することとなった。参加した著者は東海病院管理学研究会のメンバーで，かつ多くは大学あるいは大学病院でマネジメントの教育，または実際にマネジメントに携わっている方たちである。彼らは実際，教育にも関係している都合上，病院管理学の教科書の必要性をひしひしと感じており，是非自分たちの教科書を発刊したいという思いが強かった。この思いを糧として本教科書が発刊されることとなった。内容は大学で病院管理学を学ぼうとする学生に対するものであり，分かりやすさをモットーに執筆していただいたが，もちろん病院でマネジメント業務に関係している方にとっても役立つと思われる。内容として，著者独自の考え方も含まれているかもしれないが，本書にふれることにより病院管理への興味が増し，かつ病院管理に関する知見を得ていただくことになれば監修者，編集者，著者らとしては無常の喜びである。

山内　一信

◉目次◉

はじめに   iii

第1章 病院管理学とは ……………………………………… 1

1. 病院管理学とは   1
2. あるべき姿の確立とその達成への戦略と組織   3
3. 戦略の基本的考え方   4
4. 組織の基本的考え方   8
5. 組織と機能   8
6. システム論的に解釈   10
7. 病院をとりまく状況   12
8. どんな学問を学ぶとよいか   13

第2章 病院を取り巻く環境 ……………………………………… 19

1. はじめに   19
2. 各国の医療制度・提供体制と保健医療データ   21
3. 日本の医療の時系列変化   28
4. 諸外国との比較ならびに時系列の変化から考える
   日本の医療の特徴   33
5. 日本の保健医療に関する法律   35
6. 医療とグローバリズム   38
7. おわりに   39

COLUMN 病院から地域へ──地域包括ケアと地域医療構想   41
COLUMN 地域医療を斜にみる   47

第3章 医療倫理 …………………………………………… 51

1. 医療と倫理　51
2. プロフェッションと専門職倫理　63

COLUMN 医の倫理の原則は単純ながら，両義性・多義性を有する難題　65

第4章 マーケティング概論 …………………………………… 69

1. マーケティングとその役割　69
2. マーケティング・マネジメント　69
3. サービスマーケティング　75
4. 医療マーケティング　76
5. まとめ　83

COLUMN 必然的に導かれた経営管理論　84

第5章 リスクマネジメント ……………………………………… 87

1. リスクマネジメントとは　87
2. Enterprise Risk Management から Healthcare Enterprise Risk Management へ　92
3. 我が国の医療機関における医療の質・安全管理の現状と課題　98
4. 医療機関における医療オペレーション・マネジメント導入　107
5. 医療の質・安全管理体制再構築の新たな手法　110
6. 医療の質・安全管理体制再構築のための今後の取り組み　121

COLUMN BCPと業務改善　127

第6章　労務管理　131

1. はじめに　131
2. 勤務体制（シフト）　132
3. 勤務環境改善　135
4. チーム医療　138
5. キャリア開発　141

第7章　人事・組織管理　151

1. 病院組織　151
2. 人事制度　157
3. リーダーシップ　161
4. モチベーション　166
5. 組織文化　171

COLUMN　「医療事務」と「医療秘書」の違い　175

第8章　医療管理・医療機能評価　177

1. はじめに　177
2. 医療管理とは　177
3. クリニカルインディケーター（臨床指標）　186
4. 医療機能評価　187
5. 医療管理の手法　189

第9章　業務管理　195

1. 病院における業務管理の定義とその特徴　195

2. 業務管理の実際：外来化学療法部門の業務管理を例として　200

第10章　材料（資材）と在庫の管理　209

1. はじめに　209
2. SPD（Supply Processing Distribution：物流管理システム）　212
3. 在庫管理とは　213
4. 発注管理　217
5. 事例分析　221
6. 在庫狂い　224
7. 5Sの導入　225
8. 材料・在庫管理の理想と現実　226
9. おわりに　228

第11章　薬剤部門　229

1. 薬剤師の独立と医薬分業の歴史　229
2. 薬剤師の任務　229
3. 「説明と同意」Informed Consent（IC）及び権利としての情報：Entitled Information　233
4. 医薬品情報活動：Drug Information Services　234
5. 医療用麻薬の管理　235
6. 病院製剤　237
7. 注射剤調剤　238
8. 薬剤部が主管する委員会　239
9. 血中薬物濃度測定による投与設計：Therapeutic Drug Monitoring（TDM）　241
10. 臨床薬剤業務：Clinical Pharmacy Practices　241

vii

11. 専門薬剤師：Pharmacy Specialty　**246**
12. 臨床薬剤業務：Clinical Pharmacy Practices　**247**
13. 治験薬の管理　**252**

第12章　財務管理　257

1. 会計の意義—何のために会計を学ぶのか　**257**
2. 会計の分類　**259**
3. 病院の会計　**262**
4. 病院の財務会計　**264**
5. 病院の管理会計　**271**

第13章　診療報酬請求・DPC・診療情報管理　277

1. 診療報酬請求の行われる場所—医事課—　**277**
2. 診療報酬請求とは　**278**
3. 診療報酬請求のしくみ　**282**
4. 診療報酬の特殊性と患者サービス　**290**
5. DPCによる包括払い　**293**
6. 医療サービスの在り方　**294**
7. 診療情報管理　**295**

第14章　ICTと医療　305

1. わが国の医療ICT化の歴史　**306**
2. 医療情報とは　**309**
3. 病院情報システム　**313**
4. IoT/ビッグデータの活用　**322**

第15章　病院における建築と管理　329

1. 病院管理と建築　329
2. ファシリティマネジメントFM　352
3. 人に寄り添う環境づくり　355

第16章　病院管理および病院管理学の展望　367

1. 病院管理の展望　367
2. 病院管理学で特に学んで欲しい点　370

第1章 病院管理学とは

医療関係者が知っておくべき法律に医療法がある。その第1条には「この法律は，〔中略〕，医療を受けるものの利益保護及び良質かつ適切な医療の効率的な提供体制の確保を図ることで国民の健康保持に寄与」とある。病院管理はまさに病院として「良質かつ適切な医療の効率的な提供体制の確保を図る」ことにある。以下に病院管理の意義，実践の方法などを述べる。

1. 病院管理学とは

病院管理学とは病院が本質的機能である医療を的確に遂行できるように事業体を安定して維持・発展できる方法論を研究する学問である。病院には本来の機能である医療とそれを支える経営の2本の柱がある（図表1-1）。この2本の柱の調和をとって統括するのが病院管理であり，その学問には科学性が必要である。2本の柱から成る医療機関全体のマネジメント（病院管理）はマクロマネジメントと言われ，2本の柱を構成するそれぞれの部門，部署のマネジメントはミクロマネジメントに相当する。なお広辞苑によると経営という言葉には「継続的，計画的に事業を遂行すること，特に会社，商業など経済的活動を運営すること又はそのための組織」とあるように経済面に言及される感があるがさらに別項には「力を尽くして物事を営む事」とあるように運営的（組織を働かせる）な意味合いも含まれているので，本稿では運営面も含めて経営と言う形で話を進めたい。

【図表1-1】マクロマネジメントとミクロマネジメント

マクロマネジメント	病院管理の全体	
ミクロマネジメント	経営管理	医療管理

病院管理（マクロマネジメント）は経営管理と医療管理の2本の柱（ミクロマネジメント）から成り立つ

　病院管理学を支えている根本的考えは病院の価値を高めることにある。病院の価値の構成要素は1）医療の質，2）安全性，3）永続・発展性，4）効率性，5）資源の活用である。価値とこれらの構成要素の一つである質との関係を数式で表すと，価値は質を費用で割ったものとされる。

　価値をV，質をQ，費用をCとすれば，$V=Q/C$で表される。

　質の代わりに他の構成要素を分子にもってきてもよいが定量化がむつかしいところが問題である。

　病院全体の価値を持続し，高めるには2本の柱である医療管理及び経営管理それぞれの質，安全性，効率性などの充実をはかることである。この2本の柱を車の両輪の如くバランスをしっかり保ち安全に運営することにより，病院全体の価値が積み上げられてゆく。勿論状況によっては価値が常に増大するわけではない。むしろ価値を維持することに意義がある場合もある。
　では価値を高めるにはどのように行えばよいであろうか。価値を高める基本的方法論は，1）自院の現状を把握する，2）そこからあるべき姿を描く，3）あるべく姿と現状との差異（GAP）を把握する。4）GAPを縮めるべく分析し，行動変容を起こす，そして5）あるべき姿に到達するというものである（図表1-2）。

　このマネジメントの基本骨格に似ていてよく使われる手法にマネジメントサイクルがある。これはPDCAサイクルと言われ，plan計画，do実行，check

【図表1-2】 マネジメントの基本骨格

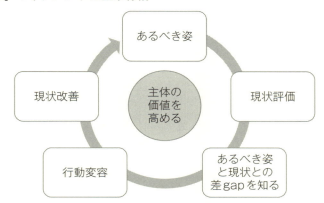

あるべき姿と現状とのgapを知り，それを縮めるべく行動変容を起こし，あるべき姿に到達する。このサイクルを回すことにより，自院や自分自身の価値を高めることができる。

評価，act改善からなっており，生産管理や品質管理に使われる。

2. あるべき姿の確立とその達成への戦略と組織

　病院の機能を維持し，価値を高めてゆくにはどのようにしたらよいであろうか。前項のマネジメントの基本骨格から病院のあるべき姿（vision）を求める。あるべき姿から，病院の理念（病院の根本的考え方）に従ってあるべき姿達成の使命・任務（mission）をしっかり見定めて，それに向かって行動することになる。この行動の指針，つまり何を行い，何を行わないのか，どんな手法で自院のあるべき姿，使命達成に至るかの策略が戦略である。まさに戦略（strategy）こそmissionに向かって組織，人を動かす力となる。前述したように病院の機能には医療管理と経営管理があることを指摘した。双方の柱を動かし，働かせる原動力は戦略であり，働かせる主体は組織である（図表1-3）。組織については第7章で詳述されるが，本章4節でも述べている。

　日本の病院では理念あるいは院是で根本的考え方を示し，基本方針で方向

【図表1-3】病院管理の基本

あるべき姿に到達するには，戦略とそれを実行する組織が必要である。
POS：problem oriented system，BSC：balanced score card，
PDCA：plan，do，check，action

性，目標おおよび実際行う項目を示す病院もある。Vision，mission，value の考え方は大きな変革を求められている場合や，変革が必要とされている場合に有用な仕組みであり，理念，基本方針の標ぼうは比較的安定した状態で発展を推進してゆく場合に示されることが多い。

3. 戦略の基本的考え方

あるべき姿（vision），使命（mission）を立てるには病院の現状分析から始まる。現状把握にはどのようにすればよいであろうか。医療を取り巻く医療行政，社会情勢をはじめ自院の周囲で起きている医療環境，すなわち外部要因の把握が大事であるとともに，内部要因である自院の状況，すなわち病院全体のパワー，臨床能力，さらには強み，弱点などの把握が重要である。そのための方法論としてSWOT分析がある（図表1-4）。これはあるべき姿を求めるために，自分が置かれている立場を自院の医療システムにおける強み（strength），弱み（weakness），機会（opportunity），脅威（threat）から分析し，あるべき姿を描くためのものである。

第1章 病院管理学とは

【図表1-5】マネジメント改革の方法論

あるべき姿と現状とのgapを認識し，それを縮めるべく行動を起こす。その推進力となるのはミッション（使命）達成への戦略であり，その達成に向けて目標を立て，戦略，戦術実行により目標に到達する。ここではあるべき姿として日本医療機能評価機構とJCI（joint commission international）受審が挙げられている。戦略方法論としてBSCなどが示されている。

【図表1-4】SWOT分析

	目標達成へのプラス要因	目標達成へのマイナス要因
内的要因	S：strength，強み	W：weakness，弱み
外的要因	O：opportunity，機会	T：threat，脅威

　例えば近年，病院の機能分化が進み地域包括ケアシステムで医療介護連携を行って行こうとする状況がある。こういう医療環境の中で自院の得意分野，S（強み）はリハビリテーションである。弱点Wは急性期を担う医療スタッフが少ない。機会Oとしては病院機能分化が進み医療介護連携が求められている。脅威Tとして自院は急性期病院に囲まれている。こんな分析から自院のあるべき姿がリハビリテーション専門病院という考えが出てくる。

　あるべき姿が決まればその姿に近づき，到達するための手法を考える。その手法は，まず1）自院のmission（使命，理念）は何か。2）その達成にはどうなりたいのかのgoal目標を定める。3）目標達成の手段，戦略を考える。そして戦略実行のための具体的な行動である戦術を考え，実践事項を落とし込ん

でゆく（図表1-5）。

　図表1-6には分かりやすくするために極めて簡略的な例を示した。説明のための例であり，必ずしも実状を表しているわけではない。ここにはビジョンと価値が加えてある。ビジョンは将来性，展望であり，valueはより所とする基本的価値観みたいなもので，理念とも通じるものがある。米国やカナダでよく示されている。

【図表1-6】ビジョン，ミッション，戦略，戦術の例

英語	日本語	考え方の例
Vision	あるべき姿，展望，将来性 ベースは理念（根本的考え方）	国際化社会に通じる総合医療センター
Mission	使命（社会的使命，根本的役割）院是	安全で高品質な医療を最優先で提供
Value	価値（拠り所，理念，信念，価値観）	尊敬，尊厳，責任，やさしさ
Goal (target)	目標（どうなりたい）	JCI取得
Strategy	戦略（目標達成の方策）	JCI評価項目の確認と対策 EBM実践の対策
Tactics	戦術（具体的活動）	診療録記載法，患者確認法，消毒法，薬品管理法など諸項目チェックと実行，独善的行為の駆逐，HIM配置など

HIM: health information manager（診療情報管理士）

　あるべき姿に近づくため，達成するための一つの方法論として，バランストスコアカード（BSC：balanced scorecard）という経営管理手法がある。BSCはキャプラン／ノートンらにより確立されたもので，戦略的経営システムとして位置づけられている。批判もないわけではないが学ぶべきところも多いのでここで簡単に説明する。

　BSCとはSWOT分析から導き出される病院全体のビジョン・ミッションを4つの視点からどのような戦略で達成するのかを示すものである。4つの視点とは①財務の視点，②顧客の視点（医療では患者の視点），③業務プロセスの

【図表1-7】 バランストスコアカードの簡略例

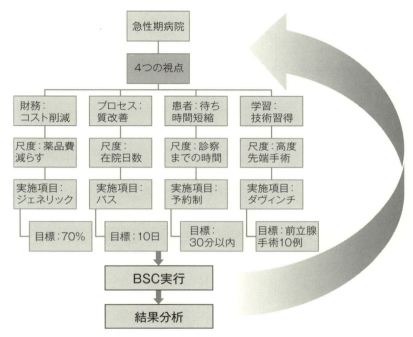

視点（医療では診療），④学習と成長の視点で，それぞれに，戦略目標，成果尺度，目標値，実施項目を示し実施してゆく。当然この4つの視点の目標値は全体のビジョン，ミッションと密接につながっている。図表1-7に急性期病院を目指したBSCを示した。あくまでも説明のための例であって実状はもっと複雑である。

　経営学においては戦略を考えるには，他の医療機関との競争よりもコストを下げることや他の管理手法により差別化で優位に立つための戦略が大切とされる。

4. 組織の基本的考え方

　組織についての詳細な説明は第7章で述べられるが、ここでは基本的な事項を述べる。チェスター・バーナードによれば、組織とは①共通の目的、②コミュニケーション、③協働から成り立っており、組織を牽引してゆくにはリーダーシップが必要とされる。組織が発展するには4つの視点、1）環境との関係、2）デザイン・組織文化、3）プロセス管理、4）ダイナミックスを考えておく必要がある。

　自組織を取り巻く環境を分析し、どう適応してゆくのか、あるいはどうコントロールされているのか見極める。組織にはその機能に応じた適度な構造と大きさがある。命令が確実にスムーズ伝えられ、効率的に作業が遂行されるには構造の在り方、大きさ、つまり組織デザインを考慮しなければならない。また組織には組織文化があることを忘れてはならない。組織文化の理解は組織をスムーズに動かすための大きな要素になる。

　さらに組織が効率よくスムーズに機能を果たすには、構成員のモーチベーションを高め、マネジメント手法を徹底するプロセス管理が必要である。プロセスには必ずコンフリクト（衝突）がつきものである。コンフリクトマネジメントも軽視してはならない。そして組織は発展しなければならない。発展・成長のためには学習と変革が必要であり、そのための戦略考えておく。

5. 組織と機能

　病院組織は前述のように医療組織と経営組織とから成る。両者の柱を統括するのが、いわゆるトップ・マネジメントである。トップ・マネジメントは理事長、理事、院長、事務長、各部長等から構成されることが多く、組織というよりも最高（上位）管理者会議という位置づけが適当かもしれない。トップ・マネジメントの下位にはミドル・マネージメントがあり、部長を筆頭に科長、課長、師長、技師長、室長などが属する。さらにその下にはロアー・マネージメ

ントがあり，部門（所）内の業務の管理監督者である医長，係長，主任などが担当する。

　図表1-8に経営管理と医療管理両柱のそれぞれに属する部署部門と機能を示した。経営組織のトップにあたるのは経営管理部あるいは経営企画室（名称は機関により異なる）などである。経営管理部門には直接医療に携わらない部署に所属するもので多くは医療者以外のスタッフである。これらの部署（組織）でもやはり病院のあるべき姿，理念，それに沿った形で常に改革に向けたマネジメントの実行が必要である。通常PDCAサイクルが使われる。

【図表1-8】経営管理と医療管理の機能と関係部署

機能と関係項目	病院管理	
	2本の柱	
	経営管理	医療管理
主な機能	・企画 ・運営 ・VMに合致した計画,企画・運営 ・企画実行 ・財務諸表の作成・活用 ・管理規定の整備等 ・BCM，BCP， ・リスクマネジメント	・医療者の働きやすい環境作り ・高品質で効率性の高い医療・診療 ・EBMに基づく医療 ・プロセス管理等
組織	・機能に合った組織の型 ・委員会	・ライン型， ・ファンクショナル型 ・ライン・スタッフ型 ・チーム医療
関係部門あるいは部署部，科，課，室	・企画・管理部 ・総務 ・財務・会計 ・人事・労務 ・人材育成 ・施設保守管理 （ファシリティマネジメント） ・労働安全衛生，環境衛生管理 ・医療情報・診療情報管理 ・医療安全管理など	・診療部 ・看護部 ・医療技術部（臨床検査，放射線，リハビリテーション，手術，医療材料，栄養，医療社会事業，地域医療連携など） ・薬剤部 ・事務部（医事）など

BCM（business continuity management）事業継続マネジメント
BCP（business continuity plan）事業継続計画
V：vision，M：mission

医療を担当する組織は診療部，看護部，医療技術部（各医療専門職が含まれる），薬剤部等からなる。さらに医事に直接従事する事務部門も医療管理に属すると考えてよい。関係する職種はいわゆる国家資格をもった医療専門職で医師，歯科医師，薬剤師，保健師，助産師，看護師，准看護師，理学療法士，作業療法士，視能訓練士，言語聴覚士，義肢装具士，診療放射線技師，臨床検査技師，衛生検査技師，臨床工学士，歯科衛生士，歯科技工士，救命救急士，管理栄養士，栄養士，診療情報管理士，臨床心理士，診療報酬請求事務等々である。医療管理に属する各部門も病院のあるべき姿（ビジョン），ミッションにつながった独自の目標，戦略，戦術を立て，実行しなければならない。特に看護部はどの医療機関でも巨大な組織であり，看護部内部としても病院全体に関係したビジョン，ミッション，目標を掲げ（理念，基本方針を示している機関も多い），戦略，戦術を実行している。それを実行するためにはPDCAサイクルが有用である。

　医療管理の中では病院の中核機能である医療に関係する診療部の質を上げること，つまり医療の質を上げることは最も大切なことである。この組織でもPDCAサイクルは大切であるが，そのための目標値は証拠に基づく医療（EBM：evidence-based medicine）とされる。実際EBMの適用が難しい場合にはガイドラインを採用し，それとの差異，ギャップを縮め，ガイドラインのレベルに到達することが望まれる。それを超えた場合にはさらに上方に向けての努力が必要である。なお医療の質評価にはドナベディアン提唱の医療施設の構造，医療の過程，医療の結果からの3側面がある。

6. システム論的に解釈

　病院は患者の医療を行う施設である。病院の機能をシステム論的に考えると医療の機能や質などの解釈が行いやすい。つまり病院を一つのシステムと考える。システムとは入力装置，処理装置および出力装置からなり一定の機能を果たすものである。図表1-9に従えば$x1$，$x2$，という情報がシステムの中に入

【図表1-9】病院機能のシステム的解釈

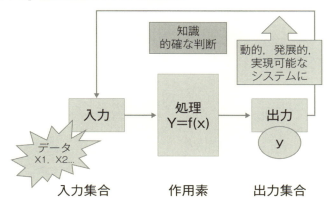

力されるとf(x)という関数により処理されてyという出力が得られる。X1，x2などを症状，f(x)を診断装置とすると，yは診断結果となる。x1，x2を診断名としてf(x)という治療装置に入力すればyという健康体が出力されるというものである。実際の病院では内科システム，外科システム，リハビリテーションシステム，薬局システム，栄養管理システムなどを考えればよい。病院のシステムはかなり複雑でこれらのシステムは並列につながったり直列につながったりして病院システムの全体を構成している。

　システム理論には以下の特徴がある。①入力と出力の関係では出力は何らかの付加価値を得て出力される，②既存の知識を利用できる，③フィードバック（目標と出力との差を修正するように入力を変える）手法でシステムの機能を維持できる，④フィードフォワード（外乱を予測し事前に入力を修正，すなわち危険を予知し危険を回避する安全管理）機能で危険を避ける安全管理のみならず価値増殖にも役立つ，⑤トータルシステムと部分システムとからなる，⑥部分最適の総和が必ずしも全体最適でない（合成の誤謬），⑦創発性（全体は部分総和より大）もある，⑧秩序の整ったプロセス管理が可能である（要素に機能分化，相互間の手順を明確化，仕事の流れを作る），⑨開システム，⑩閉システムがある。開システムとは上位システムとなる環境とつながっており，

外部からエネルギーをもらうことにより動態的平衡状態を保つことができる。また入力条件が違っても等結果性がある（例えば胃潰瘍の患者が内科治療を受けようが，外科治療を受けようが治癒するという点では，等結果になる）という。閉システムでは入力条件が決まれば一義的な結果に陥る。

　上記のようなシステム論的特徴を使うと，医療の仕組みが理解しやすい。例えば病院を一つの診療システムと考える。患者の病態がデジタル化され病院システムに入力される。そこで，診断・治療という知識や技術（エネルギー）の補給を受けることにより健康体を取り戻し，診療システムから出力されると言うが考え方ができる。複雑な診療プロセスをシステム的に考えることによって，最も効率的な連携（クリニカルパス）を探索できる。

7. 病院をとりまく状況

　病院は同じ形態，システムで長期間，永久に存在し続けることができない。それは病院を取り巻く外的因子である医療環境が常に変動するからである。また院内の体制についても恒常性を保つ事が難しく，医師や看護師などの医療従事者も常に変動している。従って取り巻く状況にはいつもアンテナを巡らせ状況の把握をしておく必要性がある。

　日本を取り巻く状況では人口問題がクローズアップされている。平均寿命が伸び，高齢化社会に突入している。高齢者は必然的に疾患を有していることが多く，かつまた生活習慣病や認知症等を患い，これらは完治が難しく，かつ再発が多い。介護の必要性も出てくるので社会福祉士，精神保健福祉士，介護福祉士も必要となる。一方急性期の疾患は医療の高度化，技術の発展により短期間の治療が可能となった。この流れに関連して社会復帰へ促すことが必要となり，リハビリテーション医学が極めて重要となった。リハビリテーションの範囲は四肢を動かすだけではなく，言語訓練や嚥下訓練など多領域に及ぶ。最近ではストーマなどの医療・看護ケアが必要な場合も出てきた。一方医療は医学の発展により証拠に基づく医療（EBM）が重要視され，多くの疾患でEBMに

即した医療，さらにはEBMが適用できない場合にはガイドラインに即した医療が求められている。ガイドラインやEBMが標準仕様となりつつあり，これに即した医療は品質が良いとされ，注目されている。

医療は1950年代から急速に発達し，平均寿命は著しく延長し，治らないとされていた疾患の治癒が可能となり，高齢化が進んだ。高齢者は多疾患を有し，治癒というより生活の質の維持に重点が置かれるようになった。

一方，医療制度では1961年に国民皆保険制度が実施され，2000年には介護保険制度が，2008年には老人保健制度を経て後期高齢者医療制度が実施され，高齢化社会への準備が進んでいる。診療報酬制度では2003年から出来高払い制度に加えて包括評価制度（DPC制度）が導入されている。国民皆保険制度における自費負担は1割から3割に増え，後期高齢者医療制度においても一定以上の所得を得ている人は3割負担になっている。

医師の教育では1946年インターン制度が始まった。1年間のインターン終了後医師国家試験を受けて医師になる制度であったが，1968年に廃止された。2004年には新医師臨床研修制度で医師に2年間の研修が義務付けられ，2018年からは新専門医制度が行われようとしている。

診療の形態としては1病院の自己完結型から機能分化し，多施設さらには地域まで巻き込んだ地域包括ケアシステムへと発展している。医療法においては二次医療圏で病床増床規制が行われており，さらに地域医療構想により，地域ごとでの医療需要に合わせた適切なベッド数の配置が検討されている。

8. どんな学問を学ぶとよいか

病院管理学は医療に関係して法的，マネジメント的な事項と関係職種のあり方を扱っている。したがって病院管理をよりよく理解するには多くの学問を学ぶ必要がある。もちろん基礎医学，臨床医学は知っているに越したことはないが，ここでは社会医学と関連した分野について略述する。

(1) 医事法

病院管理においては医事法（医事に関係する法規）を知っておく事は必須である。病院の運営管理はもちろん，医療管理においても法律に則って行われることが原則であり，このことが病院の品位を高めることになる。以下に主な医事に関する法律（正式な名称を記載していないものも含む）をリストアップする。医療法，健康保険法，保険医療機関及び保険医療療養担当規則（療担規則），医師法，医療専門職（薬剤師，臨床検査技師，診療放射線技師，理学療法士，臨床工学技士など）についての業務・資格に関する法，個人情報保護法，感染症法，予防接種法，健康増進法，薬機法，生殖補助医療に関する法，健康・医療戦略推進法，クローン規制法，医療事故に関係する法（刑法，民法），臓器移植法，精神保健福祉法，介護に対する医事法など多岐にわたる。

療担規則に準じた過不足のない診療報酬の取得は健全な医療機関発展への原資となる。なお診療報酬については第13章に詳述される。

(2) 哲学・倫理学

医療のあり方，患者との関係，自分で自分の生き方を決める意思決定の重み，インフォームド・コンセントの重要性，終末期のあり方，さらには出生前診断，人工授精，生命倫理等々いくつかの複雑な問題についての考え方を理解する上で役立つ。倫理的意思決定には次の①と②を勘案して決定することが大切である。①状況（医学的適応，患者の意向，QOL，周囲の状況）および②倫理原則（善行，無危害，自律性尊重，正義）である。

(3) 医療経済学

経済学とは限りあり生産資源の有効利用・有効配分を研究する学問である。資源の配分は自分の意思に任せておけば市場の調整機能（神の見えざる手）により最も効率的な配分ができ，その成果は最大となる（パレート最適）。この場合の資源は私的なもの（私的財）に当てはまる。財には公共財，準公共財，私的財の三つに分類され，私的財はこれは自分のものであるとはっきり区分で

きる(競合性,排除性がある)ものである。公共財はこれとは逆で財を自分のものであると決めることのできないもの(非競合性,非排除性がある)で例えば警察とか,国防である。問題は医療というサービス財である。医療は需要ではなくニードであり,かつ不確実性,医療者・患者間の情報の非対称性があるため,自由競争になじまないとされる。従って医療ではその生産活動(医業)や利用にもいくつかの法律や規制があり不公平性を是正する仕組みになっている。例えば医療機関は営利企業でなく,患者はどこの医療機関でも一定レベル以上(医療者は国家資格)の医療を公定価格(療担規則で決められている)で受けることができる。

また企業などの生産活動で得られた果実(利益)は税として国の財政に組み入れられ,社会保障や医療保障に還元され,「すべて国民は,健康で文化的な最低限度の生活を営む権利を有する」仕組みに転嫁されている。問題は患者の負担,国の関与の在り方,税のレベル,社会保障費のレベルがどのくらいが適正であるかを決めたいところであるが決められないことである。推測可能な方法として先進諸国の国民負担率((保険料+税)/国民所得)の比較が参考になる。この比率では日本はスウェーデン,ドイツ,フランス,英国よりは低いが,米国よりは高い。ただしこの数値が高いか低いかは国民の考え方によって違いがあり,一概にこれがベストであるとは決められない。一方資源の分配が適切であるかをどの指標を用いるかはこれもむつかしいところである。例えば平均寿命とか乳児死亡率で比較してみることも可能であるが,この数値は世界的に見ても最高レベルであっても医療の成果と決めつけることはできない。患者満足度はまさに医療の評価になろうが,正確に評価されているのかわからない。

国家レベルまではゆかないとしてもいくつかの医療資源の投入とそのアウトカムの結果(例えば薬剤の経済学的評価)を検証する方法には①費用対効果分析,②費用対効用分析,③費用対便益分析などがある。対象とする医薬品,医療機器,医療技術を採用するかどうかの意思決定に用いられる。ただ効用という評価に人間生命の経済評価をどう組み込んでゆくのかが問題となる。

近年経済学では意思決定の在り方,人間の行動について注目が集まってい

る。本人の行動の意思決定には自己利益を最大化するとする自由意思に従うということだけでなく，いくつかの要素が関係していることが指摘されている。この成果を病院管理に応用すれば，他院との差別化に役立つかもしれない。

　経済学では資源の配分，果実の評価，利益最大化，人間の行動の在り方などいくつかの考え方を扱っており，病院管理学を学ぶ上で大変役に立つ学問である。これらの理解によって私たちの医療に関する最も効率的な方法論を考えることができる。あるいは国家レベルで言えば社会保障制度における税の負担とか社会保険における負担，個人負担の在り方やレベルについて議論ができると思われる。

（4）心理学

　心理学とは心の有り様・動きを分析する学問である。すなわち考え方によって身体がどのように働き，行動するのかを分析する。心と身体の機能に注目したのはデカルトである。

　彼は心と身体とは別もの，すなわち心身二元論を唱えた。この考え方を拠り所として多くの医学的，生物学的実験が行われるようになり，科学は大進歩を遂げたとされる。心と身体の動きを最もよく表す実験はパブロフの条件反射である。彼は犬に食事を与えることによって唾液が分泌される実験をしていた。しかし食事を与えなくても食事を与えるような環境にすると唾液が分泌されることを発見した。労働者の作業能率の実験については有名な「ホーソン実験」がある。作業能率は工場の明かりを明るくするような環境をよくすることよりも，上司から言葉をかけられるというような仕事仲間意識に大きく影響されるという。このように人の行動が何によって影響されるかを分析する事は病院管理において極めて大事なことである。人材管理などのスタッフの管理のみならず，患者の受診行動の分析においても心理学は役立つと思われる。心理学には基礎心理学に加えて，さまざまな分野の応用心理学がある。応用心理学の中でも，特に臨床心理学，人格心理学，経済心理学，社会心理学，産業心理学などは重要であろう。

(5) 医療情報学

病院情報システム（HIS：hospital information system）の構築は今や病院管理に必須のインフラストラクチャである。電子カルテシステムの基幹システムであるとともに病院管理に必要な情報の収集，格納，処理に極めて有用である。病院情報システムについては第14章にて詳述される。

(6) 医史学

病院および病院管理の発展史，疾病の診断・治療史，予防医療史，医療制度の発展史，医療機器，技術の発展史，医療者と患者との関係，意思決定の意義など歴史的に理解することは現在のわれわれの立ち位置を知るうえで極めて大事である。また将来のあるべき姿を想定するのに役立つ。

現在の医療成果到達には枚挙にいとまないほどの多くの学者，研究者，医師の貢献がある。ヒポクラテス，ガレノス，ヴェサリウス，ダーウィン，ナイチンゲール，華岡青洲，北里柴三郎，野口英世らについてはその業績は知っておくとよい。ナイチンゲールは病院管理学の嚆矢と考えてよいであろう。日本人の数々のノーベル賞受賞は日本の医療を誇る功績である。医療従事者や研究者に勇気と希望を与えてくれる。

【参考文献】
Porter, M. (2010) "Value in Healthcare" NEJM, Dec.
Porter, M.E. "What Is Value in Health Care?"
山内一信（2017）「東海病院管理学研究会の50年と将来展望」『東海病院管理学研究会年報2017年』東海病院管理学研究会
山内一信（2012）「日本の医療の現状と課題，医療経営情報学を学ぶ必要性」山内一信編著『入門医療経営情報学』同友館
山元昌之（1987）「組織論」山元昌之著『現代病院組織概説』篠原出版
「医療管理」（2017）武田隆久総監修『診療情報管理Ⅲ』一般社団法人日本病院会

（山内　一信）

第2章 病院を取り巻く環境

1. はじめに

(1) なぜ病院を取り巻く環境を理解する必要があるのか

　病院を取り巻く環境は，医療サービス（ここでのサービスとは「形のない財」を意味し，奉仕するという意味ではない）を提供する病院などの医療機関に大きな影響を与える。病院を取り巻く環境とは，①文化，歴史，地理などである。そして，そのような環境の違いによって構築される②社会保障制度や医療制度などの法・制度であり，③また住民の医療への意識がある。なぜこれら医療を取り巻く環境が重要かというと，それらが④医療サービスの構造や過程，そして成果に影響すると考えられるからである（図表2-1）。これら医療を取り巻く環境は，必ずしも医療サービスへの一方向的な影響のみならず，双方向的に影響を与え合う可能性もある。つまり，医療サービスの現状に対して，住民の意識が変わる，また法・制度の変更が行われることもある。

　本章では，病院を取り巻くこれらの環境を理解するために，まず①諸外国（経済開発協力機構（OECD）諸国を中心に）における社会保障制度や医療制度の構造や成果がどのように違うのかを概観する。そして，②日本の医療に関して主に第二次世界大戦後からの変化を経時的に理解した上で，③日本における医療に関連する法・制度を概観する。これにより，日本の病院を取り巻く環境というタペストリーの縦糸と横糸を知ることとなる。最後に，④人の移動の低価格化や情報化の進展により地理・歴史・文化に影響を与えるグローバル化

【図表2-1】病院を取り巻く環境

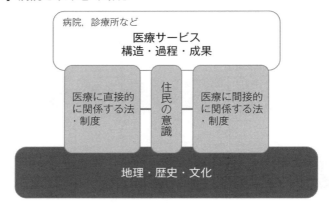

が進むなか，医療を取り巻く環境もグローバル化している現状を理解する。そのような一例として医療観光について述べる。医療サービスは主に地域住民を対象に提供されていたものだが，グローバル化により地域住民以外の患者が受診する可能性も考えられるようになってきた。その結果，地域の（ローカルな）文化や法制度により規定されていた医療サービスが，より大きなグローバルな文脈による影響を受ける可能性がある。病院を取り巻く環境として，地域（ローカル）のみならず地域を越えた（グローバル）視点から考えることも必要となりうることを理解する。

（2）なぜ海外の状況を知る必要があるのか

私たちは，自らの生活を「当たり前」と捉え，それゆえにそれを説明することは難しい。しかし，旅行などで海外へ行き，そこで私たちの「当たり前」は「当たり前」ではないということを知る例が多くある。例えば，私たちの交通ルールは左側通行であるが，世界の多くの国では右側通行である。あるいは，そのような交通ルールがまだ整備されていない国もあるかもしれない。左側通行の国は，多くはイギリスの影響を受けた国である。そのような交通ルールにより通行帯（右側・左側）が決められ，自動車の運転席（右ハンドル・左ハン

ドル）の位置が異なることとなる。つまり，イギリスの影響を受けたという歴史や文化によって交通法規が規定され，その結果として自動車のハンドルの位置という構造が異なることになる。日本が左側通行であり，日本にて走っている車の多くは右側にハンドルがあるという特徴は，そうではない国を見ることにより気づくことができると言えよう。

　それゆえ，はじめに海外（一部であるが）と日本の医療環境の違いを知り，それを通して日本の病院を取り巻く環境の特徴について理解することを目的とする。ただし，国際比較は難しいということに留意する必要がある。なぜなら，前提が異なるために，比較の解釈には慎重であることが求められるからである。たとえば，医療費の自己負担額が同じ100ドル（換算）であったとしても，もともとの収入の多寡によりこの100ドルの持つ意味は異なることとなろう。この章の目的は，日本の病院を取り巻く環境を理解することであり，その特徴を浮き彫りにする手段として外国の医療環境を比較対象として用いるものであり，優劣を決めるものではない。

2. 各国の医療制度・提供体制と保健医療データ

　ここでは，米国，英国，ドイツ，フランス，フィンランド，スウェーデンの欧米諸国と，日本と同じ東アジア圏の国として中国と韓国の医療制度・提供体制や保健医療データを紹介する。

（1）各国の医療制度・提供体制
① 米国の医療制度・提供体制

　米国の医療制度は，他の多くの先進国とは異なり，公的医療保険の被保険者が限定されている。高齢者を対象とした「メディケア」，そして低所得者を対象とした「メディケイド」に限られる。その他の多くの住民は民間の医療保険に加入することとなるが，保険料が相対的に高く，国民の約6人に1人は保険に加入していない状況であった（2010年）。この問題を解消しようとしたのが，

2014年に開始されたオバマケア（正式名称Affordable Care Act）である。オバマケアにより，所得の少ない人に対しては補助金を支給したうえで，国民が医療保険に加入することを義務づけた。一方，民間保険会社に対しては決められた予防・医療サービスを，既往症や性別等に関係なく提供することを義務づけた。それにより，無保険者の数は約11人に1人（2016年）まで減少した（米国人口統計局調べ 2017）。

② 英国の医療制度・提供体制

英国は，National Health Service（NHS）と呼ばれる税に基づく医療提供体制が構築されている。このNHSは「貧富にかかわらず，良い医療はすべての人に提供されるべき」という理念のもと，1948年に設立された。医療費は原則無料である。住民が医療サービスを必要な際には，まず登録医の診察を受け，必要に応じて病院等に紹介される。NHSにおける検査や手術までの待機時間の長さや医療の選択の観点から，民間の医療保険や医療機関も存在する。

③ ドイツの医療制度・提供体制

ドイツ連邦共和国（ドイツ）の医療は，社会保険制度を中心に提供されている。医療保険は疾病金庫（日本の健康保険組合に相当）と民間保険会社により提供されている。国民の約9割が公的な医療保険に加入しており，100程度ある疾病金庫から選択できる。一定収入以上ある被雇用者，自営業者や公務員などは，広い給付がなされる民間の医療保険に加入することもできる。日本の医療保険制度，介護保険制度のモデルと言われている。

④ フィンランドの医療制度・提供体制

フィンランドの医療は，社会保険制度を中心に提供されている。医療提供体制の確保は地方自治体が担っている。地域には一次医療（比較的に軽度な症状に対する医療）を担当する保健センター（入院施設あり）が公的に設置され，住民は原則的にはこの保健センターを初めに受診する。その後必要に応じて，

二次医療（中〜重度な症状に対する医療）を担う病院に紹介される仕組みとなっている。救急時以外には，住民が直接に病院を受診することはできない。保健センター受診までの待機時間（予約から受診までの時間）が長いことから，それが短い民間の医療機関を利用する住民もいる。受診までの待機時間の長さにより満たされなかった医療需要の割合は，自己申告によると3.6％であり，EUの平均である0.8％よりも高い（EU Stat 2017）。

⑤ スウェーデンの医療制度・提供体制

スウェーデンの医療は，税金を財源として提供されている。医療は20あるランスティング（日本の県に相当する広域自治体）がそれぞれ担当し，介護はコミューン（日本の市町村に相当する自治体）が担当する。ランスティングが医療に関する財源確保とサービス提供の責任を負い，医療施設の設置ならびに運営を行う。その医療施設に勤務する医師や看護師は，ランスティングが雇用する公務員である。医療施設は，提供する医療レベル（質という意味ではなく，対象とする病態のレベル：一次医療，二次医療，三次医療）により役割分担がなされている。患者が医療を受療した際の自己負担額はランスティングにより異なるが，外来は1回あたり0〜3000円程度，入院は1日あたり600円〜1200円程度である。なお，受診までの待機時間の長さにより満たされなかった医療需要の自己申告による割合は1.0％であり，EU諸国のほぼ平均に近づいている（EU Stat 2017）。

⑥ 中国の医療制度・提供体制

国民皆保険を2020年に達成するよう目指しているが，それは皆が加入できるという意味であり，強制加入ということではない。公的医療保険は都市部就労者向け（都市職工基本医療保険）と，農村部の住民ならびに都市部の非就労者や学生向け（都市・農村住民基本医療保険）の2つがある。これらの制度間に受けられる医療に差があるという問題を抱えている。一人っ子政策を導入していたこともあり，高齢化社会の進行が日本より早い。

⑦ 韓国の医療制度・提供体制

　社会保険により医療サービスが提供されており，1989年に国民皆保険を実現した。現在は，国民健康保険公団に保険者が一本化されている。自己負担は入院は0％～20％，外来は30％～60％と医療施設や地域，患者区分により異なる。また年間の自己負担上限額が，保険料額に応じて定められている。低保険料，低給付，低診療報酬の3低政策が採られており，混合診療（保険診療と保険外診療の併用）による請求が認められている。高齢化は日本より早く進行している。

(2) 保健医療データの比較

　OECD等の保健医療に関するデータ（2017年のデータを中心に）を国際比較することにより，日本の医療の特徴を見ていきたい（図表2-2）。各国により，言葉の定義が異なることもある。例えば，急性期病床の定義も，各国で少しずつ異なる。日本では，感染症病症と一般病床が該当するが，米国では原則30日以内の入院加療を行う病院（の病床）が該当する。そのため，比較は日本の医療の特徴を浮き彫りにするためであり，数値そのものを詳細に比較できないことに留意する必要がある。

① 人口

　日本の人口は約1億2600万人であり，高齢化率（人口のうち65歳以上の人口が占める割合）は27％である。日本の高齢化率は，他の国と比して高い状況にある。また，基本的な医療サービスを受けられる（ユニバーサル・ヘルスケア・カバレッジ）人口の割合についてみると，日本は100％であり，ここに示した国々の多くも100％である。しかし，米国は90％に留まっている。

② 病院

　日本の病院数は，8,480である。フランスは3,089，イギリスは1,895.92，米国は5,627である。人口1億人あたりの病院数で比較すると，日本66.72，

フランス46.36、イギリス29.11、米国17.66である。また、公的病院の数（人口1億人あたりの数）は、日本1,556（12.24）、フランス1,389（20.85）、米国1,424（4.47）である。また、全病院に占める公的病院の割合は、日本18％、フランス45％、米国25％である。

日本の病床数は、1,673,594床ある。フランスは408,245床、イギリスは169,995.15床、米国は902,202床である。人口1,000人あたりの病床数は、日本は13.2であり、フランスは6.1、イギリスは2.6、米国は2.8である。

③ CT台数（人口100万人あたり）

人口100万人あたりのCT（Computed Tomography/コンピュータ断層撮影）の台数を比較すると、日本は107台であり、米国43台やフィンランド24台など、他のOECD諸国と比べて多い。

④ 医師・看護師数

人口1,000人あたりの臨床現場にいる医師数と看護師数を比較すると、日本の医師数は2.43人と少なく、看護師数は11.34人と平均的な傾向が見られる。医師に占める女性の割合を見ると、日本は21％であり韓国の23％とほぼ同等であるが、フィンランドの58％や米国の36％と比べて低い。

⑤ 平均的年間受診回数

医師への受診回数（年間）の平均を見ると、日本は12.8回である。これは、韓国の17回に次いで多い。スウェーデンは2.8回、米国は4回である。

⑥ 医療費の対DGP比

医療費の対国民総生産（GDP）比は、経済規模に対してどの程度医療費が使われているかを示すものである。日本のそれは長らくOECD諸国のなかでは低かったが、近年は10.7％となり、OECD諸国中、6番目に高くなった。

【図表2-2】医療提供体制や健康に関する指標の国際比較（2017年もしくは直近年）

	日本	米国	英国
人口	126,785,797	325,719,178	66,022,273
高齢化率（65歳以上人口／全人口）	27.0%	15.4%	18.5%
ユニバーサルヘルスケア（基本的保健サービスの人口カバー率）	100%	90.9%	100%
上記のカバー率のうち，公的制度による人口カバー率	100%	35.6%	100%
病院数	8,442	5,564	1,922
人口100万人あたり病院数	66.51	17.33	29.3
公的病院数	1,540	1,403	
人口100万人あたり公的病院数	12.13	4.37	
公的病院／全病院	18%	25%	
一般病院／全病院			
病床数	1,664,456	897,961	168,934
人口1,000人あたり病床数	13.11	2.8	2.58
急性期病床数	992,131	789,197	
人口1,000人あたり急性期病床数	7.82	2.46	
急性期病床数／全病床数	60%	88%	
慢性期病床数			
CT台数（人口100万人あたり）	107.17	42.64	9.46
平均在院日数（急性期）	16.3	5.5	6.0
医療費の対GDP比	10.7%	17.2%	9.7%
平均寿命（0歳時平均余命）	84.1	78.6	81.2
健康寿命	74.8	68.5	71.9
乳児（1歳未満）死亡率（1,000出産あたり）	2.0	5.9	3.8
15歳以上の主観的健康感（とても良い，良いと回答した割合）	35.4%	88.0%	69.0%
診察している医師数（人口1,000あたり）	2.43	2.58	2.82
医師のうち女性の占める割合	21.02%	35.52%	46.28%
臨床に関与している看護師・准看護師数（人口1,000あたり）	11.34		7.86
病院の診療に対する満足度（完全に満足～かなり満足の割合）	65.5%	87.1%	81.6%
医師への平均受診回数（1年間あたり）	12.8	4	5

出所：備考に記載がないデータは，OECD.statから2018年8月に抽出した。抽出したデータのうち，最新の数値を本表に掲載した。最新の数値は2017年のデータが主であるが，それ以前のデータも一部含まれている。なお，小数点以下桁数は出所元の桁数を原則そのまま採用した。また，空欄は不明を示す。

ドイツ	フランス	フィンランド	スウェーデン	韓国	中国	備考
82,695,000	67,118,648	5,511,303	10,067,744	51,466,201	1,386,395,000	1
21.5%	19.7%	21.2%	20.0%	13.9%	10.6%	1
100%	99.9%	100%	100%	100%		2
89.2%	99.9%	100%	100%	100%		2
3,100	3,065	262	81	3,788	29,140	3
37.64	45.84	47.68	9.04	73.92	21.02	4
793	1,376	192		220	12,708	5
9.63	20.58	34.94		4.29	9.17	
26%	45%	73%		6%	44%	
663,941	404,248	21,835	23,207.09	613,968	5,330,600	
8.06	6.05	3.97	2.34	11.98	3.82	
498,718	210,003	16,135.05	21,365.63	363,686		
6.06	3.14	2.94	2.15	7.1		
75%	52%	74%	92%	59%		
35.17	17.33	24.2		38.18		
7.5	5.7	6.3	5.6	7.3	9.4	3
11.3%	11.5%	9.2%	10.9%	7.6%	5.5%	6
81.1	82.4	81.5	82.4	82.4	76	
71.6	73.4	71.7	72.4	73	68.7	7
3.4	3.7	1.9	2.5	2.8	9.2	
65.2%	66.3%	70.2%	75.0%	32.5%		
4.19	3.13	3.21	4.27	2.34	1.8	
46.25%	45.07%	57.73%	48.28%	23.34%		
12.85		14.26	11.06	6.91	2.32	
80.2%	82.1%	88.6%	82.4%	65.7%	70.3%	8
10	6.1	4.3	2.8	17		

1. The World Bank: DataBank
2. OECD (2017): Health at a Glance 2017: OECD Indicators. OECD Publishing, Paris.
3. 中国：China 2016: http://www.stats.gov.cn/tjsj/ndsj/2017/indexeh.htm
4. 中国：筆者が計算
5. 中国：http://english.gov.cn/premier/news/2017/10/09/content_281475902231546.htm
6. 中国：2016 or nearest OECD, Health at Glance 2017
7. WHO: Global Health Observatory data repository 2016
8. ISSP Research Group (2015): International Social Survey Programme: Health and Health Care-ISSP 2011. GESIS Data Archive, Cologne. ZA5800 Data file Version 3.0.0, doi:10.4232/1.12252

⑦ 死亡率

　平均寿命は年齢ごとの死亡率から推計される，0歳児の平均余命のことである。つまり，現状の死亡率が変わらないとした場合，0歳児に期待される余命の年数を推計したものである。死亡者の平均年齢ではない。平均寿命を比較することで，国全体の健康状態（の一面）を評価することができる。日本の平均寿命は84.1歳であり，世界的にも一二を争う高さである。一方，米国は78.6歳である。また，健康寿命は自立して生活できる年齢であり，日本は74.8歳であり米国は68.5歳である。また，乳児（1歳未満の）死亡率を比較すると，1,000出生あたり日本は2.0であり，米国は5.9である。

⑧ 15歳以上の主観的健康感

　主観的健康感とは，本人が健康と思っているかどうかを尋ねたものである。「とても良い」と「良い」と回答した割合の合計を比較すると，日本は35.4%であり，米国は88.0%，韓国は32.5%である。

⑨ 病院の診療に対する満足度

　病院に対する満足度（完全に満足している，とても満足している，かなり満足しているのいずれかを選択した割合）は日本が65.5%であった。日本に加えて中国や韓国も，ヨーロッパ諸国や米国と比較して低い傾向が見られた。

3. 日本の医療の時系列変化

　これまで，ある一時点（あるいは一定期間）における国ごとの違いを横断的に見てきた。医療を取り巻く環境を含むあらゆる事象を理解するためには，さらに時系列による縦断的な変化を知ることも大切となる。ここでは，日本の医療提供体制における縦断的変化の一部を概観し，今日の医療を取り巻く環境について考えたい。

【図表2-3】国民医療費と対GDP比の推移

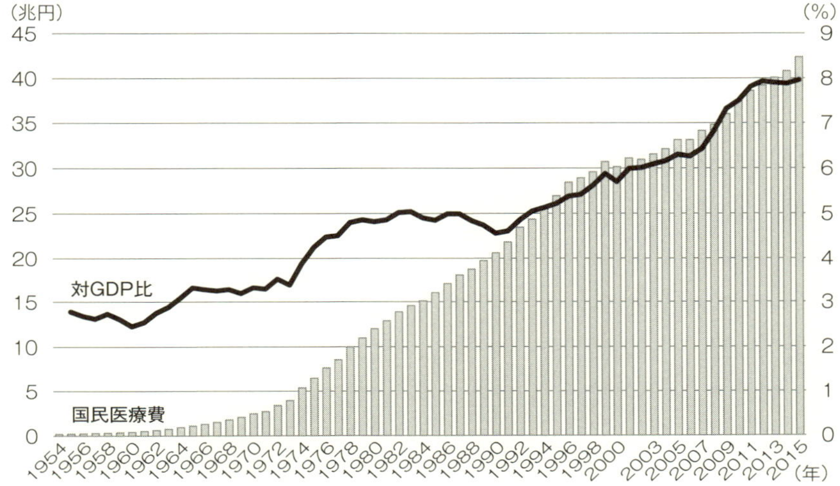

出所：厚生労働省，平成27年度 国民医療費の概況より著者が作成

（1）医療費／対GDP比

　国民医療費とその対GDP（国内総生産）比の変化は，図表2-3の通りである。1955年における国民医療費は2,388億円であったのが，1965年には1兆円，1978年には10兆円，2014年には40兆円を超えた。医療費のこのような増加傾向は医療技術の進歩や高齢化等による影響である。伸び率は年度により異なるが，診療報酬の改定によりその調整をある程度行っている。医療費の対GDP比をみると，1945年からは2％台後半であったのが，1964年に3％台，1975年に4％台，1982年に5％台となり，2001年までは5～6％であった。2015年は約8％となった。

（2）平均在院日数の変化

　図表2-4で示したように，1994年の平均在院日数は34.4日であった。平均在院日数は減少傾向にあり，2004年には20.3日，2014年には16.9日となったが，近年は減少傾向は小さくなっている。

【図表2-4】平均在院日数（一般）の推移

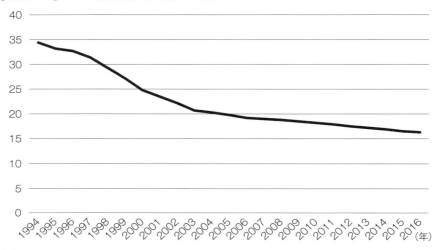

出所：OECD (2018), Length of hospital stay (indicator). doi: 10.1787/8dda6b7a-en (Accessed on 23 August 2018) より著者が作成

（3）乳児死亡率の変化

　第二次世界大戦後すぐまでは高い率を示していたが，その後著しく減少した（図表2-5）。これは医学の進歩のみならず，衛生状態の改善によるところが大きいと考えられる。なお，1918年に乳児死亡率が上昇しているが，これはスペイン風邪の流行によるものである。

（4）死亡場所の変化

　第二次世界大戦後しばらくは自宅に死亡する割合が高かったが，高度経済成長期の頃より病院で亡くなる割合が増加した。しかし，ここ10年は病院で死亡する割合がやや減少している（図表2-6）。

（5）人口の変化

　第二次世界大戦後すぐに生まれた世代（団塊の世代）により人口が増加し，

【図表2-5】乳児死亡率

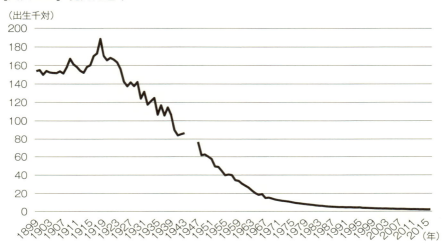

出所：厚生労働省，我が国の人口動態（https://www.mhlw.go.jp/toukei/list/81-1a.html）より著者が作成

またその子供の世代（団塊ジュニア）も多く，人口は1億人を超えることとなった。しかし，その後の出生率が低下，少子化の時代を迎えて，現状の死亡率や出生率が変わらない場合には，人口は今後減少する（図表2-7）。

(6) 平均寿命の変化

第二次世界大戦後すぐは50歳代であった平均寿命（0歳時平均余命）は，経済の発展とともに大きく延伸し，2017年には男性81.09歳，女性87.26歳となった（図表2-8）。

(7) 死亡数の変化

団塊の世代が2025年になると全員75歳以上になることから，今後しばらくは死亡者数が増加することが予測される。

【図表2-6】死亡の場所の経年推移

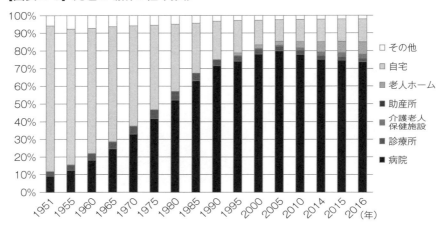

出所:厚生労働省,平成28年人口動態統計(確定数)の概況より著者が作成

【図表2-7】人口の推移

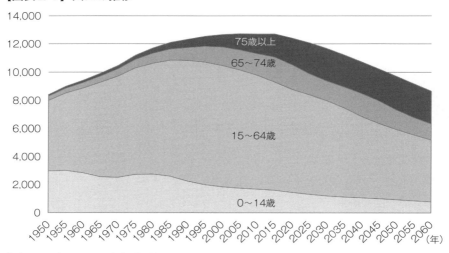

(注) 2010年までは総務省「国勢調査」,2015年は総務省「人口推計(平成27年国勢調査人口速報集計による人口を基準とした平成27年10月1日現在確定値)」,2020年以降は国立社会保障・人口問題研究所「日本の将来推計人口(平成24年1月推計)」の出生中位・死亡中位仮定による推計結果
出所:内閣府,平成28年版高齢社会白書より筆者が作成

【図表2-8】平均寿命の推移

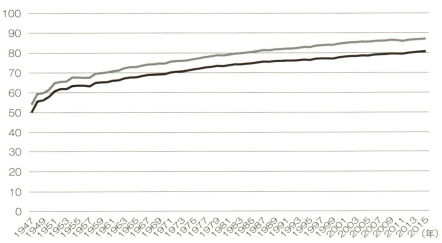

出所：厚生労働省，第22回生命表（完全生命表）の概況（https://www.mhlw.go.jp/toukei/saikin/hw/life/22th/index.html）より著者が作成

(8) 死亡原因の変化

戦後直後までは感染症（結核等）による死亡が多かったが，その後は非感染症・生活習慣病（がんや心臓病等）による死亡が増加している。また，老衰による死亡も近年増加傾向にある。

　以上，簡単に日本における医療を取り巻く環境の時系列（縦断的）変化を見てきた。人口数やその年齢構成が変わることにより求められる医療も変化し，医療提供のあり方は変化する。

4. 諸外国との比較ならびに時系列の変化から考える 日本の医療の特徴

(1) 医療費の支払方法

　医療費の支払いの方法には，大きく3種類の方式があり，それらは社会保険

方式,税方式,民間保険方式である。保険方式とは,保険料を支払い,医療サービスを受けたらその医療費が保険から支払われる方式である。うち社会保険方式は保険の管理を公的機関が行うものであり,民間保険方式においてはそれを民間が行う。社会保険方式の多くは,保険料だけではなく税金が投入されている。税方式は,徴収した税金を医療費として用いるものである。税方式だけではなく,社会保険方式においても税金が投入されているとなると,これら二つの違いは何かということになる。社会保険料は医療サービスのために保険料を支払っていることから,医療サービスを受ける権利があるという権利関係が明確であると言えるが,保険料を支払っていないと医療サービスが受けられないこととなる。一方,税方式は原則的には特定の目的を定めて税は徴収されるわけではないため,医療サービスを受ける権利があるということが希薄になりがちであると言われる。ただし,特定の人が医療サービスの利用を拒否されることはないと言える。日本の医療は社会保険方式により提供体制が構築されているが,その財源は①公費(税金),②保険料,③患者負担から構成されている。これらの総額の国民総医療費は2017年現在40兆円を超えており,今後も増加が見込まれている。国家予算における医療費を含めた社会保障費(政府支出分)は32兆円(年金や,医療の①公費のうち国庫負担分に相当)であり,国家予算97兆円の3分の1を占めている。医療費の伸びの抑制は,政府にとって大きな関心事である。

(2) 医療費の規模

医療費の対GDP(Gross Domestic Product:国内総生産)比を見ることにより,国全体の経済規模に比して医療費がどれだけ使われているのかを知ることができる。OECD諸国における医療費の対GDP比は図表2-2に,日本の国民医療費とその対GDP比は図表2-3に示した。日本は長らくOECD平均以下であったが,近年はほぼ平均にある。ただし,その要因は必ずしも医療費が増加したことだけではなく,医療費が同じであってもGDPが減少すると自ずと対GDP比が上昇することには留意すべきである。

(3) 医療資源

医師数の数は増加しているが，OECD諸国と比較して多いとは言えない状況である。また，医師の勤務時間の平均は週60時間超とする研究が多く，OECD諸国と比較して長いと言える。女性医師の割合も増加しているが，依然として低い。CTやMRIの台数は世界的に見ても多い状況であり，それはプライマリ・ケアを担当する診療所でも多く所有しているという機能分化が未発達であったことが一因と考えられる。一方で，それにより検査の待ち時間が少ないという側面もあると言えよう。

(4) 医療の成果

ある国の平均寿命は，その国の保健医療やその制度の簡便な評価指標として用いることができる。日本の平均寿命（2016年）は，男性が80.98歳，女性が87.14歳であり，男女ともに香港についで世界で2番目に高い。その他には，健康寿命や乳児死亡率などが成果の指標として用いることができるだろう。健康寿命とは，「健康上の問題で日常生活が制限されることなく生活できる期間」（厚生労働省『平成26年版厚生労働白書』図表3-1-4）である。日本の健康寿命（2016年）は，男性72.14歳，女性74.79歳であった。乳児死亡率とは，年間の出生1,000人あたりの1歳未満児（乳児）の死亡数を指す。日本の乳児死亡率（2016）は，2.0であった。このような日本の医療の成果は，世界的にみても良好と言える。

5. 日本の保健医療に関する法律

日本の医療制度を特徴づけている一つの要因として，法制度の存在がある（医療制度の現状にあわせて，法制度の整備が行われている側面もあるために，一概にどちらが原因でどちらが結果であるという議論は難しい）。日本国憲法第25条1項と2項では，「すべて国民は，健康で文化的な最低限度の生活を営む権利を有する。国は，すべての生活部面について，社会福祉，社会保障及び

公衆衛生の向上及び増進に努めなければならない。」と規定されている。その権利を保障し，国の責務を実施するために，社会保障制度が整備されている。医療保険に関しては健康保険法や国民健康保険法が，医療機関については医療法が，専門職種については医師法や保健師・助産師・看護師法などにより規定されている。

(1) 社会保険に関する法

　日本において医療サービスは，主に社会保険制度により提供されている。社会保険には被用者保険と国民健康保険があり，75歳以上を対象にした後期高齢者医療制度がある。

　健康保険法は，「労働者又はその被扶養者の業務災害以外の疾病，負傷若しくは死亡又は出産に関して保険給付を行い，もって国民の生活の安定と福祉の向上に寄与することを目的と」（第一条）し，国民健康保険法は被用者保険（健康保険法や船員保険法，国家公務員共済組合法，私立学校教職員共済法などに基づき雇用されている人が加入する保険）に加入していない者を対象とすることを定めている。後期高齢者（75歳以上）になると，高齢者の医療の確保に関する法律に基づき，都道府県ごとにある広域連合（各都道府県下の全市町村）が運営する後期高齢者医療制度に加入する。

　このような社会保険を用いた医療サービスを提供するにあたり，保険医療機関及び保険医療養担当規則（療養担当規則と呼ばれることが多い）が，給付できる療養の範囲を定めている。健康保険を用いて保険医療機関と保険医が医療サービスを提供する場合には，この規則に従う必要がある。

　介護保険法は介護の社会化のために，2000年に施行された。さらに，当時医療費が国の財政を圧迫するようになるという危機感のもと，医療費に含まれていた社会的入院にかかる費用を抑制することも目的の一つで介護保険が立案されたこともあり，医療保険とは別のものとして設計された。しかし，近年は地域包括ケアシステムが推進され，医療と介護の連携の重要性が指摘されている。それゆえに，医療保険と介護保険において提供されるサービスのあり方に

について，議論が必要となろう。たとえば，介護保険下において老人保健施設（老健）の入居者が，診察のため診療所等へ外来受診をした場合，その診察料は医療保険では原則給付されないこととなっている。医療と福祉の連携を考えるには，このような制度上直面する課題についても検討していくことが必要である。

(2) 医療法

医療法とは，「医療を受ける者による医療に関する適切な選択を支援するために必要な事項，医療の安全を確保するために必要な事項，病院，診療所及び助産所の開設及び管理に関し必要な事項並びにこれらの施設の整備並びに医療提供施設相互間の機能の分担及び業務の連携を推進するために必要な事項を定めること等により，医療を受ける者の利益の保護及び良質かつ適切な医療を効率的に提供する体制の確保を図り，もつて国民の健康の保持に寄与することを目的」（第一条）とした法である。医療提供体制について定めて法であり，例えば第一条の五では病院と診療上の違い（病院は「二十人以上の患者を入院させるための施設を有するもの」）を定義し，第四条では病院の役割（地域医療支援病院，特定機能病院や臨床研究中核病院）を定義している。

(3) 医療職種に関する法

医師法は，医師について定めた法律である。その第一条において，医師とは，「医療及び保健指導を掌ることによつて公衆衛生の向上及び増進に寄与し，もつて国民の健康な生活を確保するものとする」と定められている。また，第十六条では「医師でなければ，医業をなしてはならない」とし業務独占を，第十七条では「医師でなければ，医師又はこれに紛らわしい名称を用いてはならない」として名称独占を認めている。その他，第十九条においては，「診療に従事する医師は，診察治療の求があつた場合には，正当な事由がなければ，これを拒んではならない。」とし応召義務を定めている。

保健師助産師看護師法は，保健師，助産師，そして看護師について定めてい

る。第五条において，看護師は「厚生労働大臣の免許を受けて，傷病者若しくはじよく婦に対する療養上の世話又は診療の補助を行うことを業とする者」とされている。また，第三十一条においては，「看護師でない者は，第五条に規定する業をしてはならない」と定められているが，「医師法又は歯科医師法の規定に基づいて行う場合は，この限りでない」とされている。保健師や助産師についても，それぞれ本法において職能が規定されている。その他薬剤師など多くの医療関連職種も，法において職能が定められている。

6. 医療とグローバリズム

　医療のようなサービスは，物と違い（無形性），生産物を在庫として持つことができない（消滅性）。つまり，医療サービスはその場で提供する（同時性）ことが基本となる。そのために，患者が医療機関に行くことにより，医療が提供されてきた。事前に作り置きした医療を，患者の自宅に届けるということができないからである。

　そのような制約があるなか，医療が不十分にしか提供されていない国の裕福な人は，医療を他国で受けることを考える。あるいは，米国のように医療費が高額になる場合には医療費がより安い他国で医療を受けることを考えることもあろう。また，検査や治療までの待機時間が長い場合には，待機時間が短い他国で医療を受けることもある。このように医療がより先進的あるいはより安価，より早い他国で医療を受けるために旅行することを，医療観光（Medical Tourism：医療ツーリズム）と呼ぶ。タイは医療観光の患者を民間病院が多く受け入れており，年間281万人程度（2015年　タイ政府公表）の患者がいると推測される。外国人に対して病院の質を示すシグナルとして，JCI（Joint Commission International）と呼ばれる国際的な病院評価の認定を取得する病院も多い。

　日本でも，医療観光が着目されることとなった。医療観光において提供される医療には，治療，予防医学（健康診断），健康増進の目的がある。海外から

患者を受け入れるケースと海外へ患者を送り出すケースがあるが，それぞれインバンド，アウトバウンドと呼ぶ。日本の医療観光におけるインバウンドでは，予防医学（健康診断）の提供が中心となっているが，この受診者数は明らかになっていない。なお，医療滞在ビザの発給件数は2016年において1,307件であるが，これは主に治療を目的としたものであると考えられ，医療観光の一部に過ぎない。

7. おわりに

　医療提供体制を構築するにあたり，アクセス（Access），質（Quality），コスト（Cost）のバランスを考えることが求められる。アクセスと質が良ければ，コストは高くなる。アクセスが良くコストが安ければ，質は低くなる。質が高くコストが安ければ，アクセスは悪くなる。アクセス，質，コストにはこのような関係がある。この視点から，諸外国との比較ならびに時系列の変化から日本の医療の特徴をみると，アクセスが良くコストは安いと言える。コストの安さは，たとえば公立病院への税金の投入や医療者の長時間労働などから成立していたとも言える。今後は，質を維持するためにも，アクセスとコストの再検討が必要になっていると言える。つまり，質を維持するためには，他国で行われているアクセスの制限（専門病院を受診するには，かかりつけ医の紹介が必要など）や，コストの適正化（保険料の見直しや，公費負担の見直しなど）の検討が求められるであろう。その際には，①文化，歴史，地理，②社会保障制度や医療制度などの法・制度，③住民の医療への意識を理解し，病院を取り巻く環境の変化を見つめていくことが求められ，病院を管理するためにもそれを理解することが必要である。

【参考文献】
European Commission (n.d.): Health care, eurostat.

https://ec.europa.eu/eurostat/web/health/health-care/data/main-tables（アクセス日 2018/09/07）

ISSP Research Group (2015) International Social Survey Programme: Health and Health Care-ISSP 2011. GESIS Data Archive, Cologne. ZA5800 Data file Version 3.0.0, doi:10.4232/1.12252.

OECD (2017) Health at a Glance 2017: OECD Indicators, OECD Publishing, Paris
https://doi.org/10.1787/health_glance-2017-en

World Health Organization (2018) Global Health Observatory (GHO) data
http://www.who.int/gho/en/（アクセス日 2018/09/07）

香取照幸（2017）『教養としての社会保障』東洋経済新聞社

外務省（2017）「世界の医療事情」
https://www.mofa.go.jp/mofaj/toko/medi/index.html（アクセス日 2018/09/07）

健康保険組合連合会（n.d.）「健保連海外医療保障」
https://www.kenporen.com/study/medical-security/（アクセス日 2018/09/07）

厚生労働省（2018）「平成30年我が国の人口動態（平成28年までの動向）」
https://www.mhlw.go.jp/toukei/list/dl/81-1a2.pdf（アクセス日 2018/09/07）

中華人民共和国国家統計局（2017）China Statistical Yearbook 2017. China Statistics Press, Beijing: P.R. China
http://www.stats.gov.cn/tjsj/ndsj/2017/indexeh.htm（アクセス日 2018/09/07）

日本貿易振興機構（2018）「ジェトロ」
https://www.jetro.go.jp（アクセス日 2018/09/07）

（加藤　憲）

病院から地域へ
地域包括ケアと地域医療構想

　今，高度医療技術を用いた精査や治療は病院で行われ，中小病院で対応できない場合，地域の中核となる大規模病院がそのバックアップ機能を担っている。高度医療はますます集約が進んでおり，インフォームド・コンセントや治療方針策定が大規模病院に担われることも多く，現在の医療は中核病院を中心とした体制になっている。しかし，急性期後の回復期，慢性期・生活期の医療ニーズが相対的に増大している中，病院では解決できないことも多くなっている。最適の治療方針策定のためには，ADL（日常生活動作）や認知機能，栄養，フレイルなどの考慮が必要であり，服薬やストーマなど医療機器の管理，家庭の介護力などの社会的環境も重要で，大病院より，普段の本人の様子や生活環境を知る最寄りの診療所や中小病院の方が優れることがある。また，治療の選択は本人の意思・価値観に基づいて行われるべきであり（Value based practice；VBP）[1]，人工栄養の適応や療養場所の選択，終末期医療などの重要な意思決定は，初めて担当する大病院の医師よりも，日常を知るかかりつけ医らとの相談がより有意義である場合が多く，近年は協働意思決定（Shared Decision Making；SDM）[2]の広がりがみられている。地域においては，在宅医療の普及が強く進められている中，オンライン診療というオプションも登場している。図1は患者調査（厚生労働省）から作成した年齢別10万人あたりの入院率で，75歳以上の各年齢層の率が低下している一方，居住系介護施設は年々その数を増やしており（図2），今どきの患者は長期療養において病院だけでなく，在宅医療や介護施設も賢く使いこなさねばならない。本人中心のケア（パーソン・センタード・ケア）に基づき，「治療（cure）」から「ケア（care）」へ，「病院」から「地域」へという，大きな流れが生じている。

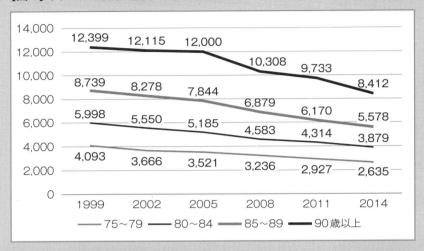

【図1】人口10万対入院率の年次推移

出所：厚生労働省「患者調査」より

　地域包括ケアシステムとは，高齢者の尊厳の保持と自立生活の支援の目的のもとで，可能な限り住み慣れた地域で，自分らしい暮らしを人生の最期まで続けることができるよう，地域において包括的に支援・サービスが提供される体制を言う。地域包括ケアの概念は，図3のように，「本人の選択と本人・家族の心構え」の上に，「すまいとすまい方」が植木鉢，「介護予防・生活支援」が土と基本としてあり，「医療・看護」「介護・リハビリテーション」「保健・福祉」が3枚の葉に例えられ，相互に関係し，包括的に提供されるものとして示されている[3]。これらは地域によって，現在の状況や地域資源（リソース），将来のニーズが異なるため，地域の特性に応じた推進が求められている。

　市町村においては，地域包括ケアシステムの推進構築は主に3年毎に作成される介護保険事業計画に沿って行われている。同計画策定にあたっては日常生活圏域ニーズ調査等による地域把握が行われるところから，PDCAが始まる（図4）。日常生活圏域ニーズ調査では，運動器機能低下・転倒リス

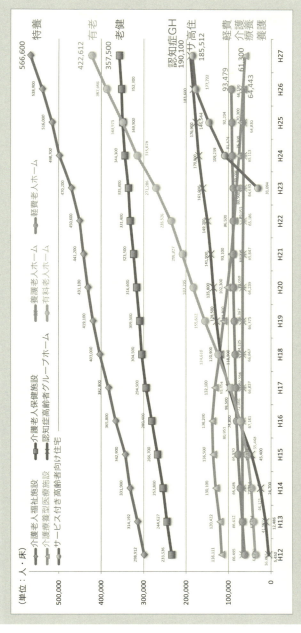

【図2】居住系介護施設定員数の年次推移

※1 介護保険3施設及び認知症高齢者グループホームは、「介護サービス施設・事業所調査(10/1時点)」【H12・H13】及び「介護給付費実態調査(10月審査分)」【H14～】(定員数ではなく利用者数)による。
※2 認知症高齢者グループホームは、介護福祉施設サービスと地域密着型介護老人福祉施設入所者生活介護を合算したもの。
※3 養護老人ホーム・軽費老人ホームは、H12～H16は痴呆対応型共同生活介護、H17～は認知症対応型共同生活介護により表示。
※4 養護老人ホーム・軽費老人ホームは、「H25社会福祉施設等調査(10/1時点)」による。H21～H23は調査票の回収率から算出した推計値であり、H24・25は基本票の数値。
※5 有料老人ホームは、厚生労働省老健局の調査結果(7/1時点)による。
※6 サービス付き高齢者向け住宅は、「サービス付き高齢者向け住宅情報提供システム(9/30時点)」による。
出所:厚生労働省(2017)「中央社会保険医療協議会総会資料」(平成29年1月11日)

【図3】地域包括ケアの概念(イメージ)[3]

ク・閉じこもり，口腔機能低下・低栄養，認知機能低下，機能的ADLの低下，うつ，知的能動性・社会的役割・社会参加の状況，ボランティア等への参加状況等を把握する。日常生活圏域ニーズ調査は，未回答者について知ることができず，自記式質問紙調査としての限界もある。地域ニーズの収集方法として，地域ケア会議がもう一つの柱とされている。地域ケア会議は地域包括支援センターまたは市町村により開催されるもので，個別課題の解決のほか，課題解決のためのネットワーク構築，地域課題の発見，地域づくり・資源開発，政策形成の5つの機能を持つ。従来のサービス担当者会議では，地域に課題に対応する資源や仕組みがない場合，議論が止まってしまうことが多かったが，地域ケア会議は，ニーズ把握だけでなく，その時点では地域資源や対応する仕組みがなくても，市町村の施策も合わせ，つくる役割を持つ。ステークホルダーを集め，課題解決に向け動かねばならない。

　日常生活圏域ニーズ調査は全国一律の共通項目を持ち，結果は市町村から国に提出され，地域包括ケア「見える化」システムに統合される。「見える化」システムは，日常生活圏域ニーズ調査のほか，介護保険事業状況報告，後期高齢者医療事業状況報告等のデータを合わせ，周辺市町村や人口規模の似た他地域と，比較することができ，介護保険事業計画策定に必要な推計値算出が支援される。

【図4】市町村における地域包括ケアシステム構築のプロセス（概念図）

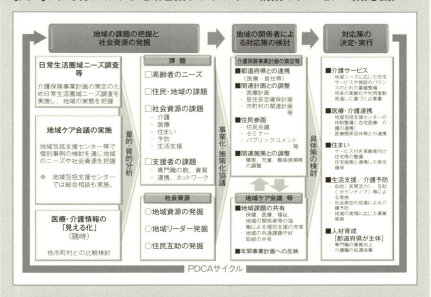

　地域包括ケアは介護分野を主として，介護保険事業計画中心に進められている一方，必要な医療量を推計し，整備するものとして，地域医療構想がある。地域医療構想は，2014年に公布された医療介護総合確保推進法のもと，都道府県によって策定されるもので，各構想区域において高度急性期，急性期，回復期，慢性期別の医療需要を見込み，将来必要な病床数を設定する。医療機関は，病棟単位で，病床機能区分の現状と今後の方向を選択し，都道府県に報告する（病床機能報告制度）。地域医療構想策定のため，厚生労働省からデータブック，策定支援ツールが配布されているが，2025年の医療需要（必要な病床数）＝［当該構想区域の2013年度の性・年齢階級別の入院受療率×当該構想区域の2025年の性・年齢階級別推計人口］の総和で推計されているなど，将来推計には疾病構成や医療技術の変化が考慮できていない。将来必要な医療量を推計するにあたっては，認知症や多数となる合併疾患（multi-morbidity），家庭介護力の低下などの影響も考慮し，在宅医療

や居住系介護施設の量と合わせ考える必要がある。これらの考慮がまだ十分と言えないのは，最近の厚生労働省や他研究機関による推計[4]でも同様で，適切な改良が急ぎ求められている。

　現在，地域包括ケア，地域医療介護連携において，各地域で様々な試行がなされており，ネットワークとして広がっている。地域連携カルテやコミュニケーションツールなど，ICTはここで不可欠な要素であり，今後の発展に大きな期待が寄せられている。

（大西丈二）

---

(1) 尾藤誠司（2014）「医療の多様性と"価値に基づく医療"」『日内会誌』103: 2829-2834
(2) Whitney SN, et al. A typology of shared decision making, informed consent, and simple consent. Ann Intern Med. 2004; 140(1): 54-9
(3) 地域包括ケア研究会報告書（平成28年3月）
(4) 厚生労働省（2019）「医療従事者の需給に関する検討会 医師需給分科会第3次中間取りまとめ」

地域医療を斜にみる

　超少子超高齢社会，多死社会を迎えて，地域医療をどうするかは喫緊の問題です。かつて病院は病気を治し癒す概念から社会的入院と指摘された如く，生活空間をも射程に含んでカバーしていた経緯があります。人口構成変化の急激な速さのために，とくに認知症，ロコモ，フレイルなどの疾患概念が，暮らしを視野に入れざるをえず，地域の役割が重要性と重大性を増したのです。地域医療おける「機能分化と連携」というときは二つの立場の理解が肝要です。機能分化は医療施設を中核とする各種施設間の分化と連携，同様に，施設で働く各職能間の連携です。いずれの分化も連携も，当然ながら対象は地域住民が主です。

　ただ一口に病院，地域と言っても，いかなる疾患も，Quality Of Life「QOL：生物レベルとしての生命の質（主に病状）・個人レベルとしての生活の質（主に日々の暮らし）・社会レベルとしての人生の質（主に生き方）」が人権の基本です。これを遂行する手段がActivities of Daily Life（ADL：日常生活動作能力）です。法の定める多職種の各種職能の定義の線引きと，QOLにおける日々の各レベルや具体的なADLの間には当然重なりがあります。その空隙を埋める，ここが連携の隘路です。

　これが超少子超高齢社会に一層の拍車をかけています。つまり各病院であれ，各施設であれ，地域であれ，その特性を考慮せずには，現況の地域医療は困難に直面し，しかも特性把握は一律的にはできず，どこまでを地域として，どのような施設（医療機関，老人保健施設，サービス付き高齢者住宅など）が，どれほど必要かです。医療機関特性や地域特性，背景には対象者となる個人特性も大切で，さらには価値観にまで及びます。地域の文化的背景も無視はできず，本教科書を学ぶ学生さんの立場からは，地域資源としての医療機関や多職能人材などがあります。最近は金融老年学のような新しい概

念も提唱され，留意すべき根幹的課題です。地域医療という言葉に拘泥すれば，病院から地域へというとき，現場の肉声を拾い上げ，地域医療の最大最適の中で，対象者の部分最適が対応策の鍵で，求められる任務と思います。

これに続くのが地域包括ケア（システム）でしょう。かつて保健・医療・福祉の連携が声高に叫ばれていた時代は，保健・医療・福祉の各々が縦断システムとして，次に保健・医療・福祉の連携の名の下に，横断システムが構築されました。この限界も明らかで，対象者が生きてきた個人の足跡とその暮らしを取り巻く環境を抜きには適切な対応は困難です。私流の造語でいえば斜断システムです。こうなると二木立氏が指摘するように，システムというよりは，地域包括ケアネットワークの呼称の方が適切と思います。昨今のICTの進展はそれを十分に可能とします。暮らしに関わるあらゆる面の連携を考察すれば，容易に理解・了解可能で，問題点は個人情報保護に象徴される情報倫理です。とりわけ連携における現今のそれは異様とも思えるほど些細な点もあります。ネットワークの構築に際しては，その陥穽に嵌らないよう俯瞰的な配慮が必須です。地域特性や施設特性を包含したミッション・ビジョンが大切で，その裡で対象者の価値観個性を尊重すべきです。

地域医療における機能分化と連携は各施設間のみならず，それを日々担う多職能との連携が無視できません。通常は多職種連携といいますが，ことによると対象者の中には現・元職が医療関係者であったり，福祉関係者であったり，行政関係者であったりすると，非常に深い知識や経験を有しています。端的に保険審査に関わった人は，保険請求に関しては私たち以上に熟知しています。私流ですが，他・多職種連携とすべきで，この「他」には対象者の現・元職を含み，いわゆる「患者中心」ではなく，各種の事例検討に「元・現職能人」の一人として「参画型」の他職種パートナーとして配慮すべきです。かつこのパートナー参画者は客観的な真実に基づいて，最終的な自己決定すれば良いのです。多職種連携の事例検討が喧伝されますが，日々多忙な時間的制約を鑑みれば，ICTの活用とともに，まさに中核となる関係者の検討で事を進めて行くことが実際的です。要はユニバーサル ヘルス カ

バレッジ（universal health coverage）「すべての人が必要な医療を受けられるようにすること」の実現です。

　学生さんの生涯の学習の一助となるよう，ぎこちない私の趣味の五行歌を提示しておこう。地域医療：教科書「地域医療を斜にみる」コラムとして記憶の限り，頭の片隅に留め置くようご参考に。

五行歌

地域って　地域って
その境界と範囲は
困ったな　困ったな
医療費不平等は
道一つ隔てて

多職種連携には
「他」という対象者も
他・多職種の
パートナーだよ
知識も経験も深い市井の人

地域包括ケアシステムの活用って
縦断システム
横断システムだけでなく
斜断システムが鍵だな
誕生から現在までの暮らし

（宮治　眞）

第3章 医療倫理

1. 医療と倫理

　倫理とは何か。そして，医療分野で働く人たちにとってなぜ，倫理が必要であり，重要であるのか。

（1）倫理とは何か

　倫理とは何か。「倫理」は「倫（人の中，仲間）」の中での「理（規定，きまりごと）」と説明される。すなわち，「社会の中で生きる人間が，自然，社会，他者に対してスムーズにかかわることができる共通の規範や原理というもの（黒崎 2014）と定義される。病院管理において医療倫理を考えるとき2つの視点が必要である。一つ目は，医療を担う人材として当然持つべき行動の規範としての専門職倫理，職業倫理の視点であり，もう一つは病院の組織で働くものとして持つべき規範すなわち組織倫理の視点である。病院など医療関連機関で働く人材は多岐にわたる。医師，看護師，薬剤師，理学療法士，社会福祉士など国家資格を持つ専門職と診療情報管理士，医療事務，医療経営士，臨床心理士，医療福祉連携士など学会やその他の機関が認定する資格を持つ者，ベッドメイキングや部屋の掃除を担当する者，製薬会社，臨床検査の委託業者など様々である。彼らの行動規範には，医療の倫理の二つの視点があり，その中心概念は医療の対象である患者の尊厳を尊重することにある。医療者は，患者や家族が治療方法や療養生活について自身で決定できるよう支援を行い（自律尊

重の原則），患者や家族が最善の結果を得ることができるように関わり（善行の原則），リスクも含めた検討を行い患者や家族に危害を与えるようなことを避ける（無危害の原則），生活に困窮をしていてもなんらかの障害を抱えていても，外国人であっても公平で平等に医療を提供する（正義の原則）などが求められ，これを医療倫理の四原則という。医療機関や関連機関で働く医療従事者以外の職種はこれらにはあてはまらないのではと思うかもしれない。しかし，病室の清掃やベッドメイキングをする委託業者であっても，病院で働くときに免疫力の落ちている患者に感染をさせないようマスクをし，手洗いなどで予防することは医療分野で働くものとして，その行動の規範には倫理があるのである。

（2）医療に携わる人はなぜ倫理を学ぶ必要があるのか

なぜ，医療に携わる者が倫理を学ぶ必要があるのだろうか。また，なぜ，継続的に学ぶ必要があるのだろうか。その理由のひとつは，医療が人の命を扱う重要な仕事で，対象者の尊厳を常に考える責務が生じるからである。もうひとつの理由は，医療を担う人材の多くが専門職倫理を持った専門職であるからである。さらに医療の高度化・複雑化が，今までの医療であれば当然とされていた「価値」を変えざるを得ない状況を作り出したからである。例えば，出生前診断などである。現在，行われている出生前診断は出生前から胎児の障害を知ることができる。このことは，胎児に対し出生前に治療ができるという利点がある一方で，障害を持った子どもは不要（優生思想）と，子どもの意思ではなく中絶を選択する親の意思決定を尊重することも許容することになる。この背景には，生命の主体はだれなのか，いつから「人」として認められるのか，という問題が含まれる。しかし，このような医療をうける対象者に医療者はどのように向き合うか，以前とは異なる観点での倫理的な姿勢や行動が問われるようになったのである。医療制度の変化も医療を担う人材がもつ規範である倫理に影響を与えている。病院の機能分化によって平均在院日数が短縮され，患者は入院をした段階から退院を視野に入れたカンファレンスに参加をし，終末期

の患者であれば，最後までこの病院で信頼のおける医療者に見守られ療養生活を送りたいと思う意思を変更せざるを得ない状況が起こる。医療者は，病院組織として課せられる使命を果たすことと，目の前の患者や家族の思いのギャップに戸惑いを感じる。医療に携わる人材として病院の使命を考えるのと同時に患者の思いを十分に理解し，最善の決断ができるよう調整する必要がある。

臨床で起こる様々な出来事の良し悪しを判断するものさしは，倫理原則や専門職倫理綱領，インフォームド・コンセントなど医療倫理の考え方，終末期の意思決定プロセスに関するガイドラインなど社会の中での規準が参考になる。しかし，そのものさしを使えば答えがでるということではない。医療者はこのものさしが医療の高度化や社会背景などで変わりうるものであることを認識し，その答えは1つではないことを意識しておく必要がある。

(3) 人の尊厳の尊重とは

人間はそれぞれ，性や年齢，健康状態，肉体的・精神的な能力などの点で様々な違いを持っている。どのような事実上の違いがあっても人間は人間としての尊厳自体のうちにおかすことのできない価値を等しくもっており，人間社会においては何よりも1人ひとりの人間として尊重されなければならない。人の尊厳の尊重は，憲法に規程された誰もが等しく持つ権利であるとともに下記のように憲法や法律に記載されている。

○日本国憲法
　人間であることに基づいて当然に有する権利として，基本的人権を尊重
　「生命，自由及び幸福追求に対する権利（第13条）」
　「法の下の平等（第14条）」
　「健康で文化的な最低限度の生活を営む権利（第25条）」
○医療法（第1条の2第1項）
　医療が「生命の尊重と個人の尊重の保護を旨として」行われるべき

国際機関である国際連合の世界人権宣言には下記のように記してある。

○国際連合の世界人権宣言（1948）
　すべての人間は，生まれながらにして自由であり，かつ尊厳と権利とについて平等である（all human being are bone free and equal in dignity and rights）。

　この宣言は，人は皆本来自由な存在であり，また等しく尊厳と諸権利を持っていることを宣言して，誰も不当な束縛や圧迫のもとに置かれたり，自らの意思に従って良い生を送ることを妨げられたりしてはならないことを推挙する根拠としている。「人権」とは，人間が人間である限り持っている諸権利である。
　医療機関における患者の権利は，アメリカ病院協会の「患者の権利章典」(1973)，その後，患者の権利に関するWMAリスボン宣言（1981）に盛り込まれた。

○アメリカ病院協会　患者の権利章典（1973）
1. 患者は思いやりのある「人格」を尊重したケアを受ける権利がある
2. 患者は診断，治療，予後について完全で新しい情報を充分に理解できることがで伝えられる権利がある
3. 患者は，何かの処置や治療を始めるまえに，インフォームド・コンセントを与えるのに必要な情報を医者から受け取る権利がある。
4. 患者は，法律が許す範囲で治療を拒絶する権利があり，またその場合には医学的にどういう結果になるかを教えてもらう権利がある
5. 患者は，自分の医療のプログラムに関連して，プライバシーについてあらゆる配慮を求める権利がある
6. 患者は，自分のケアに関係するすべての通信や記録が守秘されることを期待する権利がある。
7. 患者は，病院がそれをすることが不可能でないかぎり，患者のサービス要求に正しく応えることを期待する権利がある
8. 患者は，かかっている病院が自分のケアに関してどのような保健施設や教育機関と連絡がついているかに関する情報を受け取る権利を持っている

> 9. 病院側がケアや治療に影響を与える人体実験を企てる意図がある場合は，患者はそれを通報される権利があるし，その種の研究プロジェクトへの参加を拒否する権利を持っている。
> 10. 患者は，ケアの合理的な連続性を期待する権利がある
> 11. 患者は，どこが医療費を支払うにしても請求書を点検し説明を受ける権利がある。
> 12. 患者は，自分の患者としての行動に適用される病院の規定・規則を知る権利がある。

これらの宣言は，現在，患者側の権利だけではなく，パートナーシップと記述が変更されている。

【図表3-1】「患者の権利章典」と「治療におけるパートナーシップ」

権利の名称	患者の権利章典	治療におけるパートナーシップ
良質な医療を受ける権利	患者には配慮と経緯のある治療を受ける権利がある	私たちが最優先することはあなたが必要とするときに，技術そして敬意をもって提供することです
知る権利	患者には診断，治療，予後において理解可能な情報を得る権利がある	医師とともに意思決定する際に以下のことを理解しておく必要があります ・それぞれの治療の利点とリスク ・その治療から通常期待できること，そしてその治療によるあなたの生活の質への長期的な影響
自己決定権	患者には治療について自ら決定したりする権利がある	入院にあたっては，治療の一般的な同意書へのサインが，また，手術や実験的な治療の際には治療計画を理解して同意をすることを文書で確認することが求められます。このプロセスは治療に同意するあるいは治療を拒否するあなたの権利を守るためのものです

出所：アメリカ病院協会「患者の権利章典」と「治療におけるパートナーシップ」における患者の権利より

この考え方は，現在日本の医療法の一部（平成26年10月施行）に盛り込まれている。

> 第六条の二
> 3 国民は良質かつ適切な医療の効率的な提供に資するよう，医療提供施設相互の機能の分担及び業務の連携の重要性について理解を深め，医療提供施設の機能に応じ，医療に関する選択を適切に行い医療を適切にうけるように努めなければならない

医療機関の適切な選択と受診という限られた範囲ではあるが，医療法という病院や医療の環境整備に関する法律に国民の参加が記載されたことは意義がある。

(4) 倫理原則

医療倫理の4原則とは，アメリカの研究者であるビーチャムとチルドレスが「生命医学倫理」（1979）の中で示した原則（Four Principles in Medical Ethics）のことであり，「自律的な患者の意思を尊重せよ」という『自律尊重の原則』，「患者に危害を及ぼすことを避けよ」とする『無危害の原則』，「患者に利益をもたらせ」という『善行の原則』，「利益と負担を公平に分担せよ」という『正義の原則』からなる。医療を行う人の道徳的規範および判断の基礎となる行動規範である。その他にも下記のような分類がある。

【図表3-2】医療倫理の原則

ビーチャム＆チルドレスの四原則	清水哲郎≒ベルモントレポート	Fry & Johnston（日本看護協会推奨）
Respect for autonomy（自律尊重）	人間尊重	Respect for autonomy（自律尊重）
		Veracity（誠実／正直・真実）
		Fidelity（忠誠／忠実）
Beneficence（善行／与益）	与益	Beneficence（善行／与益）
Non-maleficense（無危害）		Non-maleficense（無危害）
Justice（正義）	社会的適切さ	Justice（正義）

ビーチャムとチルドレスが提案した倫理原則は医療の担う人材が行動の規範にする重要な原則であるが、日本の文化にはやや強すぎる部分もある。

ヨーロッパの倫理原則は、アメリカのそれとはやや異なる部分もある。「バルセロナ宣言」(1998) には、下記のように記載がなされている。尊厳性の原則はアメリカの原則には含まれないものである。

【図表3-3】バルセロナ宣言

自律性原則	アメリカとヨーロッパで異なっている。自律を人間の持つ能力の相対ととらえる。病気や障害を抱える患者はその能力を低下させているかもしれないので、医療従事者は患者が自律性を回復し充分に発揮できるよう支援すべきという考え方
尊厳性原則	アメリカの原則には含まれない。医療従事者が向き合っている特別な価値（道徳的地位 moral status とよぶ）を認める概念である。人の尊厳を守るとする原則
不可侵性原則	生命の核心部分を保護し、人間が介入・改変すべきでない領域を守るべきとする概念である。
脆弱性原則	有形無形の力によって傷つき損なわれやすいことを意味する概念である。生命の脆弱性を認識し、弱い立場に置かれている存在には特別の配慮をすべきという考え方。人間は身体も精神も傷つきやすい弱い存在である、お互いにそれを認識することで他者をいつくしみ、苦しんでいる人には手を差し伸べるとする原則

出所：バルセロナ宣言（1998）より

(5) インフォームド・コンセントとインフォームド・アセント

インフォームド・コンセント（チョイス）とは、患者が医療における治療や診療などに関する情報を得て、十分に理解する能力を有した人が、同意（選択）をする自律尊重の原則が前提となっている。インフォームド・コンセントの概念で重要なのは、あくまでもこの概念の主語は「患者」であることである。「インフォームド」は、「十分な情報を持ち、自分のものにしている患者」の状態であり、「コンセント」は、この状態の中で「同意」する、ということであるので、「医師が治療法について説明する」や「告知する」ということではない。医師や他の専門職が提供した情報が患者の中で十分に理解されて自分のものになっていることが前提である。一方で、子ども、認知症の高齢者、精

神疾患の患者は充分に説明を理解できない場合がある。その場合，インフォームド・アセント，すなわち代理者による同意が必要である。これは，本人に説明をしなくてよいわけではない。子どもや認知症の高齢者にも説明を聞く権利があり，わかりやすく伝え，代理者（本人の意思を代弁できることのできる重要他者）から同意を得ることが重要である。近年，一人暮らしの高齢者や多様な家族がある中で，複雑な倫理的問題が生じており，医療者として適切に対応をすることが求められる。

(6) 医療者・患者関係モデル

　医療者が患者とどのような関係を持つかは重要な問題で，そこには倫理的な判断が伴う。医療者が患者とどのようにかかわるかで治療効果も変わってくるからである。医療者と患者の関係モデルは，下記のように分類される（図表3-4）。たとえば，パターナリズムモデルは，医療者が最善（善行の原則）の治療方法として患者に提案をし，それを患者が受け入れる，親子関係のモデルである。命を救うという緊急性が生じる場面ではしばしば用いられるモデルである。しかし，慢性疾患の患者が自らの療養生活の選択，決定においては，患者自身が自分の身体に関心を持ち，自分の治療方法を自ら決定することが重要であり，患者の価値観によって医師の義務や役割も変化する審議モデル，解釈モデル，情報提供モデルなどの類型も検討する必要がある。

　医療におけるコミュニケーションの特徴は，患者が医療者の用いたことばを必ずしも同じ意味でとらえていないことがある（情報の非対称性）。また，患者は，治療に関する悪い知らせなどを聞いた際，心理的に動揺し，告知のあとの詳細な情報を記憶していないことも多い。医療者は患者のインフォームド・コンセントを促す際，専門用語ばかりの説明では十分ではないこと，説明内容を患者自身がどのように受け留め，認識しているのか，患者自身が持つナラティヴに耳を傾ける必要がある。

【図表3-4】医師・患者関係の4モデル

	パターナリズムモデル	審議モデル	解釈モデル	情報提供モデル
患者の価値観	緊急事態などの状況で，医師と患者との価値観の相違はない	患者の価値観は，議論により変化する余地がある	患者の価値観は，未確実で明確にする必要がある	患者の価値観は確定し自己決定を行える
医師の義務	医師は，患者の意向に関係なく，患者の福利を増進する	医師が最も奨励する価値観を説明し説得する	医師は，**患者の価値観が名確になる**ように手伝う	医師は情報を提供し，**患者の選択する治療に従う**
医師の役割	保護者	先生（教師）友人	カウンセラー助言者	有能な技術専門家

出所：Emanuel & Emanuel (1992) Four models of the physician-patient relationship, JAMA, 267: 2221-6

（7）終末期と倫理

　人は誰でも死を迎える。死とはどのように定義されるのか。死には二つの考え方がある。一つは三兆候死（心臓死）であり，もう一つは脳死である。三兆候死（心臓死）とは，心拍の停止，自発呼吸の停止，瞳孔散大の三つの徴候によって死と判断することを指す。心停止を待ってから死を確認するため，心臓死とも呼ばれることもある。一方，脳死は，脳の機能が不可逆的に消失した状態を指す。脳死の原因には，脳挫傷，脳出血，脳腫瘍など一時的脳障害と，心停止や窒息による低酸素脳症から生じる二次性脳障害がある。脳のどの部分の機能が失われるかによって脳死とするかについては，全脳死説，脳幹死説，大脳死説などいくつかの見解がある。脳死は，日本では臓器移植をする場合に限って人の死と定義される。

　臓器移植法は，1997年に成立したが，2003年に改正された。以前の法律は，本人の書面による意思表示が脳死判定による臓器提供の前提となっていた。改正臓器移植法は，本人の書面による意思表示がある場合が前提ではあるが，もしもその意思が必ずしも明記されていなくとも，元気であった頃に臓器提供の意思について話し合ったことがあるなどの経験を踏まえ，家族の承諾があれば

臓器提供できることになった。本人の意思表示の方法も以前は「意思表示カード」の記載であったが，運転免許証の後ろや，臓器移植ネットワークのHPなどから登録することができるようになった。またこの改正では，15歳未満の方からの臓器提供ができることになり，親族に臓器を必要としている場合，「親族優先提供」ができるようになった。

【図表3-5】臓器移植法

> 第六条
> 医師は，次の各号のいずれかに該当する場合には，移植術に使用されるための臓器を，死体（脳死した者の身体を含む。以下同じ。）から摘出することができる。
> 一 死亡した者が生存中に当該臓器を移植術に使用されるために提供する意思を書面により表示している場合であって，その旨の告知を受けた遺族が当該臓器の摘出を拒まないとき又は遺族がないとき。
> 二 死亡した者が生存中に当該臓器を移植術に使用されるために提供する意思を書面により表示している場合及び当該意思がないことを表示している場合以外の場合であって，遺族が当該臓器の摘出について書面により承諾しているとき。
>   2 前項に規定する「脳死した者の身体」とは，脳幹を含む全脳の機能が不可逆的に停止するに至ったと判定された者の身体をいう。
>   3 臓器の摘出に係る前項の判定は，次の各号のいずれかに該当する場合に限り，行うことができる。

出所：臓器移植法（2003）より

臓器移植に関連する倫理的な問題は，いくつかある。1つ目は，臓器提供をしたいと事前の意思表示を実現することができるか，ということである（自律尊重の原則）。事前に意思表示をしていたにもかかわらず，その手配が遅れてしまうことで，本人の意思を尊重できないということはあってはならない。本人の意思を尊重した「命のリレー」がなされるよう，配慮していく必要がある。

倫理的な問題の2つ目は，摘出された臓器が臓器提供を必要とされている人

【図表3-6】臓器移植法の改正

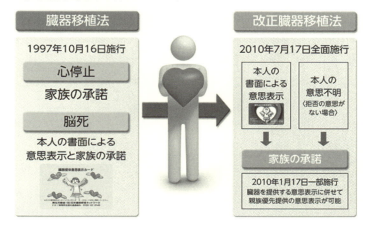

出所：臓器移植ネットワークHPより（http://www.jotnw.or.jp/studying/1-4.html）

に公平に分配（正義）できるか，ということである。現在，公益社団法人日本臓器移植ネットワークが中心となって，臓器提供を希望している人の情報を登録し，臓器提供がなされる際に臓器の適合状況など適切に判断され，誰に提供すべきか優先順位を決めている。また，臓器移植のプロセスについては詳細な報告書を作成し，公開することで，その公正性を明確にしている。

　倫理的な問題の3つ目は，本人ではなく家族が代理意思決定をすることの難しさである。本人が臓器提供に関する意思をなんらかの形で明記し，それに基づき脳死判定，臓器移植と進行するのが通常の臓器提供の流れであるが，2003年の法改正で本人の意思が確認できない場合，家族が臓器提供に同意をすることができるようになった。家族は本人の代わりに意思決定をすることに対し「本当にその決定でよかったのか」と悩み，重圧と責任を感じることが多い。そのため，臓器移植コーディネーターとともに何度も話し合いを繰り返し，家族が十分に納得した意思決定ができるよう支援をしていく必要がある。

　人は誰もが死を迎える。死に直面してから最終的にどのように最期を迎えたいのかを考えるのでは遅い。診断をされた際，今後の治療・療養について患

者・家族と医療従事者があらかじめ話し合う自発的なプロセス，人生会議（アドバンス・ケア・プランニング=Advance Care Planning：ACP）が重要視されている。2014年に厚労省が行った「人生の最終段階における医療に関する意識調査」によると，死が近い場合に受けたい医療や受けたくない医療について家族と話し合ったことがあるかとの問いに対し，「詳しく話し合っている」と答えたのは一般国民で2.8%，医師でもわずか9.7%であった。そして，約7割が意思表示を書面にしておく必要があると考えているにもかかわらず，実際に書面を作成していたのは，それぞれ3.2%，5.0%にとどまった。このような現状は，人生の最終段階をどのように迎えていきたいのか話すことが日本の文化ではタブー視されているなどが関係している。

しかし，病気になってからではなく，病気になる前から，人生の最終段階をどのように迎えたいと思うかを個々の人が考え，話あっていくことが重要である。

(8) ガイドライン―社会の中での規準

医療の倫理的な問題に対し，どのように取り組むべきか，その価値判断の根拠として様々な学会や団体がガイドラインを作成している。以下にその例を提示した。これらは，その時代の社会における，ある一定の基準といえる。様々な臨床場面の意志決定の際に活用すべきである。

● 救急医学会ガイドライン

「救急・集中治療における終末期医療に関するガイドライン〜3 学会からの提言〜」

https://www.jsicm.org/pdf/1guidelines1410.pdf

● 透析中止ガイドライン

「維持血液透析の開始と継続に関する意思決定プロセスについての提言」

https://www.jstage.jst.go.jp/article/jsdt/47/5/47_269/_pdf/-char/ja

● 日本老年医学会ガイドライン

「高齢者ケアの意思決定プロセスに関するガイドライン〜人工的水分・栄養

補給の導入を中心として〜」
　http://jsme.umin.ac.jp/com/pro/18.pdf（平成28年度厚労省委託事業）
● 日本看護倫理学会
　「身体的拘束予防ガイドライン」
　http://jnea.net/pdf/guideline_shintai_2015.pdf
　「医療や看護を受ける高齢者の尊厳を守るためのガイドライン」
　http://jnea.net/pdf/guideline_songen_2015.pdf

2. プロフェッションと専門職倫理

　プロフェッションとは専門職のことであり，カールサンダースとウィルソン（Carr-Sunders and Wilson）の著作によって定礎されたといっても過言ではない。彼らは，専門職の定義を，専門職には4つの特質が見出されるとした（Carr-Sunders and Wilson 1933）。すなわち，①長期の訓練によって獲得された専門的技術の存在，②特別の責任感情と倫理綱領の存在，③結社の形成，④給与形態をとる固定報酬制の採用である，としている。石村善助は，「専門職とは，専門化された長期間の教育訓練によって理論的知識に基づいた技術を習得し，国家資格などを持つ。職業団体は行為規範（倫理綱領）を提示し，サービス提供は，営利を目的とせず，職業活動上の自律性（個人としての自律性）を持って活動する。職業団体としての養成，免許など一定の自己規制力（集団としての自律性）を持つ」と定義する（石村 1969）。そのほか，ミラーソンやフリードソンもほぼ同様の定義としている（Millerson, G. 1964），Freidson, E. 1988）。伝統的な専門職は，医師，法律家，宗教家であり看護職や社会福祉士，理学療法士などは現代の新しい専門職のひとつと定義される。専門職の定義にあるように，専門職はその行動規範である「倫理綱領」を持っており，その規範に沿って行動をすることが求められる。

【参考文献】
Sir Alexander M. Carr-Saunders, Paul Alexander Wilson (1964) The Professions-Frank Cass Publishers.
黒崎剛（2014）『生命倫理の教科書』ミネルヴァ書房

（勝山貴美子）

医の倫理の原則は単純ながら，両義性・多義性を有する難題

　プロフェッション（profession）は「医の倫理」の後に続くものといえます。ジャーナリズムを賑わしている働き方改革を参照すれば，高度プロフェッショナル（professional）制は，中等度・低度プロフェッショナルは存在するか否かが最大の疑問です。プロフェッションは辞書的にいえば，頭脳を用いる知的な専門職，かつては聖職者・弁護士・医師に限定されています。とくに医師は，教師・牧師などと共に，単なる労働者・サラリーマン以上の奉仕が期待された職業を指し，奉仕をミッションとして「いのちを護る」使命を帯びます。そしていまなお「医師は聖職者か労働者か」の底流が「医師の特殊性」という概念で一括りされますが，医療倫理のプロフェッションから論ずると，迷路を彷徨います。ただ最近は本職の人，職業選手「プロ野球vsアマチュア野球（amateur）」の語源は少し変化しています。プロフェッショナルには知的職業に相応しいとの含意がありますが，反面，揶揄的に，政治を商売とする政治屋の含意もあります。さらに匠の技をもつ大工さんなど職業上の専門職（プロ）の例示もあります。他方，経営の責任者の立場からは，労働基準法の36協定に則れば，「いのちを護る」視点で，限定的で限度ある過重労働は指示可能でしょう。経営の責任者以外は医師と雖も，やはり労働者です。

　こうしてみると，本教科書を学ぶ学生さんは，医療倫理の面から広くみれば，薬剤師・看護師・PT（理学療法士）/OT（作業療法士）/ST（言語療法士）や栄養士などと並ぶ医療経営を専門職能とする医療関連職種です。この視点に立つプロフェッショナルは一言では言い尽くせない難しさがあります。前述のごとく経営が「いのちを護る」に収斂します。この当然すぎる原理4原則が，無危害（Non-Maleficence＝Do no harm），善行（Beneficence＝Do some good)・自己決定/自律（Autonomy），正義（配分的的正義）＝（Justice）です。人類普遍の原理でしょう。ここで経営学上から等閑視してはならないのは，正義（配分的正義）であり，（配分的）という経営の根底に潜む陥穽です。

経営上のあくどい利益追求は「経営倫理」に反します。この4原則は日々の医療現場の中の経営現場で，各職能自らが切磋琢磨して開拓していくものです。地域特性，施設特性を許容しつつ，対象者の人権を最大限尊重してくことです。反復すれば，経営の立場からは配分的正義をどのように具現するか，もっとも根深い深淵です。患者の医療費，医療施設運用の経費や利益，端的にいえば現場で働く人たちの人件費，給料を「いのちを護る」こととどう両立せるか，単なる労働者・サラリーマン以上の奉仕が期待された職業とどう整合性を求めるかに還元します。巷間いわれる高度プロフェッショナル制は，狭義の医療に限定されるものではありません。医の倫理の原則は単純ながら，両義性・多義性を有する難題です。それゆえ臨床倫理におけるCOI（Conflict Of Interest）利益相反は典型例で，是非・可否が見えにくいのです。

実は倫理は立場による職業倫理です。これを教科書とする学生さんは，恐らく何らかの形で「医」に関わるはずです。ところが生命倫理・臨床倫理・研究倫理・医療倫理・情報倫理などは，将来携わる職能により微妙な差異的空隙があります。これらの間隙を埋める作業は生涯学習です。理由は職場の真っただ中に身を置くと，ときには身分が上がると，私自身の自己批判をすれば，慣れと多忙に紛れてマンネリ，プライドや自惚れなど，上から目線が先立ってしまうからです。いかなるマンネリ，プライド，自惚れも，上から目線も捨て去る葉脈を持ち続ける勇気が必須です。要するに，各職能の通奏低音の立場からは，倫理とは「いのちを護る」ことです。職場における一つひとつの日常事象が「いのちを護る」ことにどう関与するかを常に判断基準にすること，これが医療倫理の中の臨床倫理の要です。経営学が臨床倫理に直結する可否は一面の議論はあるでしょう。ただ現代は医療資源が有限であ

ることを是認すれば，この点を問い続けることは，狭義の医療職以上に経営学の核心のように思えます。一人の対象者の「いのちを護る」ことを経営学上から生涯学び続ける確認ができれば，この項はそれで終わりです。でも茨の道を歩み続けることは難関です。臨床倫理，ここでも（配分的）正義が影を投げかけます。医学の発展はもとより文明・文化の進展に伴う易しそうで，もっとも難しい課題です。医療倫理は生命倫理，臨床倫理，研究倫理などをも包含して，職業倫理，情報倫理として紆余曲折を経ながらさらに適切に深化していくべきと考えます。

　臨床倫理に基づく医学医療の発展により，5年・10年・15年‥‥100年後の検証の重要性・重大性を見据えた問を持続することが大切です。その時点では少なくとも私は学生さんの活躍をあの世から眺めることになります。

　医の倫理の原則は単純ながら，両義性・多義性を有する難題です。とくに学生さんへの教科書：医療倫理コラムとして記憶の限り，頭の片隅に留め置くよう，ぎこちない私の趣味の五行歌を提示しておきます。ご参考に。

五行歌

高度プロフェッショナル！
中等度プロフェッショナル？
低度プロフェッショナル？
プロフェッショナルの不平等
あなた自身が自己決定すること！

生命倫理
臨床倫理
医療倫理
倫理は数々あれど
あなたの職業倫理は？

（宮治　眞）

第4章 マーケティング概論

1. マーケティングとその役割

　マーケティングとは，顧客の創造と維持のための活動であり，それは顧客の視点で商品を産出し，顧客に届ける活動である。すでにある商品をいかに売るか，を考える活動であるセリングとは異なる。では，なぜ企業はマーケティングを行う必要があるのだろうか。まず，一つは社会が変化するなか，すでにある商品では顧客の満足を満たすことができない可能性があるからだ。それにより，商品が売れなくなり，企業の継続性が脅かされることとなる。企業が掲げる理念を達成するためには，企業が継続して存在することが必要である。そこで，顧客を創造あるいは維持するために，顧客視点で商品を作り，それを届けることが求められる。

2. マーケティング・マネジメント

　マーケティングマネジメントとは，マーケティング活動を推進する際の枠組みであり，マーケティングの目的の検討からその実行ならびに検証を，組織として行うためのものである。では，実際にマーケティングマネジメントとはどのように行うのだろうか。フィリップ・コトラーは，「R-STP-MM-I-C」のプロセスを提唱している。これは，Research（研究），Segmentation（細分化）・Targeting（ターゲティング）・Positioning（ポジショニング），Marketing Mix

【図表4-1】R-STP-MM-I-C

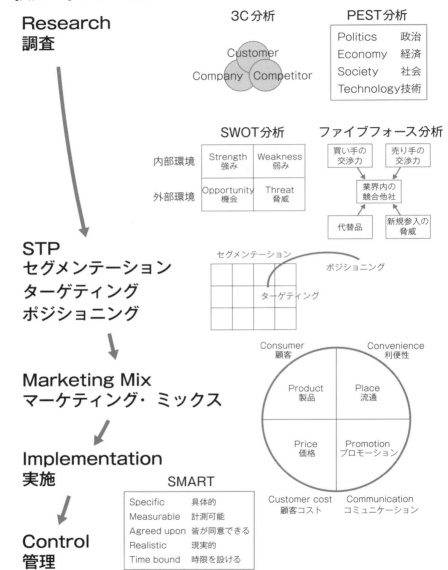

(マーケティング・ミックス), Implementation (実施), Control (管理) に沿って行うものである (図表4-1)。この5つのステップについて, 以下に述べる。

(1) Research (研究)

まず, Research (研究) である。このプロセスでは, どのような顧客を創造し新たな価値を提供するかを検討する。そのために, 環境分析と呼ばれる組織の外部環境や内部環境の分析を行い, 自分たちの組織 (以下, 自社とする) の置かれている環境を分析する。そのためのフレームワーク (整理するための枠組み) として, PEST分析, 3C分析, ファイブフォース分析やSWOT分析という手法がある。

具体的には, 顧客・市場ならびにそれらと自社や競合相手との関係を, マクロな視点とミクロな視点で分析する。マクロ分析は, 顧客・市場を大きな (マクロ) 視点で捉えるものであるが, ビジネスでは常に世の中全体の変化が影響するため, このマクロ分析が重要となる。その際にPEST分析を用いるとよい。PEST分析とは, 顧客・市場である外部環境 (マクロ) の分析を行う際のフレームワークであり, Politics (政治的要因), Economy (経済的要因), Society (社会的要因), Technology (技術的要因) である。

ミクロ分析とは, 自社を取り巻く環境を捉えるものである。3C分析とは, Customer (顧客・市場), Company (自社), Competitor (競合) について分析する方法であり, それにより外部環境を捉える。それぞれの関係を踏まえて自社がどのような経営環境になっているかを意識して分析するとよい。すなわち, 顧客・市場が, 自社と競合にどう影響をしているのか, 自社が競合に対してどう関係しているのか, そして自社が顧客・市場に対してどう影響しているかである。顧客・市場が自社と競合をどう捉えているのか, 自社は競合に対してどのような優位性を持っているのか, そしてその結果として自社は顧客・市場にどのような価値を提供できるのかを考え, 経営課題や戦略代替案に活用する。

その他にも外部環境，とくに業界の競合の状況について検討する方法として，マイケル・ポーターによるファイブフォース分析がある。これは，「買い手の交渉力」，「売り手の交渉力」，「業界内の競争」，「新規参入の脅威」，「代替品の脅威」の5つの要因が競合の状況を決めるというものであり，これらを評価することによりその分野における競合の状況を把握する。たとえば，売り手の交渉力とは，原材料などの仕入れ先の供給業者に対しての交渉力を意味する。代替品があるなど，この供給業者から別の供給業者へ取引先を変更することが容易な場合には，売り手の交渉力は弱いといえ，安く仕入れることができる。また，販売する製品に代替品がある場合は，消費者は他の製品を選択することが可能なため，買い手の交渉力が強いと言える。このファイブフォース分析の特徴は，競合の状況を同業他社の存在以外についても対象としていることである。これにより，自社の取り巻く環境を把握することができる。

　自社を分析するには，SWOT分析を用いるとよい。SWOT分析とは，内部環境のStrength（強み）とWeakness（弱み），そして外部環境のOpportunity（機会）とThreat（脅威）を分析する方法である。これにより，自社の内部の状況と外部の状況を把握することができる。また，SWOT分析の分析結果を用いたクロスSWOT分析を行うことにより，自組織の対応を検討する。クロスSWOT分析においては，外部環境の機会と脅威，そして内部環境の強みと弱みをそれぞれ組み合わせて考えられる戦略を検討する。外部環境の機会と内部環境の強みの組み合わせから考えられる戦略は，積極的に取り組むものと考えられる。機会と脅威の組み合わせからは弱点強化の戦略が，脅威と強みからは差別化戦略，そして脅威と弱みからは防衛あるいは撤退するという戦略が考えられる。

(2) STP

　このような調査を踏まえて考えられる基本戦略から，STP戦略を検討することとなる。STP戦略とは，Segmentation（セグメンテーション），Targeting（ターゲティング），Positioning（ポジショニング）の頭文字をとったものであ

る。まずは，市場を細分化する（セグメンテーション）。つぎに，商品（サービス）を提供する対象となる層（ターゲティング）を決める。そして，対象となる層にとってどのような存在となるか（ポジショニング）を決める。例えば，自社の置かれた環境から，差別化戦略を基本とする場合，セグメンテーションは，地域，年齢，性別，学歴や所得水準などにより市場を細分化する。そして，ターゲティングでは，例えば，その中から都市部の30歳代の女性で，大学卒以上で収入は平均以上というように対象となる層を決める。その層に対して，「少し贅沢な化粧品を提供する」存在になるというコンセプトを決める。これにより，20代をターゲットとした「安価で一般的な化粧品を提供する」企業との差別化が図られる。

(3) Marketing Mix（マーケティング・ミックス）

そして基本戦略に沿って，顧客に新たな価値を届ける方法としてMarketing Mix（マーケティング・ミックス）を検討することとなる。エドモンド・ジェローム・マッカーシーにより提唱された4Pと呼ばれる製品（Product），価格（Price），流通（Place），プロモーション（Promotion）をどのように組み合わせる（ミックス）ことが，顧客に新たな価値を届ける方法として望ましいかを考えるものである。

まず，製品（Product）について見てみよう。顧客を創造，そして維持するためには，どのような製品（サービス）を提供するかが問われる。これは，先ほどの環境分析等から検討した，ターゲット，ポジショニング，コンセプトを踏まえたものを製品（サービス）化することとなる。

つぎに，価格（Price）である。これは，顧客が欲しいと思うような製品（サービス）を提供したとしても，顧客はそれを無条件に購入するわけではなく，金額や支払方法などにより購入を決定するという意味である。

つづいて，流通（Place）である。製品（サービス）が提供されているにしても，それを顧客が手に入れる手段がなければ，その製品を購入することはない。

最後に，プロモーション（Promotion）について見てみよう。顧客がその製品（サービス）を手に入れようと思うには，その製品のことを認知する必要がある。その製品の名称や有用性などを知ることにより，その製品（サービス）の購入につながる。

　この4Pは提供者の視点であり，ロバート・ローターボーンは4Cを提唱している。4Cとは，Consumer（消費者の需要），Customer Cost（顧客コスト），Convenience（利便性），Communication（コミュニケーション）である。これらは，4Cの製品，価格，流通，プロモーションに対応しており，顧客の視点からマーケティングを考える視座となろう。

　そして，これらのP（あるいはC）をどのように組み合わせるかということが，マーケティング・ミックスとして重要となる。

（4）Implementation（実施）

　マーケティング・ミックスにより決定した方法から計画を策定し，実施する。その際には，数値目標を設定した上で実施することが望ましい。そのときには，SMARTを意識することが大切である。Specific（具体的），Measurable（計測可能），Agreed upon（皆が同意できる），Realistic（現実的），Time bound（時限を設ける）を意味する。つまり，組織内の人が何をいつまでにするべきかが明確に分かり，かつそれが実現可能なものであることが，実施の際には重要となる。また，消費対応，競争対応，取引対応，組織対応というそれぞれとの関係において実現可能であるかの検討も必要である。

（5）Control（管理）

　SMARTを意識して設定した数値目標の到達状況を測定し，必要に応じて戦略を変更する。そして，これは一度だけではなく継続的に到達状況を測定し，必要に応じて戦略の変更を繰り返す。

3. サービスマーケティング

　ここまで，製品（サービス）としてきたが，製品とサービスの違いは何だろうか。サービスの特徴として，次の4つがある。それは，①無形性，②同時性，③異質性，④消滅性である。これらは，マーケティング・マネジメントの検討においても，無視できない特徴となる。

　まず無形性であるが，製品と異なりサービスには物理的な形はない。同時性とは，サービスが提供されるのと同時にそれが作られていることであり，やり直すことができないことを指す。形のある製品では，一般的に先にそのモノが作られ，そのあとにそのモノが提供されるのでやり直しも可能である。異質性とは，提供されるサービスの質に違いが生じやすいことを意味している。サービスにおいては提供者の技量が異なること，また顧客の要望がそれぞれ異なることが多いため，サービスの質を標準化することが難しい。消滅性とは，製品を在庫できるように，サービスを在庫として保管することはできないことを指す。

　そのことを踏まえ，サービスマーケティングにおいては，4Pである製品（Product），価格（Price），流通（Place），プロモーション（Promotion）に加えて，3つのPの必要性をフィリップ・コトラーは指摘した。それは，Participants（参加者），Physical Evidence（物的環境），Process of Service Assembly（サービスを組み立てるプロセス）である。すべてを合わせ，7Pと呼ばれる。

　参加者（Participants）とは，サービスの場にいる（参加している）人々であり，サービス提供者のみならず顧客も含まれる。この参加者によりサービスは変わる。例えば，カジュアルな服装の顧客が多ければ，そのサービスもカジュアルなものと，周囲からは認識される可能性が高くなる。一方，フォーマルな服装の顧客が多ければ，サービスもフォーマルな雰囲気となりうる。高級ホテルとビジネスホテルの顧客の服装の違いを想像してみると良いだろう。

　物的環境（Physical Evidence）とは，サービスの場にある物や環境を指す。

高級ホテルとビジネスホテルを比較すると，ロビーに置かれている椅子や照明器具などが異なる。これにより高級ホテルとビジネスホテルでは違うサービスが提供されることを顧客は認知することとなる。

サービスを組み立てるプロセス（Process of Service Assembly）とは，サービス提供の際の手順やその教育などが該当する。ホテルで言えば，チェックインの手順を整備したり，フロントスタッフを教育することになる。

これらの7Pを通して，サービスを顧客へ届けることとなる。これらを踏まえて，つづいて医療サービスのマーケティングを見ていきたい。

4. 医療マーケティング

（1）医療マーケティングの必要性

医療においてなぜマーケティングが必要なのだろうか。それは，今日の医療を取り巻く社会環境の変化が大きいからと言えよう。日本の医療提供体制は，第二次世界大戦後に量の確保が主眼に置かれていた。そのために民間の力を活用し，結果として多くの民間病院が活動することとなった。そのようにして医療機関は整備されたが，患者の置かれた状況は大きく変化してきた。疾病構造と人口構造の変化である。疾病の中心は，感染症から非感染症（糖尿病や高血圧症などの慢性疾患）へと変化した。また，人口構造は，高齢者が少なく生産年齢人口が多いというピラミッド型であったのが，現在では高齢者の人口に占める割合が高い超高齢化社会となった。そのような変化は，住民が求める医療にも変化が生じる。複数疾患を抱える高齢者患者が増えていることから，長らく提供されてきた急性期を中心にした医療提供体制では，対応できない状況を迎えている。そのような変化が生じている中で，どのような医療を提供するべきかを考えるためにマーケティングという概念が有用である。さらには，日本の医療機関数は約18万（病院は約8千，診療所は約10万）である。これは他の先進国に比べても，人口あたりでは多い水準である。それゆえに，医療機関がマーケティングを実践することにより，地域における自機関と他機関の関係

を踏まえた協調的な医療を提供することにつながり，地域医療全体においても望ましいと考えられる。

そのうえで，医療サービスには規制が強いことを踏まえた，マーケティング活動が必要となる。

(2) 医療サービスにおけるマーケティングマネジメント

ここでは，R-STP-MM-I-Cに従って，医療サービスのマーケティング・マネジメントにおいて留意する点を述べる。

① Research（研究）

Research（研究）においては，PEST分析におけるPolitics（政治）は，特に注意深く調査する必要がある。なぜならば日本の医療は、様々な法的規制が存在し，また医療サービスの多くが公的な医療保険制度の下に提供されている。その医療保険における医療費の算定根拠である診療報酬点数表は，2年に1度改訂される。その改訂は，日本の医療政策が目指す方向性に適うものは点数が高くなる（医療費が高くなる）ものである。医療機関の収入の9割以上が公的医療保険下の医療サービスであることから，医療政策の動向を見極めることが肝要である。また，Society（社会）の状況として，人口動態を把握することも重要である。たとえば，子供が非常に少ない地域において小児科を開設することは，期待される患者数からして医療機関を維持できない可能性も考えられるからだ。一方，Technology（技術）では，情報コミュニケーション技術の進歩により，小児科のある医療機関がなくても遠隔により小児医療サービスがある程度提供できる可能性も考えられる。ファイブフォース分析では，医療が規制産業であることから新規参入の脅威は一般的に低いと考えられるが，医療機関において提供する医療サービスに対して，薬局等で販売されるOTC薬品や訪問による医療サービスは代替品となりうるかもしれない。

② STP

　STPを考えるにあたり，緊急性が高い医療（例えば交通事故による外傷）については狭い地域（ローカル），緊急性があまり高くない医療（例えばガン）についてはより広い範囲（日本全体や世界）が市場となると考えられる。なお，緊急性は重症度とは異なることに留意する。緊急性とは，時間的に猶予があるかを示すものである。多くの場合においてガンは，重症度は高いが緊急性はそれほど高くはない（時間的な猶予が相対的にある）と言える。市場の大きさを考慮したうえで，セグメンテーションを考える。細分化の方法として，年齢や疾患の種類が考えられる。年齢でいえば乳幼児，小児，成人や高齢者などに細分化できるだろうし，疾患でいえば心臓疾患や呼吸器疾患などに細分化することができるだろう。そのように細分化したうえで，ターゲットを選択することとなる。その一方で，医師には応召義務（医師法19条）があるために，特定のターゲットのみを対象にすることは難しい側面もある。たとえば，心臓の治療が必要な患者をターゲットにすることはできるが，その中で若年層だけをターゲットにするということは難しいと言えよう。ただし，コンセプトとして若年層が好みそうなマーケティング・ミックスを採用することにより，実質的に若年層の患者を主なターゲットにすることはありえる。例えば，かわいらしいキャラクターをイメージした医療機関をデザインすれば，子供（実際にはその親に連れられて）が来院することが多くなるであろう。

③ マーケティング・ミックス

　つぎに，医療サービスにおけるマーケティング・ミックスについて検討する。7Pの顧客コストについてみると，医療保険による医療サービス利用は，同一価格となる。それゆえに製品やコストでは差別化を図ることは難しいが，4Cでいう消費者の需要や顧客コストという視点で考えると差別化できるかもしれない。それは消費者の需要は，病気を治したいというものだが，より根源的には健康でいたいことと考えることができよう。そうなると，医療機関として予防的サービスの提供により差別化を行うことができるかもしれない。より

満足度が高いサービスを提供すれば，価格としては同じであったとしても，コストパフォーマンス（支払う金額に対しての価値）は他の医療機関と比較して相対的に高いという認識になるかもしれない。

4Pそして7Pでいう流通については，医療機関の立地やそこへのアクセスとなる。一般的には，医療機関とくに診療所の診療圏は日常生活圏（日常的な買い物を行う圏域に相当）が中心となるが，人工透析患者に対する無料送迎サービスの実施のように，その診療圏を拡大することもできよう。また，無料送迎を行うことにより価値が追加され，前述したコストパフォーマンスの向上にもつながると考えられる。

プロモーションについては，医療法において広告規制があり，それに基づき厚生労働省が「医業若しくは歯科医業又は病院若しくは診療所に関する広告等に関する指針（医療広告ガイドライン）」を示している。具体的には，患者保護の観点から，比較優良広告，誇大広告，公序良俗に反する内容の広告，患者その他の者の主観又は伝聞に基づく，治療等の内容又は効果に関する体験談の広告，治療との内容又は効果について，患者等を誤認させるおそれがある治療等の前または後の写真等の広告は禁止されている。これらに注意しながら，Webページの開設や，院内報の発行，また地域における講演会の開催などがプロモーションの方法として考えられる。

7PであるParticipants（参加者）やPhysical Evidence（物的環境）は，ターゲティングの際に述べたような物的環境として，医療機関の待合室のデザインを子供向けにするならば，参加者である患者として親子連れが多くなり，医療機関の雰囲気は高齢者を対象とするような医療機関とは異なる場所になるであろう。医師や看護師などの医療者という参加者は，子供，成人，高齢者対象では異なる態度が必要となる場合もある。Process of Service Assembly（サービスを組み立てるプロセス）については，医療機関の職員の多くは，医療に関する資格を所有しており一定のスキルはあると考えられる。しかし，さらなる向上のために院内研修の実施や，第三者機関による認証（第8章で述べる病院機能評価やJCIなど）取得に向けた取り組みにおいて，プロセスの見直しや設定

が行われる場合も多い。

④ 実施ならびに管理

Implementation（実施）ならびにControl（管理）では，医療サービスは人の生命に近いサービスとなることから，マーケティングを実施する際においてはより高い倫理観が求められる。

アベディス・ドナベディアンは，医療における質の評価を，構造（Structure），過程（Process），結果（Outcome）という3つの側面に整理して行うことを提唱した。これに従って，数値目標を設定し実施，そして管理することが望ましいだろう。構造とは，医療機関の物的・人的資源を指す。例えば期待される入院患者数に対して，適切な数の看護師がいるか等が該当する。過程とは，7Pのサービスを組み立てるプロセスに相当すると考えられるが，院内研修の参加率や診療行為をガイドラインに従って実施しているか等を指す。また，結果は，医療サービスを受けた結果としての患者の健康状況などを指す。ガンの5年生存率などが一例である。ただし，結果は患者の状態により大きく影響することに留意する必要がある。つまり，患者の状態が悪ければ，質の高い医療サービスを受けたとしても結果が芳しくないこともありえる。医療の質評価においては，患者に対する本質的な商品である医療サービスの提供に強く関連することから，過程（Process）の管理から行うことが多い。

（3）医療におけるマーケティング・マネジメントの例

「R-STP-MM-I-C」のマーケティング・マネジメントのプロセスを，ある医療機関を例に説明する。対象の医療機関は，人口約5万人の市にあるクリニックであり，住宅地，商業施設など都市化が進んでいる地域である。診療科は耳鼻科，内科，眼科，心療内科がある。

まずは，外部のマクロの状況を知るために，PEST分析を行う。政治についてみると，一億総活躍社会として女性の社会参画をより進める施策を積極的に行っている。医療においては，地域包括ケアや地域医療構想が推進されてい

る。経済では、消費税の税率が10％となる予定である（2019年1月時点）。社会においては女性の就業状況が変化し、子育て世代である30歳代においてもおよそ7割の就業率（2016年）となり、10年前より10ポイント程度上昇した。技術は、ICT技術も進歩しており、医療情報の共有が技術的には容易になってきた。次に、SWOT分析により外部環境と自社の内部環境について調査する。外部環境の脅威でいうと、地域において診療所が増加している。機会でいうと、地域の高齢者が増加しているのに加えて、住宅地の開発により若い子育て世代の人口も増加している。内部環境の強みは、大学病院での臨床経験が豊富な耳鼻咽喉科専門医や糖尿病専門医がいることである。ファイブフォース分析では、外部のミクロの状況を見る。「買い手の交渉力」は、それなりにある。なぜなら地域には医療機関が増えており、地域住民はそのなかから自由に医療機関を選択できるからである。「売り手の交渉力」は、比較的強い。当院は小規模であるゆえに価格交渉力が低く、仕入れ先である売り手からすると高く売りやすい。「業界内の競争」は、地域に医療機関が増えていることから激しい。「新規参入の脅威」もあるが、医療への新規参入は容易ではないため、過当競争とまでにはならない。また、地域の医師会がバランサーとして機能している。「代替品の脅威」としては、予防におけるサプリメントやOTC薬などが考えられるが、現状では脅威とは言えない。

　つぎに、その目標を達成できるような細分化（セグメンテーション）した市場において、ターゲット、ポジショニングを設定しコンセプトを決定することである。ターゲットとは医療サービスを提供したい集団を指し、この医療機関の強みである耳鼻咽喉科の需要が高い小児や、糖尿病内科の需要が高い40歳以上と考えられる。ポジショニングとは、その製品（サービス）の市場における位置づけをすることである。大学病院での経験が豊かな医師から、質の高い医療を地域において気軽に受けることができる医療機関が考えられる。また、コンセプトは、顧客にどのような利用しやすさを提供するか、を示すものである。「質の高い医療を地域で受けられる」など、いくつも考えられるだろう。しかし、ターゲットやポジショニングとの関係を踏まえることが大切である。

たとえばコンセプトに「在宅でも安心して医療を提供する」というような在宅医療の要素を取り入れたコンセプトは，この医療機関のターゲットやポジショニングには合わないだろう．

　ターゲット，ポジショニング，コンセプトが分かると，それに従ってどのようなマーケティングに実践するかを，サービス，価格，流通，プロモーションの4Pにより検討する．まずサービスであれば，経験豊かな医師がかかりつけ医の機能を提供する．価格は，保険診療において価格の差別化は困難であるが，医師の病状の説明に加えて，看護師がそれを補足して説明をすることにより患者の不安感を低減させるよう試みれば，同じ価格でも満足度が高いサービスの提供となるだろう．それにより，バリューによる差別化を行うことができる．流通は，例えば患者が受診しやすい時間を考える．糖尿病内科の患者である勤労者を対象とするため，夜間の外来を受けつける一方，小児が多い耳鼻咽喉科は通勤前の親が連れてこられるよう，朝早い時刻より外来を受けつけることが考えられる．また，スマートフォンなどを利用した予約システムを稼働させる．最後にプロモーションであるが，広告の規制に留意した上で，予約システムと連動させた，インターネット上の広告を検討するのも一案だろう．

　つづいて，このように検討されたマーケティングの方法の実現可能性を，消費対応，競争対応，取引対応，組織対応の点から検討することになる．たとえば，ターゲットとしている耳鼻咽喉科の対象である小児とその親や，糖尿病内科の対象である40歳以上から見て，この医療機関を受診したいと思うものかという消費対応，他医療機関の医療サービスと比べて質がよい，受診やすい，対応が良いなどの強みはあるのかという競争対応，薬などの医療材料などの取引対応，そして自医療機関でこれらを実行できるのかという組織対応について検討する．

　このように検討されたマーケティングの方法を実践する．そして，目標として例えば「耳鼻咽喉科疾患と糖尿病疾患の患者において，3年で地域シェア10％を獲得」と設定し，それがどの程度達成できたか，また対応面に問題が生じていないかを確認する．これらに問題がある場合には，それぞれ解決に向

けた対策をとることになるが，その前提であるターゲットや，ポジショニング，コンセプトの見直しを行うこともありえる。たとえば診療時間に問題があるようだったら，それを見直すということもあるだろう。

5. まとめ

　マーケティングとは，顧客の創造と維持のために，顧客の視点で商品を産出し顧客に届ける活動であり，ただ商品を売るというセリングとは異なる。医療サービスにおいては，医療を取り巻く社会環境が変化し，また多くの医療機関が存在する中で，それぞれの医療機関がどのような医療を提供するべきかを考えるためにマーケティングという概念が必要である。それにより，他の保健・医療・福祉機関や行政，そして住民らと連携しながら，地域住民の健康を維持・向上させることが可能になろう。

【参考文献】
石井淳蔵・栗木契・嶋口充輝・余田拓郎（2004）『ゼミナールマーケティング入門』日本経済新聞社
黒川清・尾形裕也編（2006）『医療経営の基本と実務　上巻［戦略編］』日経メディカル開発
平野敦士カール（2018）『大学4年間のマーケティング見るだけノート』宝島社
M.E.ポーター著，土岐坤ら訳（2007）『新訂　競争の戦略』ダイヤモンド社
渡辺孝雄・小島理市（2006）『競争に勝ち抜く医療マーケティング』ぱる出版
国際医療福祉大学医療経営管理学科編（2003）『三訂　医療・福祉経営管理入門』国際医療福祉大学出版会

（小林三太郎）

必然的に導かれた経営管理論

　医学は「自然科学」であり，経営学は「社会科学」である。自然科学は「人間が関与しない自然界」，社会科学は「人間の意志や行為によって生み出された社会現象」の法則性を明らかにしようとする学問である。経営管理論は経営学の一部であり，実践・技術を重視し，与えられた経営資源を効率よく運用するプロセスを対象とする学問である。日本で論じられている経営管理論はアメリカ経営学が中心となっている。経営管理論は，人が関与するが故に自然科学のように「発見されるもの」ではなく，必然的に導かれた（考えられた）もので，経営思想や哲学として発展してきた。その背景には，人間の行動や思想，その時代の社会情勢が影響している。

　近代経営は，米軍の組織再構築を行った，弁護士であるエリフ・ルート（1845〜1937年）によって開かれたとされている[1]が，経営管理論の多くの教科書では，テイラーの科学的管理法から論じられることが一般的である。

　アメリカでは，南北戦争を契機として，工業が発展し，工場で製品が作れるようになった。テイラー（1856〜1915年）は，アメリカ技士協会（ASME）の1903年の大会で，課業（仕事）管理に時間を取入れた「工場管理」を発表し，生産現場を近代化した。しかし，課業を達成させるための有効な手段は，賃金による刺激策しかなかったとされている。

　そこでフォード（1863〜1947年）が「生産の標準化」と「移動組立法」を考案する。ベルトコンベヤーを用いて，労働者の所へ仕事を持っていくことで，賃金による刺激は不要となった。しかし，効率性を優先し，単純作業

---

[1] Stuart Crainer. (2000) *The Management Century: A Critical Review of 20th Century Thought and Practice*. J-B BAH Strategy & Business Series.（嶋口充輝監訳，岸本義之・黒岩健一郎訳『マネジメントの世紀1901⇒2000』）を参考に纏めた。

の反復を繰り返すことで作業能率が低下する新たな問題が発生する。

これらの問題に対して，メイヨー（1880～1949年）らによってホーソン実験が行われた。実験結果から，生産効率を高めるには労働環境よりも人間関係が重要であることが示された。特にインフォーマル組織が生産性に非常に関係していることを発見した。

テイラーは仕事そのものに注目した。フォードは大量生産を可能にしたが，人間性を忘れていた。「現代経営の父」と言われるバーナード（1886～1961年）は，商業的組織は独立した個人が達成できないことを行える手段であるとし，組織と個人の関係に注目した，新たな組織論を展開した。

行動科学とは，人間の行動を科学的に研究する学問で，「人間の動機づけ」の研究とも言われている。代表的な理論は，①マグレガー（1906～1964年）の理論（X理論，Y理論），②ハーズバーグ（1923～2000年）の理論（動機づけ要因，衛生要因），③レンシス・リッカー（1903～1981年）の理論（連結ピン機能）④クリス・アージリス（1923～）の理論，⑤マズロー（1908～1970年）の欲求5段階説などがある。

戦争は経営を実践し，論理を発展させる原動力となる。第二次世界大戦が始まると，企業は，軍が必要とするライフル，戦車，飛行機などの生産に迫られた。GM，IBMをはじめとする企業や研究者たちも軍事訓練プログラムの一翼を担うこととなった。シューハート（1891～1967年）は，生産管理図等を利用し，品質への統計的アプローチを展開した。日本にもクオリティ・コントロールの理論が伝えられ，QC，TQC，TQMへと発展していった。

戦後のアメリカ企業は巨大化していった。サイモン（1916～2001年）は，企業の成長を可能とする重要な条件は，トップ・マネジメントと意思決定の合理性にあると指摘し，意思決定論が進展した。

戦後の混乱の後，快適な生活と物質的豊かさが家庭にもたらされた。ドラッカー（1909～2005年）は，「事業の目的としての有効な定義はただ1つである。それは，顧客を創造することである」と定義づけ，マーケティング

が発展していった。

　生活が豊かになると，企業が高機能で品質の高い商品を作れば売れる時代が終わる。自社内での議論ではなく，組織と環境，組織間関係をどのように構築するかが問題となっていった。その結果，組織をクローズド・システムではなく，オープン・システムであると捉え，イギリスで生まれた条件適応理論がアメリカにも導入されることになった。条件適応理論とは，「環境が異なれば，有効な組織は異なる」。「企業がおかれた環境（状況）と組織構造が適合しているときに，その企業の業績が上がる」とするものである。

　また，企業として生き残るために，軍事型モデルを参考として戦略論が発展する。チャンドラー（1918～）は，戦略は「企業の長期的目標と目的の決定，行動指針の採用，目的を達成するために必要な資源配分」と定義し，戦略が組織よりも先行するとした。しかし，現実には組織は戦略に従うのか，戦略が組織に従うのか，どちらが正しいのか議論が分かれるところである。

　近年では，マイケルポーターの競争戦略，クリステンセンのイノベーションのジレンマ，ブルーオーシャン戦略，オープンイノベーションなどたくさんの経営管理理論が登場してきている。これらの理論は，突然現れたものではなく，社会が変化する中で，人の意思や行為によって必然的に現れたものである。古典的な管理論の思想は，現代の企業経営にも生かされている部分がある。病院や企業を管理する立場になったときに，古典的な経営管理論を参考にしてみてほしい。問題を解決するヒントが見つかると思う。

（村田幸則）

第5章 リスクマネジメント

1. リスクマネジメントとは

(1) リスクマネジメントの歴史的背景

　リスクマネジメントの「リスク (risk)」の語源はラテン語の"risicare"であり，もともと岩礁の間を航行する船乗りのことで，「勇気をもって試みる」，危険を承知で「挑戦すること」に由来する。

　リスクマネジメントは，1920年代の悪性インフレ下のドイツにおいて企業防衛のための経営政策論でリジコ・ポリティク (Risikopolitik) として**投機的危険** (speculative risk：企業活動，社会的・経済的変動) や動態的危険 (dynamic risk：社会経済の変動に基因する投機的危険) をも含めた企業危険全般に対する企業防衛のマネジメント (**危険政策**) として始まった。一方，アメリカにおいては，1930年代の大不況下の企業防衛のための費用管理の一つとして登場した保険管理 (保険最適化)，すなわち，純粋危険や災害に対処するための保険の有効な利用法としてのリスクマネジメントが導入された。また，キューバ危機に見られるような1960年代の米ソ冷戦時代の国家的危機に対処するための政策，戦略として「クライシス・マネジメント (**危機管理**)」もその一つで，単に戦争，内乱，紛争などの軍事的危機のみを対象とせず，石油危機，食糧危機，通貨危機，財政危機，地震・噴火・台風・水害などの災害危機，ハイジャック，航空事故，鉄道事故，要人誘拐，多発テロなど，国家，行政から企業，身辺まで拡大されてきた。本邦においては，1950年 (昭和30年)

代に「リスクマネジメント」が報告され，1970年（昭和50年）代の技術革新，新製品の開発，経済の国際化，多国籍企業や国際化企業の登場に伴うリスク対策や，企業の管理リスク，海外進出リスクや各種の戦略リスクを的確に処理するための経営戦略の観点からリスクマネジメントとして導入され，また，オイル・ショックにより，一般用語として「危機管理」が広く普及された。1978年（昭和53年）日本リスクマネジメント学会が創設され，リスクマネジメントや危機管理という用語は，日常用語として一般に用いられるようになってきた。グリコ・森永事件1984年（昭和59年），湾岸戦争1990年〜1991年（平成2年〜3年），阪神・淡路大震災1995年（平成7年）を契機に設置された「危機管理システム規格検討委員会」の流れを汲む「リスクマネジメント規格委員会」によって，広範なリスクマネジメントのガイドライン「JIS Q2001リスクマネジメントシステム構築の指針」が2001年に制定された。さらに同時多発テロ2001年（平成13年）9月，エンロン不正会計疑惑同年12月，東日本大震災2011年（平成23年）などにおいて「リスクマネジメント」，「危機管理」という言葉が一般化してきた[2]。

(2) 国際標準規格ISO31000 (Risk management)

2009年11月15日にはリスクマネジメントに関する国際標準規格ISO31000（Risk management-Principles and Guidelines：リスクマネジメント―原則及び指針）が発行され，合わせてリスクマネジメント用語に関する国際標準規格ISOGuide73（Risk management-Vocabulary：リスクマネジメント―用語）が改訂された。リスクマネジメントの定義を「**リスクについて，組織を指揮統制するための調整された活動：coordinated activities to direct and control an organization with regard to risk**」とした。国際標準化機構（ISO）としては総合的なリスクマネジメントに関する規格は初めてとなった。さらに2018年改訂のISO31000：2018においては，リスクマネジメントを3つの要素「原則」「枠組み」「プロセス」で構成し，「4.2指令及びコミットメント」→「5.2リーダーシップ及びコミットメント」の改訂がなされた。なお「原則」

は、リスクマネジメントをどのような組織において行う場合にも遵守すべき事項を示した方針のようなものであり、ISO31000：2018には記載されている通り8つの原則（図表5-1）が書かれている[7)8)9)10)11)]。

ISO31000ではリスクマネジメント対応につき、次の7つの対応の選択肢が提示されている。

①リスクを生じさせる活動を開始又は継続しないことと決定することによって、リスクを回避する（回避）
②ある機会を追求するために、そのリスクを取るまたは増加させる（最適化・低減）
③リスク源を除去する（最適化・低減）
④起こり易さを変える（最適化・低減）
⑤結果を変える（最適化・低減）
⑥一つまたはそれ以上の他者とそのリスクを共有する（契約及びリスクファイナンスを含む）（移転）
⑦情報に基づいた意思決定によって、そのリスクを保有する（保有）

リスクを管理するプロセスの具体的な手順は以下のものとなる。

①置かれている状況の確定
②リスク特定
③リスク分析
④リスク評価
⑤リスク対応
⑥モニタリング及びレビュー
⑦コミュニケーション及び協議

【図表5-1】 ISO31000-2018「リスクマネジメント」

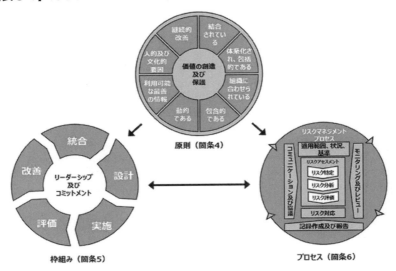

〈リスクの定義〉

Risk: effect of uncertainty on objectives リスク：諸目的に対する不確かさの影響
備考1　影響とは，期待されていることから良い方向・悪い方向へ逸脱すること
備考2　諸目的とは，例えば，財務，安全衛生，環境，戦略，プロジェクト，製品，プロセスなど様々な到達目標，様々なレベルで規定される
備考3　不確かさとは，事象やその結果，その起こり易さに関する情報，理解，知識などが例え一部でも欠けている状態である
備考4　リスクは事象（周辺環境の変化を含む）の結果とその発生の起こり易さとの組み合わせによって表現されることが多い

出所：ISOGuide73：2009より引用[7]

（3）医療におけるリスクマネジメント

　我が国において「医療におけるリスクマネジメント」が導入されたのは，度重なる医療事故についてクローズアップされた1990年代である。2000年には，厚生省保健医療局国立病院部リスクマネージメントスタンダードマニュアル作成委員会により『リスクマネージメントマニュアル作成指針』（2000年8月）

第 5 章　リスクマネジメント

【図表 5-2】 Healthcare Enterprise Risk Management
（医療における総合的リスクマネジメント）[2]

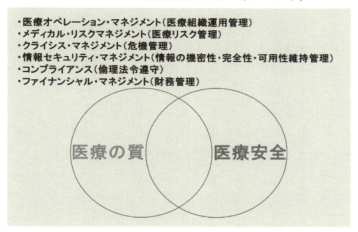

・医療オペレーション・マネジメント（医療組織運用管理）
・メディカル・リスクマネジメント（医療リスク管理）
・クライシス・マネジメント（危機管理）
・情報セキュリティ・マネジメント（情報の機密性・完全性・可用性維持管理）
・コンプライアンス（倫理法令遵守）
・ファイナンシャル・マネジメント（財務管理）

出所：筆者作成

【図表 5-3】 自治体病院医師サポートシステムに関する NPO モデル[2]

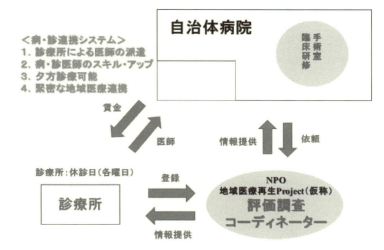

出所：筆者作成

が出され,「本指針は,国立病院,国立療養所及び国立高度専門医療センター(以下「国立病院等」という。)における医療事故の発生防止対策及び医療事故発生時の対応方法について,国立病院等がマニュアルを作成する際の指針を示すことにより,各施設における医療事故防止体制の確立を促進し,もって適切かつ安全な医療の提供に資することを目的とする」(抜粋)などの指針が国立病院等に導入された経緯から,リスクマネジメントの解釈は医療事故防止,再発防止のみに特化されたが,医療におけるリスクマネジメント(Medical Risk Management)は,単に医療事故防止対策,医療訴訟対応に焦点を当てただけの取り組みではなく,患者安全・安心の確保,医療の質の確保,医療を巡る内外環境の変化への対応,組織の見直し,医療従事者の健康管理,情報漏洩リスク,危機管理,円滑なコミュニケーションなど広範囲にわたる[2]。

2. Enterprise Risk ManagementからHealthcare Enterprise Risk Management[2]へ

(1) Enterprise Risk Management

　Enterprise Risk Managementに関するフレームワークとしては,2004年9月にアメリカの米国トレッドウェイ委員会組織委員会COSO(Committee of Sponsoring Organization of the Treadway)が発表した「COSOERM」が代表的である。このERMは,コーポレートガバナンス,経営管理(業績管理),内部統制,コンプライアンス,CSR(Corporate Social Responsibility:企業における社会的責任),セキュリティ対策などを統合的に管理するための概念として,近年重要視されるようになってきた。また,市場においてリスクCommissionを取って攻めに転じる際,経営の判断基準として効果的に用いられている。Enterprise Risk Managementは,企業や組織が目的達成のために意思決定を行い,業務を遂行する際に生ずるあらゆるリスクを戦略的に1.把握,2.評価,を経て3.最適化し,企業価値の最大化を図るリスクマネジメント手法である。リスクの範囲は大地震のような自然災害のみならず,テロや戦争,投資損失やコンプライアンス違反,セキュリティ侵害等,広範囲にわたる[2]。

一方で，組織におけるリスクマネジメントの重要課題として，リスクテイキング（人間の能動性として習慣化，技能未熟など危険を承知で危険行為をする不安全行動）やリスク・ホメオスタシス理論（危険を回避する手段・対策をとって安全性を高めても，人は安全になった分だけ利益を期待してより大胆な行動をとるようになるため，結果として危険が発生する確率は一定の範囲内に保たれるとする理論，Gerald J.S. Wilde, 1982）などの観点から個人個人に目を配らなければならない点も挙げられる。

(2) 医療機関へのHealthcare Enterprise Risk Management[2]導入の可能性

本来，リスクマネジメントはEnterprise Risk Management（総合的リスクマネジメント）と捉えるべきであり，医療においても導入すべき，Healthcare Enterprise Risk Management（医療における総合的リスクマネジメント）[2]は図表5-2のごとく，医療オペレーション・マネジメント（医療組織運用管理），メディカル・リスクマネジメント（医療リスク管理），クライシス・マネジメント（危機管理），情報セキュリティ・マネジメント（情報管理全般），コンプライアンス（倫理法令遵守），ファイナンシャル・マネジメント（財務管理）などから成され，医療機関における総合的なリスクマネジメントをいう[2]。

基本的には，全ての組織構成員がリスクオーナーであり，組織のトップである病院長，リスクオーナーである医療専門職が主体的に参加することによって効果を挙げる全組織的な取組みを実施しなければならない。とは言え，医療機関においては各々が医療専門職であり，各医療専門職の法律に基づき定義，業務内容が定まっており，CRO（Chief Risk Officer）を雇い入れるほどの人件費も見いだせないのが現状である。そこで今回，第三者評価機関をNGOとして立ち上げ，各医療機関を内部統制するシステムを提案する。図表5-3は，1例であり，自治体病院の医師偏在による医師不足解消，医師の質の向上のためのシステム構想である[2]。

① 企業の社会的責任（CSR：Corporate Social Responsibility）
　CSRとは企業の社会的責任のことであり，企業がさまざまな活動をおこなうプロセスにおいて，利益を最優先させるのではなく，ステークホルダー，若しくは医療機関においてはCooperator北野（協同行動者）[2]との関係を重視しながら，社会的公正性を保つことや，環境対策を施すことなど，社会に対する責任や貢献に配慮し，長期にわたって企業が持続的に成長することができるよう目指す。医療においては社会保障費用，被保険者，雇用者（事業所等）負担により運営されているので，当然のこと既に社会的責任があることを忘れてはならない[2]。

　※Stakeholders（利害関係者）⇒Cooperator北野（協同行動者）

② Compliance（倫理法令遵守）
　コンプライアンスとは，一般的に法令遵守のことをいうが，ここでは**倫理法令遵守**とする。下記の「組織に対する連邦量刑ガイドライン」（1991）よりを参考にされたい[2]。

〈7つの評価基準〉
1. 誰もが分かるルールが明確に示されている
2. 役員以上の監督責任者が明確である
3. 不正行為を行う可能性のある人物に大きな権限を与えない
4. 従業員への周知徹底
5. 不正行為が発見できるシステムがある
6. 適切で一貫した賞罰制度を持っている
7. 不正行為が発生したときは是正措置を講ずる
　　（「組織に対する連邦量刑ガイドライン」1991より）

③ Operational Risk Management（組織運用リスクマネジメント）

下記の5つから成り立つが，医療におけるオペレーション・マネジメントについては後述する[2)6)]。

1. 戦略法務
    経営戦略，訴訟（刑事・民事・行政），文書管理
2. リーガル・リスクマネジメント
    経営の意思決定，製造物責任（PL法），知的財産権，M&A（企業合併・買収），カルテル（不当な取引制限），独占禁止法
3. 環境リスクマネジメント
    企業の環境リスク，環境事故のリスク，土壌汚染等の公害リスク，環境規制リスク，環境経営
4. 人事リスクマネジメント
    経営環境の変化と人事リスク，雇用のリスク，人事リテンション（定着）と報酬，メンタルヘルスとEAP（Employee Assistance Program）
5. リスクコミュニケーション

④ Information Security（情報セキュリティ）

医療機関における情報セキュリティは，カルテ，検査データ，院内アナウンス病棟のネームプレート，配膳の際の食札，パソコン，USB等の電子媒体の持ち出しなど情報の機密性，完全性，可用性維持管理など多岐にわたる[2)]。

1. ネットワーク不正行為
    ①不正アクセス，②サーバー攻撃（DDoS攻撃），③増殖型ウィルス
2. 情報漏洩
    ①外部からの不正行為，②内部関係者の犯行，③管理者や従業員の不注意
3. ソーシャルエンジニアリング
    人間心理の盲点を突いて情報収集⇐なりすまし機密情報やパスワードを入手

⑤ Crisis Management（危機管理）

危機（クライシス）の定義とリスクの違い

危機，リスクとも人的・物的・金銭的な損失と，信用の喪失をもたらす不測の事態を表す言葉である。リスクは，いつ発生するかは分からないが，医業活動の中で潜在すると考えられる好ましくない事態。危機（クライシス）とは，「現時点で」起こりつつある，または，実際に起こってしまった好ましくない事態のことを言う。危機（クライシス）は，リスクと比べてはるかに事態が切迫しており，その対処には緊急性を要する[2]。

1.時間がない　2.情報がない　3.被害は急激に拡大する

⑥ BCP（Business Continuity Plan）事業継続計画

自然災害，事故，テロ等の予期せぬ緊急事態に遭遇した場合に医療提供に対する被害を最小限にとどめ，最低限の医療提供の継続，早期復旧を行うために事前に策定する行動計画で，企業が自然災害，事故，テロ等の予期せぬ緊急事態に遭遇した場合に，重要業務に対する被害を最小限にとどめ，最低限の事業活動の継続，早期復旧を行うために事前に策定する行動計画である。計画策定の際には自社の業務プロセスを見直し，緊急事態の際の各事業ごとのリスクの大きさや，優先して継続・復旧すべき事業を定める必要がある。また，計画の内容は緊急事態を見据えた事前の対策と継続・復旧のための実施計画であるが，施策だけではなく緊急事態に備えた組織体制の構築，人員の訓練も含まれる。BCPを導入することで得られるメリットとしては緊急事態においてもすぐに操業率を100％に戻せるほか，市場の信頼を得やすいということが挙げられる。医療におけるMCP（Medical Continuity Plan）**医療継続計画**においては，阪神淡路大震災，東日本大震災，集中豪雨などの大規模災害に備え，ライフラインの確保，医療機関連携をはじめ，医療機器や設備・装備のない中での診療・処置ができるよう，MCM（Medical Continuity Management）**医療継続マネジメント**の観点から日頃のシミュレーション・トレーニング等が必要で

ある[2]。

(3) 医療機関における HERM (Healthcare Enterprise Risk Management)[2] 導入のプロセス

HERM (Healthcare Enterprise Risk Management)[2] は，事業目標達成に係る不確実性を管理する継続的な仕組みであり，この仕組みが目標を達成し有効に機能するためには，リスクマネジメントを一続きの「プロセス」として捉え，その活動を適切に設計する必要がある。医療機関においては，HERMについて学問体系的に学ぶ機会がないばかりか，HERMについての実践力を養うことも不可能である。さらに本邦における病院長は，医療経営・管理の専門家を任命されているわけではなく，医療法46条により医師・歯科医師が登用されており，2～4年の任期で流動的であることも，内部統制ができない要因の一つとしてあげられる。よって，医療経営の観点から，自治体病院においては，経営統合化においても未だ80％以上が赤字運営，民間病院等おいては40％以上が赤字運営の経営状況で，高額医療機器購入など最新設備投資も困難であり，質の向上はもとより維持運営できず，近年，年間平均120施設ほど経営統合若しくは閉鎖に追い込まれている[2]。

医療機関における HERM を実践するためのプロセスを下記に示す[2]。

1. リスクの洗い出し
    ・内部監査により各部署ラウンドし，各部署の現状把握→問題提起する。
    ・各部署業務手順マニュアルの改訂。
2. リスクの計量化と評価
    ・内部監査によりリスク・マップ作成。
    ・計量的リスク・パス分析し，各部署ごと，さらに全体の評価をする。
    ・医療機関において ERM を実践するためのプロセスを紹介する。
3. リスクの管理
    ・リスクコントロール（医療事故などのリスク回避・リスク軽減）

・リスクファイナンシング（医療事故などのリスク移転・リスク保有）
4. リスクのモニタリング
　　・リスクの許容範囲，許容範囲から乖離しているかどうか
5. プロセスの見直し
　　・継続的なリスク・マネジメントのための再評価，プロセスの見直し。
　　・個別リスクをそれぞれの担当部署のリスクマネジャーにフィードバック

3. 我が国の医療機関における医療の質・安全管理の現状と課題

（1）医療機関における医療の質・安全管理の現状

　現在，質・安全，病院機能などを評価認定する公益財団法人日本医療機能評価機構による病院機能評価認定においては，未だ認定病院2,180施設（2019.4.5）で全国8,353施設（2019.2.28現在）の26.1％のみであり，医療提供体制における継続的な質の確保ができているとは言い難い。2015年10月1日，医療法第3章「医療の安全の確保」の第6条の10により医療事故調査制度が施行された。2019年4月末現在，3年7ヶ月間の医療事故報告件数は累計1,342件，相談件数累計6,929件，医療事故調査報告（院内調査結果）累計1,004件，センター調査依頼件数累計89件（遺族から71件，医療機関から18件であり，院内調査結果報告書検証中の事例66件。）とのことである。一方，公益財団法人日本医療機能評価機構医療事故防止事業部の報告によると，この14年3ヶ月間で38,850件（報告義務対象医療機関274施設＋参加登録申請医療機関797施設：2019.1.31現在）もの医療事故が発生している。これらのデータに基づき背後要因別に分析した「医療事故情報収集等事業の事故報告の現状分析とその考察」（北野ら 2014）によるとコミュニケーションによる背後要因が第2位を占めている。今日，医療安全対策加算算定条件として専従・専任の医療安全管理者の配置が義務付けられたものの，医療安全管理者の業務の53.5％が，インシデント・アクシデント情報収集・分析を占めている現状である。また，1995年に公益財団日本医療機能評価機構病院機能評価における

Surveyor（評価調査者），2010年に認定医療メディエーター（医療対話促進者），2013年に認定医療クオリティ・マネジャー，2014年に認定医学教育専門家など配置されたが，さらなる質・安全管理体制を再構築すべく今後の活躍に期待するものである[3]。

(2) 医療機関における医療の質・安全管理の課題

① ハインリッヒの法則（Heinrich's law）活用と医療事故防止活動への問題点

米国の損害保険会社の研究部長H.W. Heinrichは，森林伐採作業者の伐採事故災害について調査した結果，死亡重傷が1,666件，軽傷が48,334件，これに対して危うく傷害を免れたもの（ヒヤリ・ハット事例）が約500,000件もあったことが判明した。これを比率で表すと，重傷1に対して，軽傷29，危険300となる。さらに，約75,000事例には多くの「不安全行動」と「不安全状態」が存在しており，そのうち予防可能であるものは「労働災害全体の98％を占める」こと，「不安全行動は不安全状態の約9倍の頻度で出現している」ことが分析により明らかになっている。このハイリッヒの法則（Heinrich, H.W.: Industrial Accident Prevention, 1931）は，一般的に「ハインリッヒの法則」（1：29：300の法則）と呼ばれ，労災事故だけではなく，他のさまざまな失敗を防止するための警鐘として，取り上げられるようになった。なお，ハインリッヒは労災事故分析結果から，災害防止について以下の教訓を導き出している。①災害を防げば，傷害はなくせる。②不安全行動と不安全状態をなくせば，災害も傷害もなくせる（職場の環境面の安全点検整備，特に，労働者の適正な採用，研修，監督，それらの経営者の責任をも言及）。医療事故についても同様であり，ヒヤリ・ハット事例についてもその原因究明を行い，再発しないシステム作りが重要であるとのことで活用されてきたが，医療事故防止活動へのハインリッヒの法則活用の問題点として，①ヒヤリ・ハット，インシデント，軽微な事故に関する報告がされないなど報告漏れが生じており，重大事故の特定や，未然予防ができない，②医療従事者の業務は複雑多様であり，森林

【図表5-4】報告漏れが生じた場合の問題点[2]

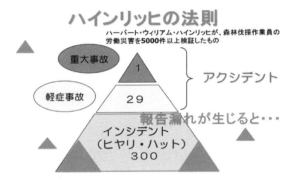

出所：筆者にて改変

伐採作業員の伐採事故災害比率とは異なる，③ハインリッヒの法則の理解，教訓について組織全体に浸透していないなどがあげられる[1)3)]（図表5-4）。

② 当初推奨された事故再発防止策の立案のための分析手法

　医療事故調査においては，事故が起きた原因についての分析的・科学的な検討が行われなければならない。事故当時の医療行為において，何が当事者に医療ミスを起こさせる原因になったかを究明することは重要であるが，科学的な知見を前提とせず，単に医療慣行の是非を論じるような検討では，再発防止の提言に意味を持たない。平成19年3月，厚生労働省医療安全対策検討会議医療安全管理者の質の向上に関する検討作業部会「医療安全管理者の業務指針および養成のための研修プログラム作成指針」による具体的な事故原因分析と再発防止手法として推奨しているSHEL(L)モデル，4M-4E方式，ルートコース解析（RCA，根本原因分析法），フォールトモード・影響解析（FMEA）のほか，フォールト・トゥリー解析（FTA），イベント・トゥリー解析（ETA），メディカルセイファなどがあり，必要に応じてこれら分析法で事故原因と再発防止策を検討する必要がある。また，分析に際しては，医療従事者のみで行うべきではなく，回顧的・後方視的な証拠に基づく事実認定の訓練を受けている

法律家や弁護士,科学的な事故調査の手法についての知見を有する外部委員を医療事故調査委員会に入れ,学際的な議論を行うようにすべきである[1]。

・SHEL(L)モデル(発展形のm-SHEL,P-m SHELを含む)

　SHELモデルは,1972年(昭和47年)にイギリスの学者であるEdwardsが原型を提案し,1975年(昭和50年)にKLMオランダ航空の心理学者でもあったFrank H.Hawkins機長が改良を加えて完成させたもので,ICAO(国際民間航空機関)においてヒューマンファクターの概念を表すモデルとして提案し制定された。ソフトウェア(S:Software:マニュアル,情報など),ハードウェア(H:Hardware:機器,装置,情報など),環境(E:Environment:環境,風土など)及び人間(L:Liveware,中心のLは本人,当時者など,それに接しているLは相手,関係者など)の各境界面に存在する要因をみつけようとするものである(図表5-5)。航空業界では,SHELLモデルを用いて,事故・インシデントの分析を行うことが推奨されているが,分析に当たっては,中心のL自体の問題と併せて,L-S,L-H,L-E及びL-Lのそれぞれのインターフェースに問題がなかったかを分析し,その結果に基づいて改善方策を検討することになる。航空業界では,ヒューマンファクタの要素を取り入れたさまざまな訓練が実施されている。その代表的なものがCRM(Crew Resource Management)であり,日本国内のいくつかの定期航空会社により実施されている。CRMは1970年代初頭に米国において航空事故が多発したのを受けて,米国の産官学が協力して開発した事故回避のための訓練プログラムであり,個別の人間に対する単独の訓練ではなく,実際の事例に則して主としてチームとしての総合的な対応を訓練するためのものである。具体的には,①状況認識(発生した状況を確実に認識すること),②問題解決(認識した問題を解決する方法を考える),③意志決定(最終的に考えた方法を実行に移す),④コミュニケーション(複数の人間の間の円滑な意志の疎通),⑤ワークロード・マネジメント(緊急事態のストレスや長時間飛行による疲労下での行動の自己管理)など,多岐にわたる項目により構成されている。その後,1994年(平成6年)

【図表5-5】SHEL（Lモデル）

S= Software（ソフトウェア）
H= Hardware（ハードウェア）
E= Environment（環境）
L= Liveware（人間）

L-S、L-H、L-E及びL-Lのそれぞれのインターフェースに問題がなかったかを分析し、その結果に基づいて改善方策を検討する

出所：北野達也（2018）『患者安全管理学 テキスト改訂版』星城大学

には河野龍太郎からSHELモデルに管理（M：Management）を追加したm-SHELモデルが提案され，電力業界において使われるようになった。現在では，m-SHELモデルに患者（P：Patient）を加えたP-m SHELモデルが医療分野における事故分析に使われるようになった[1]。

・4M-4E方式

　アメリカの国家航空宇宙局（NASA）では，事故の原因及び対策を整理する方法として，4M-4E方式を採用している。4Mとは事故原因の分類に用いられる区分であり，(1) Man（人間），(2) Machine（物・機械），(3) Media（環境），(4) Management（管理）の4つであり，4Eとは事故対策の分類に用いられる区分であり，(1) Education（教育・訓練），(2) Engineering（技術・工学），(3) Enforcement（強化・徹底），(4) Examples（模範）の4つを指す。4M-4E方式は，マトリックス表を用いて事故の原因ごとの対策案を網羅的に整理するのに便利である[1]。

・ルートコース解析（RCA：Root Cause Analysis，根本原因分析法）

　従来の事故防止対策では，事故の当事者と事故の直接原因に目が向けられこ

とが多かった。しかし、医療事故は医療従事者の能力不足のみならず、患者や医療情報へのアクセスや病院のマネジメントの問題（標準化、コミュニケーション、監督、人員数など組織的要因）に起因していることが、最近の事故に関する研究により明らかにされている。病院の構造的欠陥が医療事故の根本的原因である場合、真に機能する事故予防システムを確立するためには、事故の直接原因を踏まえて、幾つかの背後要因を経て組織要因を分析し、組織の問題点を明らかにすることにある。事故の根本的な原因を把握する必要があり、これを根本原因解析と呼ぶ[1]。

③ 事故再発防止策の立案のための航空・宇宙業界における分析手法活用の問題点

当初、厚生労働省医療安全対策検討会議医療安全管理者の質の向上に関する検討作業部会「医療安全管理者の業務指針および養成のための研修プログラム作成指針」による具体的な事故原因分析と再発防止手法として推奨されたSHEL(L)モデル、4M-4E方式など航空・宇宙業界における分析手法では、改善策が見い出せず、行動計画、改善策の具現化まで至らないのが現状である。理由として、これら事例分析に時間を要するため数例の事例分析のみで終わっており、高度化しつつある医療従事者の業務が、年々専門特化・分化しており、複雑多様化する医療従事者（人間：Liveware）が関わっていることが明らかになった[2]。

これら事例分析の解決手法として、直接原因を踏まえて、幾つかの**背後要因を経て組織要因を分析**し、マネジメントシステムを改善する処置をとることが重要であり、まずは**組織要因の観点**から、組織風土、安全文化の醸成を図る。**人間中心の視点**がポイントである。

問題解決の手順は1.現状把握、2.問題提起、3.改善案⇒情報の共有（全体に周知）⇒実行、4.再評価である[2]。

(3) 医療事故情報収集等事業及び医療事故調査制度の課題
① 医療事故情報収集等事業による医療事故防止活動への問題点
　今日，有害事象の発生率は，病院の医療安全管理水準の指標の一つとして，多くの国々でその把握が試みられてきている（Brennan, T.A.ら，Engl J. Med 1991）[13]。我が国においては医療事故の未然予防，再発防止を目的に，2004年10月1日付厚生労働省令改正，財団法人日本医療機能評価機構付設「医療事故防止センター」が設置された。今日，公益財団法人日本医療機能評価機構医療事故防止事業部により計1,071施設（報告義務対象医療機関274施設，参加登録申請医療機関797施設：2019.1.31）を対象とし，医療事故情報収集等事業にヒヤリ・ハット事例収集，医療事故報告収集，再発・類似事例分析等々の事業を実施されているが，病院8,355施設のうち1,071施設で1/8施設からの事後報告件数で集計・分析されており，匿名化されているだけでなく，当該報告施設から何件報告されたか，報告漏れなどもあり実態が明らかではない。また，我が国をはじめ，有害事象の件数だけを病院の医療安全管理水準の指標として把握をしている国が多く，事後の事例のみ蓄積し安全対策を講じているが，未然予測の観点から直接原因だけではなく，背後要因分析から安全対策を講じることはない。事後の件数や障害残存の可能性などを指標にするだけでは判断基準が不明確であり，改善策が見出せず，未然予測による根本的な解決策や，医療事故低減には至っていない。さらに「医療安全管理体制の実態と安全管理研修のあり方に関する調査」（「医療の安全に関する研究会研究助成」北野らの報告，2011年12月）の結果においても，院内安全管理体制，有害事象の重症度レベル別分類や報告範囲など，各々の病院で異なり，医療事故低減のための効果的システムが構築されていない事実が明らかになった[3]。実態を明らかにするためには，判断基準の明確化，わかりにくいものを言語化，可視化による再発防止，未然予防，さらには予測の強化が重要である。

② 医療事故調査制度による医療事故防止活動への問題点
　医療事故調査制度は，医療の安全を確保するために，医療事故の再発防止を

第⑤章　リスクマネジメント

【図表5-6】医療事故調査制度における調査の流れ[3]

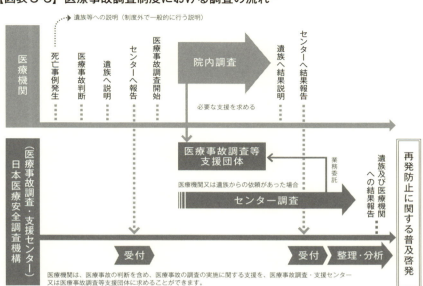

出所：一般社団法人　日本医療安全調査機構より引用

行うことを目的とし，2014年（平成26年）6月18日に成立した。医療法改正とともに，医療法第6条の10「病院，診療所又は助産所（以下この章において「病院等」という。）の管理者は，医療事故（当該病院等に勤務する医療従事者が提供した医療に起因し，又は起因すると疑われる死亡又は死産であって，当該管理者が当該死亡又は死産を予期しなかったものとして厚生労働省令で定めるものをいう。以下この章において同じ。）が発生した場合には，厚生労働省令で定めるところにより，遅滞なく，当該医療事故の日時，場所及び状況その他厚生労働省令で定める事項を第6条の15第1項の医療事故調査・支援センターに報告しなければならない。」のもと2015年（平成27年）10月1日施行された。第三者機関である医療事故調査・支援センターは，現在，一般社団法人日本医療安全調査機構が担っており，再発防止のための原因究明，医療機関側・御遺族側からの依頼による事故調査，御遺族への説明・対応などの業

務を担い，個人の責任追及を目的とするものではない。下記に医療事故調査制度における調査の流れを示す。

　問題点としては，制度化までに10年近くかかり，一方で，医療事故調査の目的，意義などについて効果・検証されたにも拘らず，医療機関，関係団体等への医療事故調査の目的，意義などについては十分に周知されず，検討部会終盤において「予期しなかった死亡」要件と，提供した医療に起因する要件（「医療に起因する死亡」要件）を同時に満たす場合のみ報告をする条件が新たに加わり，判断基準が不明確で報告如何に関する混乱を招き，これらの相談件数が増え，医療事故報告及び院内調査結果報告，センター調査依頼がスムーズに実施されなかったこと，医療機関からの問題点として，医療事故の判断が難しい，医療事故として報告することへの抵抗，報告により御遺族からの訴訟の恐れなどがあげられる。

　また，国土交通省運輸安全委員会における鉄道・航空・船舶事故調査官配置は必須であるが，厚生労働省による**医療事故調査官**北野などの配置はなく，**医療事故調査官**北野などの養成・配置が急務である。後述の国土交通省運輸安全委員会の役割についても参考にされたい。

・国土交通省運輸安全委員会の役割

　2008年（平成20年）10月に航空・鉄道事故調査委員会と海難審判庁の原因究明機能が統合した運輸安全委員会は，航空，鉄道及び船舶の事故・重大インシデントの原因を科学的に究明し，公正・中立の立場から事故の防止に寄与するための独立した常設機関として設置されている。航空，鉄道及び船舶は常に高い水準の安全性が求められており，徹底した原因究明を行うとともに，再発防止策を講じるため，事故などの調査の結果を報告書としてとりまとめ，国土交通大臣に提出するとともに公表することとなっている。また，必要と認めるときは，国土交通大臣または関係行政機関の長に対し，委員会が事故の防止のため講ずべき施策について勧告，あるいは建議を行う[1]。

4. 医療機関における医療オペレーション・マネジメント[北野6)]導入

(1) 医療オペレーション・マネジメント（組織運用管理）[北野]の必要性[6)]

　近年，医療を取り巻く内外環境はめまぐるしく変化しており，その中，病院においては，継続的に維持運営するため医療提供体制の再構築を余儀なくされている。継続的な院内医療管理体制確立のための組織づくり，医療専門職など人的資源管理，資産運用，などについて理解を深め，医療スタッフ一人一人が病院管理や幹部職員となるべく知識と実践力を身につけ，各々が具体的な方策を提案できるようにならなければならない。さらに患者安全・医療の質の向上に寄与できるオペレーション・リーダーの人材育成が急務である[6)]。

〈医療オペレーション・マネジメント（組織運用管理）[北野]の必要性[6)]〉
1. 専門職規範を重視する傾向があり，職種間の縦割りや，さらに専門特化・専門分化が進み，指示命令系統も複雑
2. リーダーシップを執るはずの高度医療専門職（病院管理者）の教育体系が不明，人的資源管理の必要性
3. 経営統合による運用・組織マネジメントの必要性
　（隣接の2施設自治体病院＋1施設民間病院経営統合の事例もある。）
4. 医療の質の向上，医療安全の確保⇒リスクマネジメント統括責任者の教育体系が不明

※教育体系：人材開発の基本的な考え方を具体化し，開発すべき能力，行動を体系的に整理したもの。

　医療オペレーション・マネジメント（医療組織運用管理）[北野]を実践するにあたり，①限られた財源の中での遣り繰り，②医療の質・安全の確保，③人的資源管理，④資金調達と運用，⑤リスクマネジメント（特にHealthcare Enterprise Risk Managementを推奨）の観点から，下記の「医療専門職集団作り」と「医療組織集団作り」からアプローチする[6)]。

〈医療専門職集団づくり〉
1. 臨床に向かう心の姿勢を常に前向きに整えさせること
2. 組織としての臨床業務・目的にかなう成果を生み出す作業や行動を研究させること
3. 医療のレベルを向上させる教育を行うこと
　⇒個人個人が医療専門職としての質を高めることに目的がある。

〈医療組織集団づくり〉
1. 情報の共有化
2. 解決課題の共有化
3. 組織の成長目標の共有化
　⇒強い医療チームをつくりあげることに目的がある。

(2) 医療オペレーション・マネジメント（医療組織運用管理）北野のためのTeam Buildingについて[6]

① Team Building（組織構築）

　前述の医療オペレーション・マネジメントの必要性にあるように，組織は，組織を構成する個人（構成員）から成り立ち，構成員である個人の本能的原始脳，情緒的動物脳，社会的人間脳により行動され業務がなされており，時折ヒューマン・エラーが生じ，重大事故を引き起こしている。個人の3つの脳の働きによるヒューマン・エラーを無くすことは困難であり，低減する方法論を探らなければならない。これらエラー・マネジメントを実践するには，体系的なやり方でプラスの影響を伸ばし，マイナスの影響を軽減することにある。すなわち，Team Building（組織構築）が必要不可欠である。グループは個人の能力の和でしかないが，チームは個人の能力の積に成り得る。

〈ヒューマンエラーの定義〉
　ヒューマンエラーとは，達成しようとした目標から意図せずに逸脱すること

となった，期待に反した人間の行動である（日本ヒューマンファクター研究所）[15]。

② CRM（Crew Resource Management）

CRMは1940年代に米軍で導入され，1970年代に航空業界で導入されたものであるがAirlineでは1980年代にCockpit Resource Managementとして導入された。

① Self Monitor（謙虚な気持ちで対応！）
② Team Monitor（互いの気配り，目配り絶やさずに！）
③ Awareness（いつもと違うとき，リスク大のとき，高めよ）
④ Good Communictaion（十分な情報を共有）
⑤ 危険予測・予見（安全・安心，質の向上を先取り）
⑥ No Violation（基本の理解）
⑦ 改善提案（みんなのため，結果的として自分のため）
　自分自身を認識することは，相手を認めることにつながる
　Complacency（自己満足，ひとりよがり）‥‥いつもの違いに気づかない，警戒心を無くすこと
　安全向上のため，TEAMの能力を最大限に発揮させる協同的職場を確立させるための手法
　CRM訓練の概要：人間の「限界を知る陥りやすい傾向を知る，思考のMECHANISMを理解する」
　相互のコミュニケーション，意思決定，チームマネジメント，リーダーシップ，ワークロードマネジメントなどノンテクニカルスキルにおける訓練が必要であるとの認識のもとで，種々の訓練が開発された。「STOP-LOOK-AWARENESS-GROWTH」立ち止まる⇒見る⇒認識する⇒振り返り⇒気付き⇒行動変容⇒成長

③ チームSTEPPS® (Team Strategies and Tool to Enhance Performance and Patient Safety)

　航空業界におけるCRMが原点であり，2005年，米国において「2005年患者安全と医療の質改善法」が制定され，患者安全・チームトレーニングを推進すべく，米国防総省とAHRQ（医療研究・品質調査機構）により開発された医療の質，安全，効率を改善するエビデンスに基づいたチームワーク・システムであり，チームのパフォーマンスを向上し，患者のアウトカム（目標とする治療結果）を最適化すること，そのために必須である患者安全文化を醸成することを目指している。

5. 医療の質・安全管理体制再構築の新たな手法

（1）経験則・方法論から導き出された医療の質・安全管理体制再構築の新たな手法

　公益財団法人日本医療機能評価機構による医療事故情報収集等事業の事故報告データ（2004年〜2014年）に基づき背後要因別に分析した「医療事故情報収集事業の事故報告の現状分析とその考察」（北野 2014）によると，コミュニケーションによる背後要因が第2位を占めている（図表5-7）。今日，医療安全対策加算算定条件として専従・専任の医療安全管理者の配置が義務付けられたものの，医療安全管理者の業務の53.5％が，インシデント・アクシデント情報収集・分析を占めており，本来なすべき院内安全ラウンド（巡視），全職員の安全教育実施，職種間の連携強化などの業務時間が確保できず，安全文化の醸成までに至っていないのが現状である。これらの解決課題を組織による問題と捉え，医療スタッフのEmpowerment（引潜力北野）を引き出し，目標・目的を明確にし，組織を構成するスタッフの合意形成，行動変容へ導くことが重要である。この章では，患者本位で安全・安心で安楽な質の高い医療提供を基本とし，患者の権利を重視した組織の確立手法，Non-Technical Skills（コミュニケーション，チームワーク，リーダーシップなど）強化の手法，また，医療

第 ⑤ 章 リスクマネジメント

【図表5-7】 報告義務対象医療機関及び報告件数

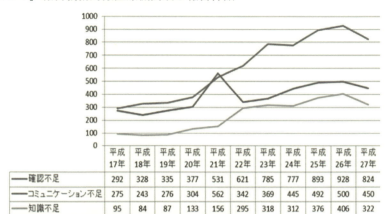

(参考) 公益財団法人日本医療機能評価機構 (2004年～2014年) を筆者により背後要因分析
出所：「医療事故情報収集事業の事故報告の現状分析とその考察」(北野, 2014) 筆者作成

事故情報収集等事業及び医療事故調査制度の現状と課題を体系的に捉え, 医療安全管理体制構築のための新たな問題解決の手法などについても述べるので, 各医療機関で実践して頂ければ幸いである[3]。

(2) 医療の質・安全管理体制再構築のための言語化・可視化と分析ツール
① パレート図

　現在, 事後の医療事故事例件数を月毎に棒グラフとして表し, 医療安全管理水準としている医療機関が大半であるが, インシデント・アクシデント事例分析における医療安全のための効果的手法として, パレート図作成 (図表5-8) による分析を推奨する。多数軽微項目 (軽微な事故事例) よりも, 少数重点項目 (死亡事故事例) を洗い出し, 重要問題を明らかにして, 重要問題から攻略するという, 重点志向の考え方に基づき分析し, 医療事故未然予防・再発防止策を講ずるものである[6]。

【図表5-8】インシデント・アクシデント事例分析における医療安全のための効果的手法

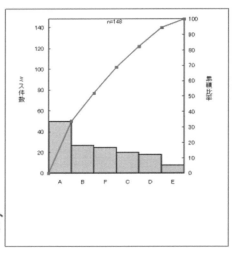

【パレート図】
多数軽微項目よりも、少数重点項目を洗い出し、重要問題を明らかにして、重要問題から攻略するという、重点志向の考え方に基づくもの。

出所：星城大学 医療マネジメントコース「クオリティ・マネジメント論」

【図表5-9】医療の質・安全管理水準の類型化分析

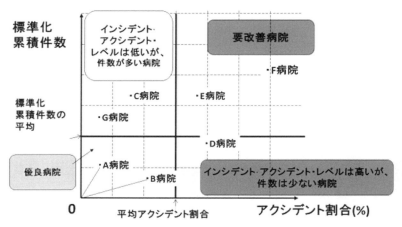

出所：筆者作成

・リスク・マップと類型化分析

　リスク・マップは，Y軸にリスクの発生頻度（低い〜高い），X軸にリスクの影響度（小さい〜大きい）として可視化し，全体全員で最重要課題に取り組む方法である。

　また，類型化分析は，関数を用いてY軸に標準化累積件数，X軸にアクシデント割合（％），第1象限，第2象限，第3象限，第4象限に定点化のうえ可視化し，病院ごとの医療安全管理水準やベンチマーク（比較・評価のための指標）を測る方法である（図表5-9)[14]。

(3) 医療の質・安全管理体制再構築のための医学教育のあり方
① 医療倫理学，Professionalismの定義の重要性

　我が国においては，18世紀当時，治癒力の高い西欧の医学知識と医学技術に魅惑され，西洋の医療精神，医療倫理そのものには関心を示さず，医学教育における医療倫理学の遅れとなった。リスボン宣言，ヘルシンキ宣言，ジュネーブ宣言，ニュルンベルクの倫理綱領などを基に，D.T. Sternの唱えるProfessionalismの定義（筆者により改変）（図表5-10）は，医療人として最低限学ぶべきことで重要であり，臨床能力（医学的知識・技術，臨床家としての態度），コミュニケーション技術，倫理的及び法的理解，そして，卓越性，人間性，説明責任，利他主義が成立して初めてProfessionalismと呼べるのである。2018年4月よりようやく「医療倫理学」，「Professionalismの定義」，「医療コミュニケーション学」，「医療の質と安全管理」など医学教育モデル・コア・カリキュラム（図表5-11）に導入された。

② 学習者主体のActive Learningの導入について

　近年では，Non-Technical Skills（コミュニケーション，チームワーク，リーダーシップなど）強化すべく，Active Learning（能動的学習）が導入されつつあり，医療面接技法（学習者が患者-医師役を演じ，お互いがPositive Feedbackにより学習効果を高める）や，チーム・トレーニングとしてタワー・ゲ

【図表5-10】プロフェッショナリズムの定義

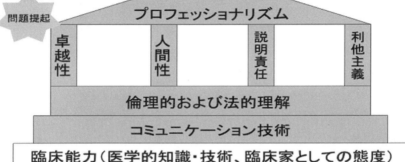

出所:『医学教育学』5) 02

【図表5-11】医学教育モデル・コア・カリキュラム（平成28年度改訂版）の公表について

出所：文部科学省高等教育局医学教育課資料

第5章 リスクマネジメント

【図表5-12】CRM訓練におけるGood Communication Game

講義：患者安全管理学（3年前期:2単位）
【教育方法や時間などの構成】教育方法について：初年次より躾教育、利他的志向を身につける教育を実施している。さらにグループを作り、グループごとの協働行動による教育向上を目指している。座学においては、最初にリスボン宣言、ジュネーブ宣言、ヘルシンキ宣言などの医療倫理学、プロフェッショナリズムの定義（利他主義、人間性、説明責任、卓越性、コミュニケーションスキル、倫理的及び法的理解、臨床能力・臨床家としての態度）を学ばせる。講義後、振り返りシート記載。実践教育においては、PBL、ロールモデル、ロールプレイ（医療面接技法、医療メディエーションなど）、人工模型を活用した体験学習、グループディスカッション、コーチング、ファシリテーション、さらには目的・目標設定、情報共有、合意形成のためのワークショップ、Non-Technical Skills（コミュニケーション、チームワーク、リーダーシップなど）強化のための実践的カリキュラムの構築し、学習者中心の教育を実践している。
★各回90分（うち毎回最初にImprovisation Game5分導入
＋前回の復習20分＋55分座学
＋講義後10分振り返りレポート提出。）

ム，マシュマロ・チャレンジ，CRM訓練におけるGood Communication Game（図表5-12）など実施している[4) 5)]。

③ CRM訓練の新たなツールの活用

　Kaleidoscope In-service Training Game®（T. Kitano 2012）は，予測力向上のためのチーム・トレーニング・ゲームで，①予め受診日時，入院日，患者情報，年齢，既往歴，原疾患などを記載した患者カードを20～30枚程度作製する。②1グループ5～6人で分かれ，ファシリテーターがランダムにカードを与えて，想定外の場面を作る。③緊急時想定し対応，実践力，段取り力，予見・予測力を養う。

④ 今後の医療人をいかに育成するか

　本来，「医療倫理学」，「Professionalismの定義」，「医療コミュニケーション

【図表 5-13】 Kaleidoscope In-service Training Game® (By T. Kitano, 2012)

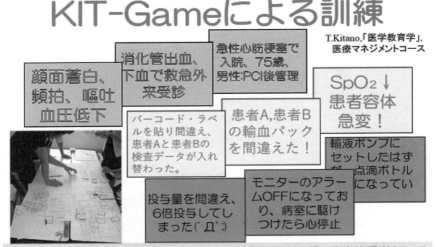

出所：北野達也「医療マネジメントコース」『ヒューマンファクター論』テキストより抜粋

学」，「医療の質と安全管理」などの科目は，医学部，歯学部，薬学部，看護学部，医系学部などの医療従事者養成課程に導入すべきであったが，我が国においては厚生労働省指定科目に重点が置かれ講義を中心に教育がなされてきた。今後は，2014年からの医学教育専門家制度による**認定医学教育専門家**の輩出，さらにNon-Technical Skills（コミュニケーション，チームワーク，リーダーシップなど）強化は勿論のこと，Zoom Out⇒背景に何があるのか⇒Context Based Medicineの強化⇒変化に対応できるか，効果的な医療コミュニケーション技法を身につけ，患者－医療者間のパートナーシップを確立し，診断のための情報収集技術を強化する必要がある。

（4）医療コミュニケーション・スキル強化及び組織再構築のための手法

近年では，Non-Technical Skills（コミュニケーション，チームワーク，リーダーシップなど）強化手法として，Coaching（傾聴のスキル・承認のスキル・質問のスキル）の活用や，会議運営等に有効なFacilitation（対話促進支援）[16]を導入したり，「医療コミュニティ・デザイン」北野[16] 構築のため，組織の目標・目的を明確にし，組織を構成するスタッフの合意形成，行動計画を具現化するためのワークショップ（問題解決型作業部会）[16]などが試みられている。このような意味で，①右脳（味覚，嗅覚，触覚，聴覚，視覚の5感から知覚・感性を司る）を鍛え直感力の向上，②ポジティブで柔軟な発想力が身につく，③感受性や表現力が豊かになる，④自分に自信がつき他人に対しても深い信頼感が持てる，⑤アドリブに強くなり即断・即決ができ感性を養えるようになるなどコミュニケーション・スキルの強化手法，個人・組織の行動変容へ導く組織の確立手法として，Improvisation（即興）教育の導入が効果的であるといわれている[16]。これから病院管理におけるリスクマネジメントを学ぶ方々に，新たなコミュニケーション，多職種連携のための方法論を提言する。

① コミュニケーション，多職種連携の重要性

1. 臨床現場における医療事故発生要因としてコミュニケーション・エラーが上位を占めている。
2. 職種間の縦割り，医療職の専門特化・分化，さらに2施設以上の自治体病院等経営統合などにより職種間コミュニケーションを図ることが困難になってきている。
3. 医療従事者間のコミュニケーションは，多職種協同を促進する。さらに患者−医療従事者間のコミュニケーションは，診断，治療評価に必要な情報収集のスキルや，疾患に対する不安や悩みを軽減させる"癒し"などにも成り得る。

② 医療コミュニティ・デザイン_{北野}構築の手順

　医療コミュニティ・デザイン_{北野}とは，医療機関における組織再構築のための組織運用小集団の設計図のことであり，医療機関における組織再構築を促進するものである。

〈医療コミュニティ・デザイン_{北野}構築の手順〉
第1段階：ヒアリング（現状把握）‥‥院内各部署のコミュニティを理解する
第2段階：ワークショップ‥‥担い手としての医療者・患者の意識を高める
第3段階：チームビルディング‥‥信頼感を高め組織化する
第4段階：活動支援‥‥継続的な組織づくり⇒おせっかいチーム結成
　　　　　　　　　　　　　　　　（お供達チーム：Attendant Team）

③ ワークショップ（問題解決型作業部会）導入について（図表5-14）

　ワークショップ（問題解決型作業部会）とは，組織の目標・目的を明確にしたうえで行動変容，合意形成へ導き，行動計画を立て，具現化するための場づくりツールである。一方通行的な知識や技術の伝達ではなく，参加者自ら参加・体験し，グループの相互作用の中で何かを学びあったり創り出したりする双方向的な学びと創造のスタイルである[4)5)]。

〈ワークショップ導入で期待できる効果〉
1. 一方通行ではなく，双方向の学びと体験の場づくり
2. 作業を通して主体性を引き出す
3. みんなで作業することで，チーム化できる
4. ルールの導入で，多様性を確保できる
5. 議論の見える化[4)5)]

〈ワークショップの基本ルール〉
　話を最後まで傾聴，批判しない，関心のある意見に便乗する，全員が意見を

【図表5-14】 ワークショップ（問題解決型作業部会）

出す，前向きに取り組む，楽しむ。
・行動計画を具現化することが最大の目的！
・見えにくいもの，伝わりにくいものを可視化・言語化することで理解を得られ易い！
・ファシリテーターの役割が重要であり，養成が急務！
・職種間・世代間交流の場であり，さらなる連携強化を図る！
・目的・目標の共有，再認識！

〈効果的な Work Shop ための準備〉
①1グループ5～6名，同じ部署，職種に偏りなく分散する。
②ネームホルダーを準備し，呼ばれたい愛称を記入。例：達也→たっちゃん
　★職階，年齢，権威勾配，世代間等の摩擦を無くし話し易くする。
③模造紙（B紙）をワークのテーマ回数分，各グループに配布する。
　★ホワイトボード代わりで，内容を言語化・可視化し易くする。
④ポストイット（10cm×10cm）赤，黄，青の三色，各グループに必要枚数を配布する。
　★発言し難い人もポストイットに記入し，意見を出し易くする。

【図表5-15】Improvisationを用いたKIT-Game Bの実際

　　　模造紙（B紙）上で見易いKeywordsや短文を簡潔明瞭に記載。
⑤マーカー（細字・太字）Uni Procky Marker®（5～7色），サインペン，ホッチキス，セロハンテープ，A4・A3紙など[4)5)]。

④ Improvisation（即興）Game教育導入の可能性[4)5)]

　芸術分野，音楽・美術・ダンス・映画・演劇で創作・表現手段の1つとして用いられ，現在，教育現場でも活用されている。ルールは一つ！認め合い・気付き合う『Yes and!（尊重対話法）』‥‥なるほど，それを聞いて私はこう思います[4)5)]。

〈期待できる効果〉
・コミュニケーションのスキルが上がる。
・五感（視覚，聴覚，触覚，嗅覚，味覚）などが鍛えられ，直感力が高まる。
・ポジティブで柔軟な発想ができるようになる。
・感受性や表現力が豊かになる。
・自分に自信がつき，人に対しても深い信頼がもてるようになる。
・アドリブに強くなり，即断・即決ができるようになる。

【図表 5-16】 KIT-Game B : Healthcare Educational Innovation Game By T. Kitano, 2016

出所：T. Kitano「医療マネジメントコース」『医学教育学』

・今，この瞬間を楽しむ感性を養える。

　→その結果，自分らしさを発見!! 他者理解につながる!!

　体感により傾聴，洞察力，コミュニケーション能力向上，目配り，気配り等
⇒結果的に組織力向上に結び付く！[4)][5)]

6. 医療の質・安全管理体制再構築のための今後の取り組み

1. 医療倫理教育，実習時間が少ない。実地試験が無い。
　　⇒医療従事者養成統一カリキュラムの必要性，職種間全体教育

2. Professionalとしての自覚
    ⇒人間性，利他主義，卓越性，説明責任などの強化
3. 事後報告の件数で集計・分析，登録医療機関のみ報告
    ⇒受診・入院時疾患からの見守り，予見（予測）能力養う。
4. 航空・宇宙業界の分析手法，ハインリッヒの法則
    ⇒時間要し改善策見出せず，医療業界では活用できない。
5. 各医療機関ごとのレベル別分類・定義，事後の事例件数で判断
    ⇒報告漏れもあり，医療安全水準が明確でない。
6. 障害残存可能性，予期されぬ事故⇒判断基準が不明確
7. 医療事故調査制度の課題⇒原因究明・再発防止のための内部調査が目的
8. 各医療従事者の想定⇒**最悪の事態を想定し，最善の処置を行うこと**
9. 医療安全管理者の業務の大半が事故事例収集・分析である。
    ⇒医療質・安全管理フィードバック支援システムなどの導入。
10. 医療安全管理者の研修期間，カリキュラム内容の問題
    ⇒職種もさまざまであり，2～4年間専門職教育機関設置
    Non-Technical Skillsを重視した教育体系の必要性！
11. 欧米では医学教育学専門家が配置されている。
    ⇒医学教育専門家資格制度2014年10月から養成，輩出
12. 統括責任者教育体系が不明，指示命令系統が複雑である。
    ⇒Healthcare Enterprise Risk Management導入，院内臨床監査役の配置。
13. 医療安全管理者の業務の大半が事例収集・分析である。
    ⇒新たな医療安全モニタリング・システムなどの導入。
14. 目的・目標，価値観が共有できず，組織再構築できない。
    ⇒受けた教育の違い⇒前述：組織・人間関係を再構築
    ⇒5秒先の未来を創造（想像）する力を身につける⇒周囲環境づくりがヒューマンエラーを低減する
15. 患者の方々からクレームが絶えない。医療訴訟に発展も‥‥。
    ⇒クリニカル・パス，Informed Consent（十分な説明⇒理解⇒納得⇒同

意)_{北野}の活用！（北野 1991）
16. 外来受診・入院，検査，処置，投薬などで収益を得る現行の診療報酬制度では医療機関が維持運営できない。
⇒クリニカル・パス，『新臨床評価制度』_{北野}の導入が急務である（北野 2006）[4) 5)]

　最後に，国民のための安全・安心，安楽で，継続的な質の高い医療提供を実践すべく医療提供体制を再構築するためには，現行の診療報酬制度・包括支払い制度からIncentive（誘因・奨励）を設ける「**臨床評価制度**」導入すべきである。本来国民に対して成すべき医療提供を，国民から「報酬」を得るという考え方は問題である。また，患者の方々が受診，入院することで収益を得る制度では，病院・診療所を運営する財源も確保できず，モラルハザードも起きている。半世紀に亘り導入されてきた診療報酬制度は，もはや限界にきており，医療機関が維持運営できない現状（1990年10,096病院⇒経営統合，閉鎖等により8,353病院2019.2.28現在）である。EPG（Evidence Practice Gap：エビデンスに基づいた望ましい診療と実践されている診療の格差）を指標とした新たな医療提供体制，臨床評価制度を導入し，患者の方々が目標とする治療結果の最適化に基づいた支払制度の確立，さらに質・安全を重視したIncentive（誘因・奨励）を設けることで各医療機関が維持運営できる仕組みを目指すべきと考える。

〈継続的な質・安全管理，医療提供体制を確立すべく仕組みづくり〉
　医療保険・介護保険，医療・福祉・介護・在宅の分類から一体型「ヘルスケア・マネジメント」導入し，42.1兆円（平成28年）に及ぶ医療費按分も検討する。
　臨床指標に基づき，臨床評価をし，質に基づく医療行為の支払い方式（Pay for Performance）を導入する。先ずは8,353病院（2019.2.28現在，2019.5.8公表）に導入し，現段階における医業収益×0.6ベースに，臨床監査，臨床指標

に基づき査定し，病院運営費を追加投資する。但し，診療所（一般診療所102,115施設＋歯科診療所68,458施設）は次の段階にする。

〈実施工程〉
1. 臨床指標及びクリニカルガバナンス（Clinical Governance：臨床統治）10項目を基に，A：医療標準化，医療の質関連，科学的根拠に基づく医療（Evidence Based Medicine），臨床ガイドライン（Clinical Path），臨床監査（Clinical Auditor），B：医療安全，安全文化醸成，臨床指標（Clinical Indicator），医療安全計画（Patient Safety），事故からの学習，苦情からの学習，C：基礎強化，組織化，能力の強化，クリニカルガバナンスの全職員による理解，リーダーシップとチーム医療などを導入。
2. 臨床監査役を各施設に配置し，78.3％赤字運営の自治体病院970病院を最優先に，財務諸表をもとに各施設の医業収益に基づく算定基準，病床数，標榜科ごとに分類する。
3. SRI（Socially Responsible Investment：社会的責任投資）導入も検討。医療安全・質改善に関する客観的評価のもと投資できる。⇒赤字運営改善地域医療機関の継続運営，健康維持ができない。本来，日本国憲法第25条「**すべての国民は，健康で文化的な最低限度の生活を営む権利を有する。**」にあるよう，国・地方がすべての国民に対して保障すべき最低生活水準を保障しなければならない。一方で2055年推定人口8,700万人⇒人口減少，地域経済縮小は免れない。地域住民が健康を維持し，患者の方々が，受診・入院患者を低減することで，Healthcare（医療・福祉・介護・在宅）を含む医療提供体制が維持運営できる仕組みづくりが必要である。ゆえに，受診，入院することで収益を得る現行制度では，医療機関の継続維持運営ができず，医療崩壊を招くばかりである。よって，新臨床評価制度導入，さらなる健康維持・増進普及啓発活動などの施策は急務であろう[4)5)]。

Ask not what your profession can do for you,
Ask what you can do for your patients.

-J.F. Kennedy (Changed by T. Kitano)-

【参考文献】

1) 北野達也・酒井順哉（2017）「医療安全管理」日本医療機器学会『医療機器安全実践必携ガイド・医療概論編』
2) 北野達也（2018）『メディカル・リスクマネジメント論 テキスト改訂版』星城大学
3) 北野達也（2018）『患者安全管理学 テキスト改訂版』星城大学
4) 北野達也（2018）『医療コミュニケーション学 テキスト改訂版』星城大学
5) 北野達也（2018）『医学教育学 テキスト改訂版』星城大学
6) 北野達也（2018）『医療オペレーション・マネジメント論 テキスト改訂版』星城大学
7) 日本規格協会（2009）「ISO31000:2009 Risk management-Principles and guidelines リスクマネジメント―原則及び指針」
8) 日本規格協会（2009）「ISOGuide73:2009 Risk management-Vocabulary リスクマネジメント―用語」
9) 日本規格協会（2009）「ISO/IEC31010:2009 Risk management-Risk assessment techniques リスクマネジメント―リスクアセスメント技法」
10) リスクマネジメント規格活用検討会（2010）『ISO31000:2009 リスクマネジメント解説と適用ガイド』日本規格協会
11) 日本規格協会（2003）「JISQ2001:2001 リスクマネジメントシステム構築のための指針」
12) Brennan T.A., Lucian L.L., Laird N.M. et al. (1991) Incidence of Adverse Events and Negligence in Hospitalized Patients Results of the Harvard Medical Practice Study I. N Engl J Med, 324:370-376
13) Tatsuya Kitano, 4th World Congress of Clinical Safety (4WCCS) Symposium, NA125 "Develop the Patients Safety and Quality Management Feedback Support System for the purpose of reduction in task load of Patients Safety Managers.", 28. September 2015 in Vienna, Austria.
14) 北野達也・関田康慶（2013）「標準的なインシデント・アクシデント報告様式を

有する情報システム開発の試み」第33回医療情報学連合大会論文，pp.482-485
15）桑野偕紀ほか（2017）『ヒューマンファクターベーシックコース』日本ヒューマンファクター研究所
16）北野達也（2007）「医療におけるコミュニケーションと医療安全〜患者安全管理の手法」『安全医学』"Journal of Medical Safety, Vol.4(2)", pp.17-21

　　　　　　　　　　　　　　　　　　　　　　　　　　　　（北野　達也）

BCPと業務改善

「BCP」と聞いて，どんなことをイメージしますか？

- 非常事態に直面するときのために，備えておくべきもの
  ‥‥そうはいっても，あくまで万が一のための準備。必要性は大いに感じるけれど，日常業務の中にはより優先度の高い課題があるから，なかなか手が回らないのが現実。
- 実際に起こってみなければわからないことばかり
  ‥‥BCPを策定したところで，想定外のことは発生する。結局は，絵に描いた餅になるのでは？
- お金がかかる
  ‥‥対策を講じるためには，建物や設備などに莫大な投資が必要。だから，資金に余裕がなければBCPには手が出せない。

これから病院管理の知識を深めていかれる皆さんは，BCPについてまだイメージすらできないかもしれませんが，上記は医療業界のみならず一般的によく聞かれる話といえます。このコラムでは岩砂病院・岩砂マタニティ（以下，当院）の策定事例を通して私が感じたこと，つまりBCPが単なる非常事態への備えにとどまらず，業務の標準化や効率化，可視化につながる取り組みとして有効であるということを少しでも感じていただければと思います。

近年，日本はいくつもの大災害に見舞われており，そのたびに医療は重要な社会インフラとして，どんな状況であれ医療提供を継続する必要があると痛感します。特に東日本大震災では，メディアを通して被災状況を目の当た

りにし，災害拠点病院ではない当院もその社会的使命を改めて重く受けとめました。私たちも地域とそこに暮らす人々の生活を守らなければならないという思いから，この震災を機にBCPに着手することになったのです。当院のBCPについての具体的な内容はここでは割愛しますが，「①使えるBCP」を「②職員（組織）に定着させる」ことに重きを置き，策定を進めていきました。いざという時にBCPをうまく機能させるためには，緻密に戦略を練るだけでは事足りず，その戦略を動かす職員が重要となることは明白だからです。

まずは，BCPを「②職員（組織）に定着させる」という点から言及しますが，これには繰り返しの訓練しかありません。訓練といってもその種類や方法はさまざまあり，なかでも年に一度の大規模実動訓練は，当院の年中行事となっています。訓練では被災状況を詳細に想定し，模擬患者に扮した職員にアクションを仕込んで配置し，さらに照明や空調などを切るなどして，できる限りリアルな状況を再現します。すると，あたかも本当に災害が発生したかのような雰囲気ができあがるため，職員は医療従事者としての熱い思いを刺激され，自ずと真剣な眼差しで訓練に向き合ってくれます。実際に訓練を経験した職員は，自身の判断能力やスキル，冷静な行動力などをさらに磨きたいという専門職（職人）気質によって，BCPに対してより積極的に取り組むようになりました。同時に，訓練で自身がとった行動はなんら特別なことをしているのではなく，日常業務よりも緊急度合いが高くスピードが求められるだけであって，災害時の行動が「日常業務の延長線上」にあるものとして捉えるようになっていきました。このような機運の高まりが，病院全体のBCPに対する理解へと発展し，組織への定着につながりました。

次に「①使えるBCP」，つまり実効性をどう担保するかです。一つの方策として，いざという時に職員がマニュアルを見なくても行動できるよう初動手順を身につけることが挙げられます。（前述の訓練は，職員が初動手順を

身につけることも狙いとしています。）初動手順の検討にあたっては，病院全体が「いつまでに，どんな状況にしなければならないのか」というゴールを設定したうえで，各部署に目標復旧レベルと目標復旧時間をブレイクダウンし，それに基づいて手順を組み立てます。（もしもブレイクダウンされたゴールが，各部署のステークホルダー（患者や家族，職員，業者など）から発生するニーズと合致しなければ，全体のすり合わせ作業を経てゴールを再設定します。）また一つひとつの手順には，不測の事態に備え事前対策や代替手段も併せて検討します。このプロセスは，日常業務の棚卸し作業を行ったうえで，どんな行動を優先し，どんな行動を後回しにするのかが重要なポイントとなります。つまり，各部署で初動手順を考えるにあたり，日頃の業務を改めて一つひとつ見つめなおすことで，それまで疑問にも思わないほど当然のようにやっていたことも，もっとこうしたらよいのではないかという"気づき"へと発展するきっかけとなりました。このように，自然な流れでBCPの取り組みが「業務改善」につながったことは，まさに波及効果といえます。「業務改善」といっても，ダイナミックなものから些細なものまで幅広くあります。たとえば，地震などの揺れで書類や物品ができるだけ散乱しないように，日ごろから整理整頓を工夫することや，部署内の職員全員が，どこに，なにが，どれだけ置いてあるのかを常に認識しておくことなどは，驚くほど当たり前のことかもしれませんが，その当たり前が意外と難しく，できていないこともしばしばあります。策定過程において，このような機会が得られるということは，日常業務をスムーズに行ううえでも，非常に重要なことだと考えます。こうして，BCPが業務改善にもつながるという確かな実感を職員だれもが持つようになったことで，当院の組織風土が徐々に変化し，病院組織が改善活動に前向きになっていきました。

　BCPは，冒頭のイメージからも病院の本来業務として認識されづらく，それゆえに事務職員が中心となって分厚い書類の束となって策定され，日の目も見ずひっそりと書庫に保管されがちです。それではまさに絵にかいた餅

で，せっかく費やした時間や労力が無駄になってしまうだけです。危機に直面した時，BCPが病院や職員の雇用を守り地域を支えるだけでなく，業務改善や組織力強化のツールにもなることを広く知ってもらえれば，医療業界のBCP策定率の低さも，少しは改善されるのではないでしょうか。

(稲葉明日香)

第6章 労務管理

1. はじめに

　労働者保護の理念から1947年に「労働基準法」が制定され，労働者側の条件（労働時間，休暇，休業補償）など労働条件の最低基準が定められた。その後，1972年に職場における労働者の安全と健康を確保するとともに，快適な職場環境の形成を促進することを目的として「労働安全衛生法」が制定され，労働する環境（安全管理，産業医の選任，健康診断）が整えられている。

　実際の労働衛生の運営（管理）は，①作業環境管理（有害要因の除去，環境測定等による状態の把握と評価），②作業管理（作業そのものの管理，健康障害の防止対策），③健康管理（生活指導，健康診断と事後指導，職業性疾病や障害の予防）の3方面からのアプローチ（労働衛生の3管理）がある。さらにこれらが相互に効果的に推進されるためには，④労働衛生教育（①〜③について正しい理解と動機づけについての教育）と，⑤総括管理（①〜④の労働衛生管理を円滑に進める）が必要であり，労働衛生の5管理，または5領域とよばれる。

　本章では，医療施設特有の労働環境と社会のニーズをふまえた働き方を考える。

2. 勤務体制（シフト）

（1）労働時間

　労働基準法第89条の規定により，常時10人以上の従業員を使用する使用者は，就業規則（始業および終業の時刻，休憩時間，休日，休暇，賃金，退職に関する事項など）を作成し，所轄の労働基準監督署に届け出なければならない。始業時刻から終業時刻までの就業（勤務）時間から休憩時間を差し引いた時間を「所定労働時間（労働契約上の労働時間）」という。

　労働基準法による労働時間の定めは，休憩時間を除き1日につき8時間以内，1週間につき40時間以内（法定労働時間，第32条）とし，労働時間が6時間を超える場合においては少なくとも45分，8時間を超える場合においては少なくとも1時間の休憩時間を労働時間の途中に与えなければならず（第34条），休日は毎週少なくとも1回を確保しなければならない（第35条）とされている。1日の実労働時間を法定の8時間を超えて設定する場合には，「変形労働時間制」が適用される。その際，週あたりの所定労働時間が一定期間（1カ月，4週間など）を平均して法定労働時間（40時間）を超えない範囲とすることが定められている。「変形労働時間制」の適用を就業規則に定めるか，労使協定を締結した上で，所轄の労働基準監督署に届け出る必要がある（労働基準法第32条の2）。この労使協定は，労働基準法第36条に規定されていることから，通称「36（さぶろく）協定」とよんでいる。

（2）交代制（シフト）勤務

　医療は，全日24時間の対応が求められるが，1人が一定期間に働ける時間には限界があり，それぞれの施設で勤務体制を工夫している。労働基準法上の「深夜時間帯」は22時～翌朝5時である（第37条第4項）。24時間体制のために，人員を交代してゆくことになる。たとえば，日勤（8:30～17:00），準夜勤（16:30～1:00），深夜勤（0:30～9:00），長日勤（8:00～20:00），早日勤（7:00～15:00），遅日勤（13:00～21:00）などがある。

労働基準法に準拠した上で従業員を日ごと或いは一定の期間ごとに、複数の勤務時間を移動する形態の勤務が必要となる。これを「交代制（シフト）勤務（Shift work）」という。

「当直（宿直・日直）勤務」とは、仕事の終了から翌日の仕事の開始までの時間や休日の労働をいう。原則として通常の労働は行わず、病室の定時巡回、少数の要注意患者の検脈、検温等の特殊な措置を要しない軽度の又は短時間の業務で睡眠時間が確保されている。

病棟看護師の夜間労働は、当直ではなく、夜間（時間外）の通常業務（夜勤、時間外労働）である。現在、看護職の夜勤回数について公的な目安として存在するのは、人事院から1965年に出された「看護職の夜勤は8時間3交代勤務において、2名以上で月8回以内を基本とする」という行政措置要求に対する判定（いわゆる2-8（ニッパチ）判定）がある。

1日24時間を長さの等しい3つのシフト（各8時間）に分ける交代制勤務の形態を「3交代制勤務」という。人間の生体リズムはおおむね25時間周期であり、1日（24時間）ごとに自然に1時間ずつ後ろ（時計回り）にずれていくという特性がある。このため、日本看護協会（2013）は、勤務と勤務の間隔を重視し、「日勤→準夜勤→休み→深夜勤」のように、前の勤務開始から24時間以上経過後に次の勤務が開始される（これを正循環という）ような「3交代制の正循環」にすることを推奨している。

また、長さが均等でない3つのシフトを設定した「変則3交代制」は、準夜勤から深夜勤への交代時刻が真夜中となることを避けて準夜勤を短縮（6時間程度）し、深夜勤を延長（10時間程度）する交代制勤務である。

1週間のうちより短い日数でフルタイム就労することを「圧縮労働」と言う。たとえば準夜勤と深夜勤を重ねた16時間連続勤務する「2交代制」の16時間夜勤がある。2交代の場合には、長日勤や早日勤、遅日勤と組み合わせて「変則2交代制」を適用して勤務時間を短縮する場合もある。

日本看護協会（2013）は、看護の職能団体として夜勤・交代制勤務による健康・安全・生活への影響を少なくする観点から夜勤・交代制勤務の「勤務編

成の基準」11項目を提案している（図表6-1）。これらの基準は，ルーテンフランツの9原則，ポワソネのヘルスワーカー6原則，労働科学研究所「交代制編成のための評価基準」，国際労働機関（ILO）第157，第178号勧告などを参考に検討されている。

【図表6-1】夜勤・交代制勤務の勤務編成の基準

	項目	基準
基準1	勤務間隔	勤務と勤務の間隔は11時間以上あける。
基準2	勤務の拘束時間	勤務の拘束時間は13時間以内とする。
基準3	夜勤回数	夜勤回数は，3交代制勤務は月8回以内を基本とし，それ以外の交代制勤務は労働時間などに応じた回数とする。
基準4	夜勤の連続回数	夜勤の連続回数は，2連続（2回）までとする。
基準5	連続勤務日数	連続勤務日数は5日以内とする。
基準6	休憩時間	休憩時間は，夜勤の途中で1時間以上，日勤時は労働時間の長さと労働負荷に応じた時間数を確保する。
基準7	夜勤時の仮眠	夜勤の途中で連続した仮眠時間を設定する。
基準8	夜勤後の休息（休日を含む）	夜勤後の休息について，2回連続夜勤後にはおおむね48時間以上を確保する。1回の夜勤後についてもおおむね24時間以上を確保することが望ましい。
基準9	週末の連続休日	少なくとも1か月に1回は土曜・日曜ともに前後に夜勤のない休日をつくる。
基準10	交代の方向	交代の方向は正循環の交代周期とする。
基準11	早出の始業時刻	夜勤・交代制勤務者の早出の始業時刻は7時より前を避ける。

出所：日本看護協会編著（2013）『看護職の夜勤・交代制勤務に関するガイドライン』メヂカルフレンド社，p.34

（3）シフトと心身への影響

深夜勤務・交代制勤務は，睡眠パターンの変調から睡眠障害（佐々木 2001）や循環器疾患（佐々木 1997），内分泌疾患（Suwazono 2008），うつ，発がんリスク（国際がん研究機関IARC 2010，Straif 2007）などの一因となることがある（日本看護協会 2013）。

3. 勤務環境改善

(1) 勤務環境改善の必要性と政策

　人口減少，若い世代の職業意識の変化，医療ニーズの多様化に加え，医師等の偏在などを背景として医療機関による医療スタッフの確保が困難な状況の中，質の高い医療サービス体制を構築するためには，勤務環境の改善を通じ，医療スタッフが健康で安心して働くことができる環境整備を促進する必要がある。労働安全衛生法において，快適な職場環境を形成することは事業者の努力義務とされている。

　米国の国立労働安全衛生研究所（National Institute for Occupational Safety and Health：NIOSH）は，1997年にシフト管理に関するガイドラインの中で，「組織によるシフト勤務の改善」や「個人レベルでの対応策」を提示している。厚生労働省（2017）は，「新たな医療の在り方を踏まえた医師・看護師等の働き方ビジョン検討会」で，国民に安心・安全で価値の高い医療を提供するためには，何よりもまず，個々の医療・介護従事者が，制度や組織によって疲弊したり，自己犠牲によって自らの生活や将来を失ったりしてはならないと報告している。

　医療勤務環境改善の意義については，「雇用の質」が向上し，人材の確保・定着や働きがいの向上から「医療の質」が向上するとともに，「患者の満足度」の向上が得られ，経営が安定化し，さらに勤務環境改善へ投資されるという好循環につながるという考えかたである（図表6-2）。

(2) 勤務環境改善の運営

　内閣府は2007年に，関係閣僚，経済界・労働界・地方公共団体の代表等からなる「官民トップ会議」において，「仕事と生活の調和（ワーク・ライフ・バランス）憲章」・「仕事と生活の調和推進のための行動指針」を策定した。ワーク・ライフ・バランス（work-life balance: WLB）とは，同憲章では，仕事と生活の調和が実現した社会は，「国民一人ひとりがやりがいや充実感を感

【図表6-2】 医療勤務環境改善の意義

■医療機関が,「医療の質の向上」や「経営の安定化」の観点から,自らのミッションに基づき,ビジョンの実現に向けて,組織として発展していくことが重要。
そのためには,医療機関において,医療従事者が働きやすい環境を整え,専門職の集団としての働きがいを高めるよう,勤務環境を改善させる取組が不可欠。
■勤務環境の改善により,医療従事者を惹きつけられる医療機関となるだけでなく,「医療の質」が向上し,患者の満足度も向上。

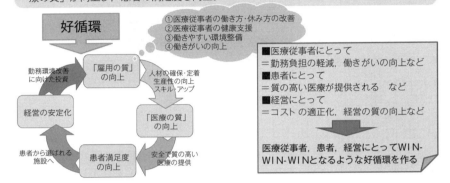

出所:普及促進セミナー行政説明資料,2015年11月
https://www.mhlw.go.jp/file/06-Seisakujouhou-10800000-Iseikyoku/g_cycle.pdf

じながら働き,仕事上の責任を果たすとともに,家庭や地域生活などにおいても,子育て期,中高年期といった人生の各段階に応じて多様な生き方が選択・実現できる社会」としている。具体的には,(1)就労による経済的自立が可能な社会,(2)健康で豊かな生活のための時間が確保できる社会,(3)多様な働き方・生き方が選択できる社会の実現をめざすものである。

行動指針は,憲章で示す「仕事と生活の調和が実現した社会」を実現するため,企業や働く者,国民の効果的な取組,国や地方公共団体の施策の方針を定めたものである。特に医療関連に関わる者に適応されるところは,健康で豊かな生活ができるための時間の確保,労働時間関係法令の遵守,健康を害するような長時間労働がなく,希望する労働者が年次有給休暇を取得できるような取組の促進,多様な働き方の整備であろう。

看護職の職能団体である日本看護協会は2010年度から「看護職のワーク・

ライフ・バランス事業」に取り組み，「看護職のワーク・ライフ・バランス（WLB）インデックス調査」と「看護職のワーク・ライフ・バランス（WLB）推進ワークショップ」を展開している。この事業は都道府県看護協会と日本看護協会が協働して，地域を主体に看護職が働き続けられる職場づくりのための活動を全国的に展開するものである。インデックス調査の目的は，「施設調査」と「職員調査」の2種類の調査を組み合わせてデータを収集することにより，施設側がWLBの制度を構築・導入する段階から，各段階における働く側のWLBの現状を評価することである。この評価に際して，WLB推進に取り組んでいる他の病院の看護管理者らがWLB推進に向けたアクションプラン作成をサポートした上で，参加施設合同のワークショップを開催して事業の推進体制を組んでいることが報告されている（たとえば，愛知県看護協会 2015）。

　勤務環境改善の運営について，厚生労働省は2014年10月1日に，「医療機関の勤務環境改善に関する改正医療法」の規定を施行した。これにより，各医療機関がPDCAサイクル（PDCA cycle, plan-do-check-act cycle）の「Plan（計画）→Do（実行）→Check（評価）→Act（改善）」を繰り返すといった計画的に勤務環境改善に取り組む仕組み（勤務環境改善マネジメントシステム）を導入することとされている。勤務環境改善マネジメントシステムとは，各医療機関において，『医師，看護師，薬剤師，事務職員等の幅広い医療スタッフの協力の下，一連の過程を定めて継続的に行う自主的な勤務環境改善を促進することにより，快適な職場環境を形成し，医療スタッフの健康増進と安全確保を図るとともに，医療の質を高め，患者の安全と健康の確保に資すること』を目的として，各医療機関のそれぞれの実態に合った形で，自主的に行われる任意の仕組みである。都道府県ごとに，勤務環境改善に取り組む医療機関を支援するための「医療勤務環境改善支援センター」を順次設置し，医療労務管理アドバイザー（社会保険労務士等）や医業経営アドバイザー（医業経営コンサルタント等）が専門的・総合的な支援を可能とする。

　日本看護協会（2018）は，看護職の働き方や場の多様化が進む中，看護職が健康で安全に働き続けられる，持続可能な職場環境の整備が必要であるとし

て，「看護職の健康と安全に配慮した労働安全衛生ガイドライン ヘルシーワークプレイス（健康で安全な職場）を目指して」を公表した。これは，業務上の危険の理解とその対処の視点および自身が心身ともに健康な状態で看護にあたるための健康づくりの2つの視点を両輪とした提案である。

4. チーム医療

（1）チーム医療とは

　明治以来，日本の医療体制は「自由開業医制」で病院は「開業医の家」であった。1942年に施行された国民医療法では，10床以上が病院，9床以下が診療所とされていたが，施設基準の差異は明確ではなかった。1948年に施行された医療法で，診療内容を考慮した設備上の具体的な基準を満たし，科学的で適正な医療を行う場所でなければならないことが要求された。1950年代には，複数の医療従事者がかかわり，診療，看護，検査，事務などの各専門分野を担う医療従事者が協調してまとまっていくことで，よき医療の提供が可能になることが示され，病院が一団となって医療提供をするようになった（細田 2012, pp.12-15）。1970年代になると，総合医療をチームとして提供する「チーム医療」として記述されている（中西 1977, p.6）。医療関係職種の身分法が確立されると，その役割も明確になり，診療のほか，患者が抱える問題に応じた専門職がチーム医療の担い手として明確になってきた。

　近年の保健医療政策の動向，人口構造や疾病構造の変化，ケア・ニーズの多様化，病院と地域や在宅におけるサービスの橋渡しなどに対応して，チーム医療のあり方はさまざまである。

　厚生労働省（2010）は，チーム医療とは，「医療に従事する多種多様な医療スタッフが，各々の高い専門性を前提に，目的と情報を共有し，業務を分担しつつも互いに連携・補完し合い，患者の状況に的確に対応した医療を提供すること」とし，チーム医療がもたらす具体的な効果として，「疾病の早期発見・回復促進・重症化予防など医療・生活の質の向上，医療の効率性の向上による

医療従事者の負担の軽減，医療の標準化・組織化を通じた医療安全の向上，等が期待される」としている。

　細田（2001）は，「チーム医療」に関するフィールドワークや文書資料で得られた情報を，当事者の認識と実践における「志向性」に着目し，専門性志向（現代医療は高度細分化し，各職種が専門性を発揮すること），患者志向（医師・疾患中心主義から患者・問題中心主義へ），職種構成志向（複数の職種がかかわる），協働志向（単に複数の職種が専門的な仕事を分担するだけではなく，対等な立場で尊敬し合い，協力して業務を協働する）という4つの要素に類型化している。

　協働するということは，チームの中で自己の行動や方針・経過などについての説明ができる説明責任（accountability）を伴う。チーム医療においては，明確な役割分担の中で，他者に説明できる成果を生み出してゆくための責任があり，これらが共有されていることが必要となる（松下 2010, p.17）。

(2) チーム医療の推進

　多職種協働は，Leathard（1994）によるインタープロフェショナル・ワーク（inter-professional work: IPW）としての造語で「よりよい健康のための専門職の協働，専門職種間の協働実践」という意味である。「inter-」には「inter-action相互作用」と「integration統合」の意味を含んでいる（田村 2012, p.16）。inter-professionalはinterprofessionalと表記されることもある。

　多職種が協働して全人的ケアをするためには，情報の共有化，対等なコミュニケーションなどが必要となる。

　協働するためには，平常時の役割分担や緊急時対応の手順・責任者を手順書などの作成により明確化するとともに，担当者への教育・訓練，医療スタッフ間における患者情報を共有し，日常的なコミュニケーションを推進すべきである（厚生労働省 2010）。

　患者中心の統合的医療における患者情報の共有化を可能とする記録方法については，従来の患者の主訴や疾患を中心としたシステム（Diagnosis Oriented

System, Doctor Oriented System: DOS) から患者の全人的ケアをめざした問題志向型記録システム（Problem Oriented Medical Record System: POS）(Weed 1968) が注目されている（渡邊 2012）。

　対等なコミュニケーションや知識の理解を支援するためには，他の職種の役割や専門性，また自身の職業の専門性や責任を理解することが必要となる。IPWを実践し牽引してゆくために必要な保健医療福祉ならびに関連職種の連携教育をインタープロフェショナル教育（interprofessional education: IPE）という。英国のCAIPE（Centre for the Advancement of Interprofesional education）は，IPEを「複数の領域の専門職者が連携およびケアの質を改善するために，同じ場所でともに（with）学び，お互いの職種から（from）学びあいながら，互いの職種について（about）学ぶこと」と定義している（CAIPE 2002）。

(3) 診療報酬におけるチーム医療の加算

　栄養サポートチーム（Nutrition Support Team: NST）は1970年代に米国で生まれた。日本では日本静脈経腸栄養学会が2001年からの普及活動で，多くの病院でNSTが展開され，2010年診療報酬改定でNST加算が創設された（佐藤 2015，pp.7-17）。

　公的価格体系である診療報酬として2018 年に評価（加算）されているチーム医療加算は，栄養サポートチーム加算（週1回）200点，緩和ケア診療加算（1日につき）390点，糖尿病透析予防指導管理料350点，精神科リエゾンチーム加算（週1回）300点，感染防止対策加算（入院初日）の感染防止対策加算1 390点，感染防止対策加算2 90点，呼吸ケアチーム加算（週1回）150点等である。

　たとえば，栄養サポートチーム加算は，栄養障害の状態にある患者や栄養管理をしなければ栄養障害の状態になることが見込まれる患者に対し，患者の生活の質の向上，原疾患の治癒促進及び感染症等の合併症予防等を目的として，栄養管理に係る専門的知識を有した多職種からなるチーム（栄養サポートチー

ム）が診療することを評価したものである。この場合の多職種は，医師，看護師，薬剤師，管理栄養士等である（図表6-3）。チームの活動については，カンファレンス及び回診の結果を踏まえて，当該患者の診療を担当する保険医，看護師等と協働の上で，栄養治療実施計画を作成し，その内容を患者等に説明の上交付するとともに，その写しを診療録に添付することが求められている。

　他のチームにおいても，患者の生活の質向上への寄与が期待されるケアが提供されるが，協働する際の実施計画書を作成し，その内容を患者等に説明の上交付するとともに，その写しを診療録に添付することとなっている。

5. キャリア開発

(1) キャリアとは

　キャリア（career）は，中世ラテン語の「車道」を起源とし，英語で，競馬場や競技場におけるコースやそのトラック（行路，足跡）を意味する。経歴，遍歴，生涯と結びついているが，「キャリア」の定義，解釈は多様であり，また，時代の変遷とともに変化してきている。

　たとえば，「キャリア形成を支援する労働市場政策研究会」報告書（2002年7月31日，厚生労働省職業能力開発局）では，「キャリア」とは，一般に「経歴」，「経験」，「発展」さらには，「関連した職務の連鎖」等と表現され，時間的持続性ないし継続性を持った概念として捉えられている。また，人の一生における経歴一般を「人生キャリア」（life career）とし，そのうち職業を切り口として捉えた場合の人の一生・経歴・履歴の特定部分を「職業キャリア」（professional/occupational/vocational career）と呼んで，両者を区別している。

　この他に，職業キャリア（work career）の概念として，「生涯における職業生活を通しての自己実現過程」（平井 2009，p.61），「ライフサイクル全体にわたる自己成長の機会をもたらす仕事状況」（Schein，二村・三善訳 1991，p.1），「長い目でみた仕事生活のパターン」（金井 2002，p.140），「個人の生涯を通して継続的に獲得していく職業や労働に関係した経験や技能」（山本 2005，p.18）

【図表6-3】栄養サポートチームにおける各職種の役割（例）

職種	役　　割
医師	チームの統括，教育，病状に合った栄養補給方法の決定，主治医への提言，施設内の主要組織・委員会との意見交換
看護師	対象のスクリーニング（栄養障害の有無や程度の判定），症状の観察，回診記録，フォローアップ，経口栄養への移行推進，味覚や嗜好・身体の状態を考慮した食事や栄養補給への援助，口腔ケア，生活状況を踏まえた退院時指導
管理栄養士	チームの窓口，定期的な会議の開催と資料作成，他部門との連携，対象患者の栄養アセスメント，栄養障害の患者の抽出，栄養管理計画の立案・実施・モニタリング，経腸栄養剤・静脈栄養剤の把握，嚥下障害者への対応，嗜好への対応，栄養補助食品の選択，調理法の決定，食事形態（普通食・きざみ食・とろみ食など）の提言，視覚・触覚（口当たり・歯ごたえ・舌触りなど），栄養状態の把握と評価，水分管理の評価，家族への栄養補給管理方法・食事内容の提示，栄養に関する知識や情報の伝達
薬剤師	静脈・経腸栄養療法に関する処方設計の医師への提案，静脈栄養輸液の無菌調整，栄養剤と医薬品・食品との相互作用回避，医薬品の経管投与に関する情報提供とリスク回避，服薬についての疑問，不安などの情報を把握し，チームメンバーと共有，栄養薬剤の選択・適正使用方法の指導，誤与薬の予防・チェック，栄養薬剤についての患者・家族への説明
言語聴覚士	摂食・嚥下機能の評価，嚥下訓練，食事形態の提言，口腔ケア
歯科医師	咀嚼及び摂食・嚥下機能の評価，歯科治療，摂食・咀嚼などの口腔機能訓練方法のチーム員への指導
歯科衛生士	口腔衛生状態の観察・評価，医療器具や薬剤を使用した専門的口腔清掃，食事の状態の観察・評価，摂食機能訓練
作業療法士	身体計測指標に基づいて栄養状態の情報把握，リハビリ訓練（食動作，姿勢の調整，調理動作など），咀嚼・嚥下訓練，食具や口腔清掃に用いる物品の工夫などの提言
理学療法士	食事や嚥下に関して全身的な視点からの評価とアドバイス，呼吸状態の確認や体位の調整，呼吸訓練，座位保持訓練，身体を動かすことによる体力の維持向上や栄養の吸収能力改善
臨床検査技師	血液・生化学的指標に基づいて栄養状態や消化吸収機能の把握，対象のスクリーニング，栄養介入による効果の判定
社会福祉士	患者や家族の治療方針や療養上の悩みに対する相談，意思決定の支え，セカンドオピニオンの提案，活用できる制度の紹介，在宅療養生活の支援
臨床工学技士	生命維持管理装置の操作および保守点検

出所：チーム医療推進協議会，栄養サポートチーム
　　　http://www.team-med.jp/archives/team/eiyosuport，他を参考に藤原が作成

第 ⑥ 章　労務管理

などがある。

(2) キャリア発達

キャリアの継続について，「キャリア形成を支援する労働市場政策研究会」報告書（2002年7月31日，厚生労働省職業能力開発局）では，個人が職業能力を作り上げていくこと，すなわち，「関連した職務経験の連鎖を通して職業能力を形成していくこと」を「キャリア形成」と表記している。山本は，「生涯を通じて，自己のキャリア目標に関係した経験や技能を継続的に獲得していくプロセス」を「キャリア発達」としている（山本 2005, p.21）。

① キャリア・アンカー (career anchor)

自らのキャリアを選択する際に，最も大切な（どうしても犠牲にしたくない）価値観や欲求のこと，また，周囲が変化しても自己の内面で不動なものを「キャリア・アンカー」(career anchor) という（Schein, 二村・三善訳 1991, pp.142-143）。アンカー（錨）とは，船舶などを水上の一定範囲に止めておくためのおもりである。つまり，キャリア・アンカーは，自身がどうありたいかという内面をアンカーとし（これをインサイド・アウトという），キャリアをデザイン（設計）する際の拠り所である。

② キャリア・サバイバル (career survival)

長期的な視点でキャリアを考えるためのキャリア・アンカーに加えて，現在のキャリア（職場や職種）でうまくやっていく，また現在のキャリアの今後の環境変化に対してどう生き残るか，つまり変化する外界への適応を視野に入れて（これをアウトサイド・インという），キャリアを考えることを「キャリア・サバイバル」(career survival) という（Schein 1995）。

(3) キャリア開発 (career development)

キャリア・ディベロップメント (career development) は，日本語では，

キャリア開発，キャリア形成，キャリア発達などの訳語が当てられている。原語のcareer developmentという用語は，これらのいずれも包含しているが，文脈に応じて適宜ニュアンスが使い分けられている（二村 2009，p.37）。

個人が能力を最大限に発揮し満足できるキャリアを開発することが，組織にとって存続要件となる。その際，キャリアは，個人と組織とが相互に作用する調和過程を通して開発される（Schein，二村・三善訳 1991）。

近年の人口動態の変化，経済資源の配分，医療政策，顧客（患者，利用者）ニーズの多様性，新たな技術の導入などにより，新しい組織の方針と構造変革が医療界にもたらされている。こうした社会環境の下で働く者に対しては，多大な適応能力ならびにキャリアの自己開発と自己管理が求められている（Hansen，平木他監訳，乙須訳 2015，p.34）が，一方では個人としてのキャリアのほか，組織としての人材育成におけるキャリアが注目されている。

個人のキャリア発達は，キャリアに対する満足に関係し，次に職務満足感と生活満足感につながり，さらに自分が納得・満足し得る人生を送っているという感情につながってくる（小野 2003，p.14）。

キャリア開発は，個人としてのキャリア・アンカーを，組織としての理念や方針，ビジョン（こんな病院でありたい）のもとで積極的に実現させることによって，組織に必要な人的能力を育成しながら組織の発展を図ろうとする考え方である。キャリア開発は，多くの場合，教育・研修制度と異動・配置制度を組み合わせたキャリア開発プログラム（Career Development Programs: CDP）として実施されている。

① **目標による管理（management by objectives：MBO）**

目標による管理（目標管理ともいわれる）は，1950年代に米国のピーター・ドラッカーが提唱した。それは，個人と組織のビジョンを達成するための目標（いつまでに何を達成するか）を統合させるための組織のマネジメント手法の一つである。上司がスタッフ個人と面接（目標面接）をして，スタッフの自己目標設定と目標達成に向けたプロセスを確認し，実践評価をすることは，個人

第 ⑥ 章　労務管理

を尊重しつつ働きがいを促してゆくための支援である。

② **教育，研修制度**

　社会をとりまく変動と深くかかわる医療職者は，卒後も自ら研修に励むことが求められる。また，現在，担っている業務を遂行するために必要な知識・技術，態度を学び，医療の質の向上に貢献することを目的とした現任教育は，所属する病院または施設内での教育（これを院内（施設内）教育という）と，施設（院）外でおこなわれる研修に参加する院外（施設外）教育に大別される。

　病院組織全体の運営管理および提供される医療について評価の一つである公益財団法人日本医療機能評価機構の病院機能評価（2017年10月1日版）では，4つの評価対象領域から構成される評価項目が用いられている。このうち，第4領域「理念達成に向けた組織運営」—4.3教育・研修の評価の視点と要素の内容が2017年版では強化修正されている（図表6-4）。

③ **人的資源管理とコンピテンシー**

　Lyle M. Spencer, Signe M. Spencer（1993）は，コンピテンシー（competency，高成果実現能力，実力）を「ある職務または状況に対し，基準に照らして効果的，あるいは卓越した業績を生む原因として関わっている個人の根源的特性」としている。コンピテンシーは，Head Power（知力）の他に，行動力として必要なBody Power（体力）とMind Power（気力）があわさったものである（井部，中西監修，手島編 2017, p.201）。つまり，身につけている知識やスキルを最適な状態で発揮することができ，高い成果を実現し得る行動実力（または行動態様，本質，性格）がコンピテンシーであり，医療サービス界における人材の適材配置などの人的資源管理や人材育成において重要な視点となる。

【図表6-4】病院機能評価
第4領域「理念達成に向けた組織運営」―4.3教育・研修の評価

4.3.1 職員への教育・研修を適切に行っている
評価の視点 　職員への教育・研修が計画に基づいて継続的に行われていること，また，院外の教育・研修機会への参加が支援されていることを評価する。 評価の要素 　・全職員を対象とした計画に基づいた継続的な教育・研修の実施と評価 　・必要性の高い課題の教育・研修の実施 　・教育・研修効果を高める努力や工夫 　・入職時研修・新人研修の実施 　・院外の教育・研修の機会の活用 　・教育・研修に必要な情報提供の仕組みと活用
4.3.2 職員の能力評価・能力開発を適切に行っている
評価の視点 　職員個別の能力評価や，自己啓発への支援など，優れた人材を育成し，活用する仕組みを評価する。 評価の要素 　・職員の能力評価，能力開発の方針と仕組み 　・職員個別の能力の客観的評価 　・職員個別の能力開発の実施 　・能力に応じた役割や業務範囲の設定
4.3.3 専門職種に応じた初期研修を行っている
評価の視点 　専門職種に応じた基本的な能力を身に付けるために初期研修が適切に行われていることを評価する。 評価の要素 　・初期研修の方針と計画 　・計画に則った研修の実施 　・研修者の評価 　・指導者の養成と評価 　・研修内容の評価と見直し
4.3.4 学生実習等を適切に行っている
評価の視点 　各職種において，指定されたカリキュラムに沿った病院実習が適切に行われていることを評価する。 評価の要素 　・実習生の受け入れ体制 　・カリキュラムに沿った実習 　・実習生および実習内容の評価 　・医療安全・医療関連感染制御に関する教育 　・患者・家族との関わり方の取り決め 　・実習中の事故等に対応する仕組み

出所：日本医療機能評価機構，2017年10月1日版

【参考文献】

1.〜2.節

International Agency for Research on Cancer. (2010) *IARC monographs on the evaluation of carcinogenic risks to humans. Painting, firefighting, and shiftwork*. Lyon, International Agency for Research on Cancer, pp.563-766

Straif K., Baan R., Grosse Y., Secretan B., El Ghissassi F., Bouvard V., Altieri A., Benbrahim Tallaa L., Cogliano V. (2007) *Carcinogenicity of shift-work, painting, and fire-fighting*. Lancet Oncol. 8(12), pp.1065-1066

Suwazono Y., Dochi M., Sakata K., Okubo Y., Oishi M., Tanaka K., Kobayashi E., Nogawa K. (2008) *Shift work is a risk factor for increased blood pressure in Japanese men: a 14-year historical cohort study*, Hypertension, 52(3), pp.581-586

佐々木司・酒井一博（1997）「繰り返しの睡眠短縮が睡眠中の循環器機能に及ぼす影響 心拍数の変化」『労働科学』73(7)，pp.288-291

佐々木司・松元俊（2001）「夜間時刻帯にとる仮眠がその後の昼間睡眠の睡眠構造に及ぼす効果 徐波睡眠—レム睡眠バランスと睡眠段階の累積変化からみた仮眠評価の試み」『労働科学』77(4)，pp.131-146

日本看護協会編著（2013）『看護職の夜勤・交代制勤務に関するガイドライン』メヂカルフレンド社

3.節

NIOSH (1997) *Plain Language About Shiftwork*
https://www.nurse.or.jp/nursing/shuroanzen/yakinkotai/principle/pdf/02_03_02.pdf

愛知県看護協会編（2015）『平成26年度 看護職のワーク・ライフ・バランス推進ワークショップ事業 報告書』
http://www.aichi-kangokyokai.or.jp/files/lib/1/887/201505080853499493.pdf

厚生労働省『いきいき働く医療機関サポートWeb（いきサポ）』
https://iryou-kinmukankyou.mhlw.go.jp/outline/

厚生労働省（2017）『新たな医療の在り方を踏まえた医師・看護師等の働き方ビジョン検討会 報告書』
https://www.mhlw.go.jp/file/05-Shingikai-10801000-Iseikyoku-Soumu-ka/0000161081.pdf

内閣府（2007）『内閣府，「仕事と生活の調和」推進サイト，ワーク・ライフ・バラ

ンスの実現に向けて』

「仕事と生活の調和とは（定義）」
　　http://wwwa.cao.go.jp/wlb/towa/definition.html

「仕事と生活の調和推進のための行動指針」
　　http://wwwa.cao.go.jp/wlb/government/20barrier_html/20html/indicator.html

日本看護協会『看護職のワーク・ライフ・バランス事業について』
　　https://www.nurse.or.jp/wlb/about/index.php

「看護職のワーク・ライフ・バランス（WLB）インデックス調査」とは
　　https://www.nurse.or.jp/wlb/wlbindex/index.php

「看護職のワーク・ライフ・バランス推進ワークショップ」事業
　　https://www.nurse.or.jp/wlb/workshop/index.php

日本看護協会（2018）『看護職の健康と安全に配慮した労働安全衛生ガイドライン ヘルシーワークプレイス（健康で安全な職場）を目指して』
　　https://www.nurse.or.jp/home/publication/pdf/guideline/rodoanzeneisei.pdf

4. 節

CAIPE (2002) *Interprofessional education: A definition*. Centre for the Advancement of Interprofessional education, UK.

Leathard, A. ed. (1994) *Going Inter-professional Working-Together for Health and Welfare*, Routledge.

厚生労働省（2010）『チーム医療の推進について（チーム医療の推進に関する検討会報告書）』平成22年3月19日
　　https://www.mhlw.go.jp/shingi/2010/03/dl/s0319-9a.pdf

佐藤礼子・國澤進・佐々木典子・猪飼宏・今中雄一（2015）「栄養サポートチーム加算の現状と課題―管理栄養士とNSTの業務実態を踏まえた全国多施設の診療報酬請求データ分析」『日本医療・病院管理学会誌』52(1), pp.7-17

田村由美編著（2012）『新しいチーム医療　看護とインタープロフェショナル・ワーク入門』看護の科学社

中西睦子（1977）「医師の指示をめぐって　チーム医療における医師―看護婦関係」『看護』29(5), pp.6-12

細田満知子（2001）「「チーム医療」とは何か　それぞれの医療従事者の視点から」『保健医療社会学論集』第12号, pp.88-101

細田満和子（2012）『「チーム医療」とは何か　医療とケアに生かす社会学からのアプ

ローチ』日本看護協会出版会
松下博宣（2010）『医療経営士，中級（専門講座）テキスト6，創造するリーダーシップとチーム医療』日本医療企画
渡辺直著（2012）日野原重明監修『電子カルテ時代のPOS：患者指向の連携医療を推進するために』医学書院

5. 節

Edgar H. Schein (1978) *Career Dynamics:Matching Individual and Organizational Needs*, Addison-Wesley.（二村敏子・三善勝代訳『キャリア・ダイナミクス』白桃書房，1991年）
Edgar H. Schein. (1995) *Career Survival: Strategic Job and Role Planning (Pfeiffer Career Series)*, John Wiley & Sons.
Lyle M. Spencer, Signe M. Spencer (1993) *Competence at Work: Models for Superior Performance*, Wiley.（梅津祐良・成田攻・横山哲夫訳『コンピテンシー・マネジメントの展開 完訳版』生産性出版，2011年）
Sunny S. Hansen. (1997) Integrative Life Planning: Critical Tasks for Career Development and Changing Life Patterns, Jossey-Bass.（平木典子・今野熊志・平和俊・横山哲夫監訳，乙須敏紀訳『キャリア開発と統合的ライフ・プランニング 不確実な今を生きる6つの重要課題』福村出版株式会社，2015年）
井部俊子・中西睦子監修，手島恵編（2017）『看護管理学習テキスト第2版，第4巻，看護における人的資源活用論 2017年度刷』日本看護協会出版会
小野公一（2003）『キャリア発達におけるメンターの役割』白桃書房
金井壽宏（2002）『働くひとのためのキャリアデザイン』PHP研究所
二村英幸（2009）『個と組織を生かすキャリア発達の心理学―自律支援の人材マネジメント論』金子書房
平井さよ子（2009）『看護職のキャリア開発，改訂版』日本看護協会出版会
山本寛（2005）『転職とキャリアの研究』創成社

（藤原奈佳子）

第7章 人事・組織管理

1. 病院組織

(1) 組織とは

　社会には，病院だけではなく企業，学校，軍隊など様々な組織があり，これら組織の共通点が組織の定義となる。バーナード（Barnard, C.I.）による「2人以上の人々の意識的に調整された諸活動，諸力の体系」は，最もよく引用される組織の定義である。この定義で示される「共有された目的」「協働の仕組み」「コミュニケーション」を組織が機能するための3つの要素と呼ぶ。すなわち，逆の見方をすれば，この要素のひとつでも欠ければ，それはすでに組織（Organization）ではなく，人の集団（group）に過ぎない。

　このように組織には共有された目的が不可欠となるが，実際には多くのスタッフが組織全体の統一された共有の目的を常に意識し続ける事は容易ではない。そこですべてのスタッフが共感し行動の拠り所となるシンプルな理念を掲げ，いわば行動の軸がぶれない組織を作ろうとするのが理念型経営である。また，この理念が組織内で共有され，その実現に向けた道筋が示されたとしても，協働の仕組みがなければ前に進むことはできず，たとえば，病院組織においては，医師，看護師，薬剤師，コ・メディカル，事務職などの専門職間の分業と統合のシステムが必要となり，このシステム作りを組織デザインと呼ぶ。

【図表7-1】 職能（機能）別組織（企業と病院の事例）

出所：筆者作成

（2）職能（機能）別組織

　この分業と統合のシステムの形態は，組織の目的や組織を取り巻く環境等により異なるため，いわば組織の数だけ組織デザインの姿があるとも言えるが，基本的なスタイルとして，職能（機能）別組織と事業部制組織の2つがある。

　職能（機能）別組織は，ある業務に精通し，かつ専門・分業化したサブ・組織によって構成され，多くの場合，その職能に優れた管理職が責任と権限を有する。この組織形態のメリットは，同じ専門能力を有する集団内の命令伝達の有効性と効率性が高まることや，専門の知識や技術の蓄積が促進されることが挙げられる。しかし，その一方で各職能（機能）別組織は，自己の専門分野の業務のみに責任と権限を持っていればよく，職能別部門間で協力してある目的を達成しようとする場合，職能間に摩擦が生じやすく，かえって組織全体としては非効率になることがある。

　とくに病院組織は医師，看護師，コ・メディカル，事務職など多くの専門資格化された職能別組織の共同作業によって成り立っており，典型的な職能（機能）別組織といえる。さらに，この職能（機能）別組織は，本業の業務を行うライン組織と本業周辺業務を担当しライン組織を支援するスタッフ組織の2つに分けられ，この2つの組織形態を持つ組織をライン・アンド・スタッフ組織

【図表7-2】ライン・アンド・スタッフ組織（企業と病院の事例）

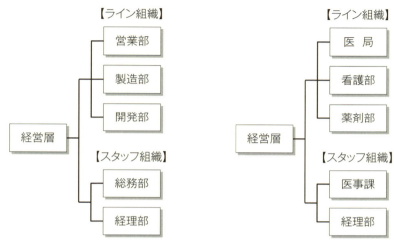

出所：筆者作成

と呼ぶ。これによって，ライン組織の間接業務の軽減と専門業務への集中による生産性の向上が図られ，かつ職能間で発生する摩擦をスタッフ組織が調整する機能など，業務の円滑化を向上させるメリットがある。

（3）事業部制組織

職能（機能）別組織に対してサービス内容や事業所の地域間の違いが大きい場合は，そのサービスや地域別の部門（事業部）に分けて担当する方が業務の効率を高めさせる場合がある。この場合，組織をサービスや地域別に事業部を分割した上で，その下に職能（機能）別部門を置く事業部制組織が採用される。

組織を事業部に分割するメリットは分権化により，機能別組織のように各部門間の調整作業が減り，意思決定の速度そしてサービスの質が高まることである。

【図表7-3】事業部制組織（企業と病院の事例）

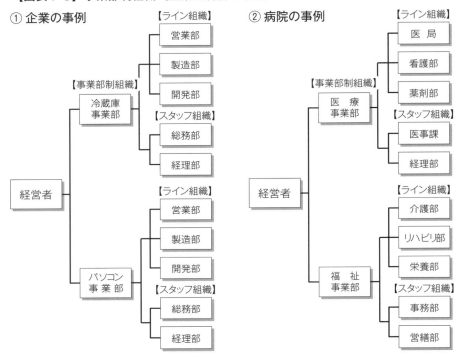

出所：筆者作成

　また，経営者は事業部長に責任と権限を大幅に委ねることで日常の管理業務の煩雑さから解放され，中・長期的な戦略の策定等，高次の意思決定に集中できるメリットが考えられる。さらに，特定のサービスや地域内の中で，関連するスタッフが一緒に現場に近いところで同じ指揮命令の下で業務を行うことから，変化する顧客のニーズに敏感に反応できるメリットがある。一方，デメリットとしては，各事業部に人，モノ，資金，情報といった経営資源が分散・重複するために，効率的な資源の管理が難しくなる。また，それぞれの事業部で業務が完結することで成果が見やすく，事業部間の競争が促進される反面，各事業部の利益が全体的な利益に優先する，いわゆる「セクト主義」に陥るリ

スクも考えられる。

(4) マトリックス組織

マトリックス組織とは，多様化する経営環境に迅速に対応することや組織内の複雑業務の同時遂行能力を高めることを目的としたプロジェクト組織を恒常化した組織形態である。

したがって，この目的のため原則となる組織内の命令の一元化をあえて弱め，プロジェクトメンバー（部下）は，同時に2人の上位者（上司）から命令を受けるので，とくに同時に異なる命令が生じた場合，命令に優先順位付けをするなどして自分の判断で効率的な業務処理を行う高い能力が必要となる。よって，このマトリックス組織は，その職務の複雑さゆえに一般的に採用される組織は多くない。しかし，職能資格者がそれぞれの部門に属しながら同時に大きな権限を有する医師の指示の下で，日常的業務を行う病院組織ではこのマトリックス組織形態が導入されており，極めて高度なプロフェッショナル組織であるといえる。

(5) 病院組織の構造

病院組織は全体としては職能別組織で構成されることが多く，診療部門，看護部門，薬剤部門，医療技術部門，事務部門の5つの基本部署から構成される。また，その管理者である院長は，医療法第10条で「病院又は診療所の開設者は，その病院又は診療所が医業をなすものである場合は臨床研修修了医師に，歯科医業をなすものである場合は臨床研修修了歯科医師に，これを管理させなければならない」と定められ，医師または歯科医師である必要がある。

とくに，病院は，①営利よりも医療を通じての公共サービスを第一義的な目標とする非営利的規範意識が強いため，経営における効率が軽視されがちである。②病院には専門職が多く，それぞれが専門職としての主体性と自律性を過度に主張する傾向にある。よって，各専門職集団が対立関係となって組織としての管理活動にも非協力的になりやすい。また，③病院の活動は，組織の末端

【図表7-4】マトリックス組織（企業と病院の事例）

① 企業の事例

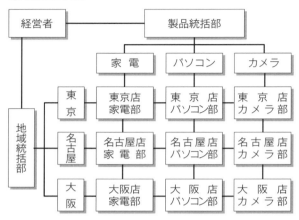

② 病院の事例

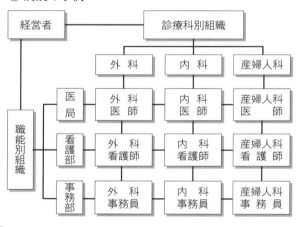

出所：筆者作成

における医師の診断的意思決定によってオーダーが発生し，そこから各部に波及するパターンをとる。そのため，院長などのトップダウンによらない医師の独立性が強くなり，トップの指示と現場の医師の指示に矛盾が発生する場合

は，どちらを優先するか現場が判断しなければならない。こうした葛藤や対立は，病院組織が職能別に細かく，その役割が細分化された専門職集団によって形成されているため，医師は医師集団，看護師は看護部門というように職能集団への帰属意識が強く，集団内で守りあう閉鎖的な意識が発生しやすいことが原因である。とくに強い権限を持つ医師と他の専門職との間における，専門職としてしての自立性相互の対立は生じやすい。

2. 人事制度

(1) 人事制度とは

人事制度とは，組織のビジョンや経営目標の達成に向けて，人材の獲得，活用，育成，管理などを中・長期的視点から行うことである。近年，働く人々の価値観や目的の多様化に伴い，派遣，契約，パートタイムといった就業形態も多様化し，正職員で終身雇用を前提とした従来型の慣行や管理方式は，大きく変わろうとしている。加えて，政府が進める働き方改革への対応など，人事制度に係る各政策は病院が直面する内外の環境変化に沿った柔軟な適用と迅速な対応が求められる。

① 採用

採用には，採用部署，必要技能，資格経験，性格，年齢，人数等，必要としている人材像を明確にする必要がある。また，採用にあたっての選考方法や選考期間，採用期間のスケジュールの他，採用後の勤務時間，出勤日，勤務地，給与，休日等の労働条件をわかりやすく文書で示すことが優秀な人材確保には重要となる。

② 人事考課と賃金

人事考課は，各職員の仕事の出来栄えや取組み方を評価して，給与や賞与，昇格・昇進等に反映させ，組織と職員個人が成長し続けられるための制度であ

る．また，賃金とは，給与，手当，賞与その他名称を問わず，病院活動の費用，職員の生活費，労働の対償として病院組織が職員に支払う全てのものであり，たとえば，退職金，見舞金なども労働協約，就業規則，労働契約等であらかじめ支給条件が明らかなものは，全て賃金である．

③ ジョブ・ローテーションとキャリア開発

ジョブ・ローテーションとは，職員に多くの仕事を経験させるように，人材育成計画に基づいて定期的に職務の異動を行うことで，院内教育であるOJT（On-the-Job Training）として行われる．また，中・長期的なキャリア開発は，次世代を担う若手職員を中心に，off-JT（off-the-Job Training）の研修や訓練を活用する場合が多い．具体的には，新卒職員のマナー研修から始まり，中堅職員研修や新任管理職向けのリーダーシップ研修等を行う．

④ 労働時間管理

労働時間管理は，所定労働時間，休憩，時間外勤務，休日勤務などの適切な職場環境の維持・運営を行うことである．とくに病院においては，夜勤，宿日直，待機など24時間365日のサービス体制が行われるところに大きな特徴がある．最近では，変形労働時間制，裁量労働制，フレックスタイム制など労働時間の弾力化へ向けた動向にも注意を要する．また，女性の多い病院組織では，法定休日，週休日，年次有給休暇，産前・産後休暇，育児・介護休業，特別休暇（慶弔），欠勤，休職等の管理は，男女雇用均等法も含め適切かつ充実した運用を心がける必要がある．

⑤ 退職管理

退職には自己都合退職，定年退職，雇用調整のための解雇，懲戒処分による解雇などがある．一定年齢の到達により自動的・強制的に退職となるのが定年退職である．近年では，この定年制度は平均余命の延伸や年金受給資格の65歳への変更により，再検討を求められている．通常の解雇については，30日

前に予告するか予告手当を支払うことが義務付けられており，就業規則に定められていない事由による処分は，人事権や解雇権の濫用となるため，十分な知識を持ってあたりたい。

⑥ 福利厚生・労働安全衛生

福利厚生制度は，賃金以外に，求人対策や職員の生活の安定や向上，余暇の活用などを目的に，病院側が職員のために準備するものである。具体的には，健康保険，雇用保険，労災保険などの法定福利以外にも，職員宿舎，託児所，職員食堂の整備や運動会，クリスマスパーティー，新年会でのレクレーションなどイベントを企画する病院も多い。また，労働安全衛生とは，職員の健康診断や健康管理，勤務中の事故防止やその補償等，安全，かつ心身の衛生が保たれる職場づくりを行うことである。

(2) 人事考課

人事考課制度とは，職員の業務の遂行度，業績，能力を評価し，組織が期待する行動を奨励し，改善すべき点を克服して，スタッフの成長を促すことを目的としたものである。このように，人事考課の目標は，スタッフのモチベーションの向上にあるが，その結果を賃金や昇格・昇進等の人事施策に反映させるインセンティブとしても活用する。従って，人事考課制度はそれ自体が単独で機能するものではなく，組織が職員に期待する役割を階層化した等級制度や，その等級制度の基準に照らして自らの評価が高まり等級が上がる昇格制度，また職員の能力開発を目的としたキャリア開発など，他の人事制度と密接な関連をもって一連の人的資源管理システムを形成している。

人事考課は，仕事に必要となる能力評価を示した職能要件書によって行われることが多いが，高い能力を持つスタッフが必ずしも高い成果を発揮しているとは限らない。この点を補うことを目的に人事考課と併せて，仕事の結果に焦点を当てた成果評価が加えられることが多い。また，チームで仕事をしている実際の職場では，各人が高い能力を持っていてもメンバー側の人間関係の影響

を受けるなど，個人別の能力の総和がチーム全体として高いパフォーマンスにつながるとは限らないので，チームメンバーとしての規律性，協調性，積極性，責任感などの情意評価が加えられる。さらに，この3つの評価の視点に加えコンピテンシーによる新たな評価が普及している。コンピテンシーとは行動によって見極められる動機，自己効力感，思考，スキル，知識など含む総合的な能力の概念であり，高い業績につながると予測される行動の背景にある潜在的な特性を観察し，それを評価するものである。

(3) 賃金制度

　労働の対償として支払われる賃金には，大きく現金給付と間接給付の2つがある。現金給付には，毎月の基本給や諸手当のほかに年に2回ほど支払われる賞与（ボーナス）等があり，間接給与には，職員寮など住まいの提供や託児所の整備，食事などの補助，有給休暇の付与，人間ドックの補助，住宅融資の補助制度等の福利厚生と呼ばれるものがある。

　また，報酬の中心となる賃金決定で最も問題となるのが分配基準である。たとえば不公平な支給によってモチベーションが低下してしまわないよう，正しい分配基準を考えることを分配的公正と呼ぶが，この原理には大きく3つある。第1は，それぞれの個人ごとの成果や貢献の度合いによって報酬を分配する公平原理，第2は，各自の仕事の結果を問わず平等・均等に賃金を分配する平等原理，また，第3は個人別の生活や収入，家族関係の状況の経済的な必要性を考慮して賃金を分配する原理である。実際に支払われる賃金においても，第1の公平原理に基づく職務給，第2の平等原理に基づく職能給，第3の必要性原理に基づく年齢給の3つによって構成されている。現在の賃金制度では，この3つのどれか1つの給与タイプで全ての賃金が構成されるのではなく，業種や職種によって，混合型の賃金制度を採用している組織が多い。

(4) 諸手当と賞与

　手当とは，基本給以外に諸費用として支払われる賃金のことで，具体的には

扶養手当,通勤手当,住宅手当,資格手当,役職手当,時間外手当（超過勤務手当）などがある。本来的には,業務内容が正確に基本給に反映されていれば諸手当を支給する根拠は無いため,近年では諸手当を少なくして基本給に統合する傾向にある。また,賞与制度は,基本給を中心とする基本給を基礎算定額として,多くは夏季と冬季の年2回,臨時として支払われる賃金のことであり,多くの病院では,評価結果によって格差がつけられた支給月数を掛け合わせる方法で算出されている。また,この賞与の評価には,上司と部下が話し合いの上で目標を設定し,その達成度を上司と部下の双方で評価する目標管理制度（MBO：management by objectives）を活用する病院組織も多い。

3. リーダーシップ

（1）リーダーシップとは

ハーシィ（P. Hersey）とブランチャード（H. Blanchard）らは「リーダーシップは,与えられた状況で,目標達成のため,個人,ないし集団に影響及ぼすプロセス」としている。すなわち,それは部下が「あの人と一緒に働きたい,あの人についていきたい」と思う,上司が与える魅力や尊敬の念のことであり,それを受けて感じる部下をフォロアーと呼び,リーダーシップとフォロアーシップは一対で成立する。よって,リーダーシップは組織の中の指導者や管理者等,地位があれば自動的に発揮できるものではなく,周りからリーダーとして受容されることにより実行することができる。また,ハーシィらは,目標達成を目指して,他者を動機付け,導くためには,「診断能力」,「適応能力」「コミュニケーション能力」の3つの能力が必要であるとしている。「診断能力」とは,現状について善し悪しを含めて把握し,その状況をどう変えられるかについて判断する能力である。「適応能力」とは,状況に応じて自分の行動や用いることができる資源を的確に判断し応用する能力である。「コミュニケーション能力」とは,相互に了解を得ながら強制ではなく,合意形成を図る能力である。近年,医療がより高度化,複雑化する中で,これまで以上にチーム

リーダーの仕事の範囲は広がっており，リーダーとして全てに目配り，気配りを行うことが難しい状況では，専門能力を持ったメンバーへ権限委譲を進める傾向がある。

(2) マネージャーとリーダーの違い

マネージャーもリーダーどちらも組織目標に関わることであるが，リーダーは人々を動機付けし，導いていくが，マネージャーは体制（システム）や構造により人々を統制し，管理していくことで両者は異なる。伊丹と加護野は，リーダーシップとマネジメントについて概念として混同してはいけないが，リーダーシップはマネジメントの大切な要素の一部であると述べている。したがってマネジメントでは戦略や体制（システム）を計画的に立案し組織化する中で，リーダーが持っている特性で集団を指示・統制していくことが求められる。

(3) PM理論

代表的なリーダーの行動理論にPM理論がある。この理論は三隅二不二によって提唱されたもので，P（Performance）は目標達成に向けて具体的な仕事内容を指示する行動のことである。M（Maintenance）は良好な人間関係を維持しようと積極的に他者に関わる行動のことである。リーダーの行動はP要因とM要因の2つの要因があり，この要因の程度によってリーダーシップ行動を4つのタイプに分ける。すなわち，①Pが低くMが高いタイプでは，ある目標達成に向けて具体的に仕事を指示するより，良好な人間関係の構築に尽力する。②Pが高くMが低いタイプでは，目標が明確で具体的に仕事を支持するが，人間関係の維持や構築には気を使わない。③PもMも高いタイプでは，目標達成に向けて積極的に仕事を支持しながら，人間関係の維持や構築にも気を配る。④PもMも低いタイプでは，ある目標達成に向けて仕事を指示する行動も，人間関係を維持し調整する行動も果たさない。

【図表7-5】PM理論の図

出所：三隅二不二（1984）『リーダーシップ行動の科学改訂版』有斐閣より作成

(4) SL理論

　PM理論を発展させた状況適合理論の代表的ものにSL（Situational Leadership）理論がある。SL理論におけるリーダーの行動は，具体的な指示・指導の程度（指示的行動）と他者との関係を構築し協労的支援の程度（協労的行動）の2領域とリーダーが影響与える成員（フォロワー）の状況・課題に対する能力と意欲の2つで構成されるレディネスのレベルとの関係でその適合性を示している。すなわち，指示的行動と協労的行動のリーダー行動は，下記の4種類の組合せでリーダーシップを説明できる。レディネスR1では，リーダーシップS1（高指示・低協労）で具体的指示・指導する教示的スタイル。レディネスR2では，リーダーシップS2（高指示・高協労）で具体的指示とともに双方向の対話を重視する説得的スタイル。レディネスR3では，リーダーシップS3（高協労・低指示）で双方向のコミュニケーションと相手に権限を付与しながらの参加的スタイル。レディネスR4では，リーダーシップS4（低協労・

【図表7-6】SL理論の図

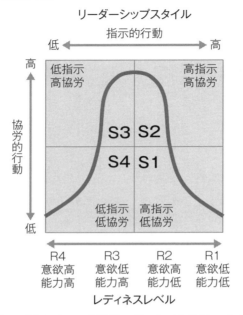

出所：ハーシィ P.・ブランチャート K.H.・ジョンソン D.H., 山本成二・山本あづき訳（2000）『入門から応用へ行動科学の展開新版』生産性出版より作成

低指示）で信頼して仕事を任せていく委任的スタイルが好ましいとされる。

(5) サーバント・リーダーシップ

　サーバント・リーダーシップとは，顧客である患者に最も近い部下である現場スタッフにエンパワーメント（権限委譲）することが質の高い医療の実践につながり，患者満足度を向上させることができるとの考えに基づいている。エンパワーメントとは，部下に力（責任や権限）を与え，部下の持っている力を引き出して一人ひとりが目標に向かって自律的に動機付け（モチベーション）られる状態である。すなわち，患者の満足度の発生源は組織のトップではなく医療サービスを実践する現場にあり，組織のビジョンやミッションを示し，部

下の力を引き出して支えるリーダーが成果を出せるとの考え方に基づく。このように，サーバント・リーダーシップはこれまでのリーダーシップとは異なり，主役はメンバーであり，リーダーはメンバーに奉仕・協力し合うことで目標達成しようとするもので，そのためにはメンバーが抱える問題や欲求に焦点を当て，その役に立ちたいとリーダーが思うことから始まり，個人を尊重した関係を構築する必要がある。

(6) シェアド・リーダーシップ

医療が高度化・複雑化し，患者が多様で個別的なケアを求めるようになると，常に1人のリーダーが正しい判断を下すことが困難な場合が多くなる。よって，現場の状況に応じてそれぞれのメンバーがリーダーシップを発揮するチーム医療に対応したシェアド・リーダーシップが注目されている。石川淳はシェアド・リーダーシップを「チーム・メンバー間でリーダーシップの影響力が配分されているチーム状態」とし，①チーム・メンバーのそれぞれがどの程度リーダーシップを発揮しているのかに着目する。②個人レベルの概念ではなく，チーム・レベルの概念として取り扱う。③リーダーからフォロワーへの一方通行ではなく双方向でリーダーシップを発揮しているのかを検討する視点が重要であるとしている。

(7) フォロワーシップ

リーダーシップ論では，リーダーの行動に焦点が当てられることが多いが，リーダーを支えるフォロワーの存在を忘れてはならない。ロバート・ケリーは，ファロアーシップを「積極的関与（貢献力）」と「独自の批判的思考（批判力）」の2つからなるとしている。「積極的関与（貢献力）」とは，リーダーの指示のもとで与えられた役割を遂行し目的達成に向けて行動する力であり，「独自の批判的思考（批判力）」とは，リーダーの指示や考えが正しいのかをメンバーとして考え，必要があれば建設的に意見を述べる批判する力としている。

組織はリーダーとフォロアーとの相互作用によって成長する。特に，組織構造で階層が少ないフラット型の組織においては，フォロワーの役割が重要になることから，変化の早い経営環境において，リーダーの指示・命令の意図を自ら考えることなく，ただ受け入れるだけのフォロアーではいけない。

4. モチベーション

(1) モチベーションとは

　モチベーションとは「動機付け」と訳され，いかにして人が「やる気」を出し，行動につなげられるかのプロセスを意味する。このモチベーションは，報酬や評価等などの目標によって人の欲求が刺激され，それが行動につながるという仕組みであり，人に刺激を与える目標となるようなものを「誘引（incentive）」と呼び，それに対して自分の内面から行動に駆り立てるものを「動因（drive）」と呼ぶ。また，外部からの報酬によって人の内部にある動因が刺激され動機づけられることを「外発的動機づけ」と呼び，それに対して，外部からの報酬ではなく自分の好奇心が刺激され行動するような場合を「内発的動機づけ」と呼ぶ。つまり，内発的に動機付けられた時，仕事や勉強そのものは外発的報酬を得るための手段ではなく，それ自体が目的となっているのである。そして，人間が動機づけられる際の欲求が中身に焦点を当てた考え方は，モチベーション理論の中でも「内容理論」といい，それに対して動機付けの過程（プロセス）に焦点を当てたモチベーション理論のグループを「過程理論」と呼ぶ。特に，仕事におけるモチベーションは，ワーク・モチベーションと呼ばれ，産業・組織心理学などの分野を中心に多くの研究がなされている。

(2) マズローの欲求段階説

　マズロー（Maslow, A.H.）が提唱した欲求階層説の特徴は，その5種類の欲求には階層（ヒエラルキー）があり，かつその階層には優先順位があるとした点である。すなわち，「より低次の欲求が満たされることで，次の段階の欲求

【図表7-7】マズローの5段階図

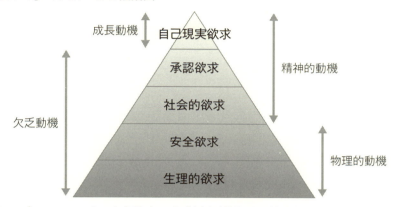

出所：マズロー A.H., 小口忠彦訳（1987）『（改訂新版）人間性の心理学』産業能率大学出版部より作成

が出現する」ということを繰り返し，最も低次の欲求から最も高次の欲求に至るとしている。この5段階の欲求とは，最も優先度の高い低次の欲求が，空腹や喉の渇き眠気に代表されるような生きるための不可欠な「生理的欲求」である。次に，安全を確保したり，恐怖や不安から逃れたり，秩序や法を求めたりする「安全の欲求」，人や家族の愛情に満ちた関係を築いたり集団の中で位置づけを求めたりする「所属と愛の欲求」，しっかりとした根拠を伴う自己に対する他者からの承認を求める「承認の欲求」，そして最終段階として，自分が潜在的に持っている能力や才能を実現しようとする「自己実現の欲求」に至るとしている。

（3）ハーズバーグの2要因説

バーズバーグ（Herzbarg, F.）は，職務満足に影響与える要因と，職務不満に与える影響とは異なる傾向にあることを明らかにした。具体的には，職務満足の決定要因で際立っていたのは，「達成」「承認」「仕事そのもの」「責任」「昇進」の5つであり，より優れた成果を上げるための努力が高まる効果があ

【図表7-8】ハーズバーグの2要因図

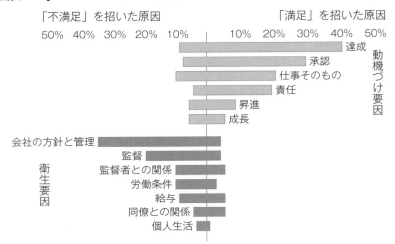

出所：ハーズバーグF., 北野利信訳『仕事と人間性』東洋経済新報社（1968年）より作成

るとして「動機づけ要因」と呼んだ。一方，職務不満に影響を与えていた要因は「会社の政策と経営」「監督」「給与」「対人関係（上役）」「作業条件」の5つであった。これらは労働者が働く周囲の環境に関連する要因が中心になり，職務満足にはほとんど効果をもたらさず，職務不満を防止する役割を果たしていることから「衛生要因」と呼んだ。そして，この結果から職務満足と職務不満とが，互いに表裏の関係（一次元的の両極端）ではなく2つの分離した次元にあるものだと考え，職務満足の反対は職務不満ではなく，単に「職務足していない状態」だとし，これを「動機付け-衛生理論」と呼ぶ。

(4) ヴルームの期待理論

ヴルーム（Vroom）は「その行動を遂行しようとする力（モチベーションの強さ）は，その行動がもたらす結果の魅力（誘意性）」と「その行動の結果によって，求める報酬が得られる確率（期待）」の積で表されるとした。「誘意性」とは「ある結果から得られると予期される満足」のことで，つまり，対象

となる行動として得られる結果が，自分にとってどれほど魅力的なのかの程度のことである。一方の「期待」とは，「特定の行為が特定の結果を伴う確率についての瞬時の信念だと」として，対象の行動が，自分の求める結果（報酬）につながる確率の程度のことを意味している。この期待理論の特徴的な点は，行動がもたらす結果の魅力度の高低のみでなく，その行動が結果（報酬）につながる可能性との積によって，モチベーションの強さが決定されるということで，期待あるいは誘意性のいずれかがゼロであるならば，もう一方がどんなに高くてもモチベーションの発生には何の効果も持たないとしている点である。さらに，この期待や誘意性は，客観的に算出されるものではなく，あくまで個人の主観的なものであるとしている。

【図表7-9】　ヴルームの期待理論図

行動しようとする力（モチベーションの強さ）＝Σ（期待×誘意性）

出所：ヴルーム V.H., 坂下昭宣・榊原清則・小松陽一・城戸康彰訳『仕事とモチベーション』千倉書房（1982年）

(5) 職務特性とモチベーション

　職務設計とは，職務内容や仕事の方法に関して詳細に決めることであり，働く人のモチベーションと深く関係している。

　ハックマン（Hackman）とオールダム（Oldham）は，いくつかの中心的な職務特性が，最終的にはモチベーションなどを高めるという職務特性理論を提唱した。すなわち，①その職務を遂行する上でどれほど異なるスキルや能力を引き出されているかという多様性の程度（スキル多様性），②その職務にあたる上で，1つのまとまりのある仕事として，最初から最後までしっかりと関わることができるのかについての程度（課業の同一性），③その職務がもつ重要性であり，組織内外の幅広い人々に，どれほど影響与えている仕事なのかの程度（課業の重要性），④仕事の予定を立てたり，遂行する手順を考えたりする際に，どれほど自分で決めることが許されるのかと言う独立性や裁量の程度

（自律性），⑤自分が行った仕事について，その結果や成績に関する情報がどれほど明確に得られるかと言う程度（フィードバック）の5つの職務特性がモチベーションと関係しているとした。

そして，この職務特性のうち，スキル多様性と課業の同一性，課業の重要性の3つの程度が高いほど「仕事の有意義感」を高めるとし，自律性に関しては「仕事の結果への責任感」を，フィードバックに関しては「仕事の実際の結果への認識」をそれぞれ高めるとした。そして5つの中心的特性によって高められた有意義感や責任感，結果への認識などが最終的にモチベーション（内発的動機づけ）などを高めるとしている。

（6）ワークエンゲージメント

ワークエンゲージメントとは，シャウフェリ（Schaufeli）らによって提唱された概念で，自分の仕事を楽しみながら情熱的に働いている状態のことをいう。

具体的には，「活力」「熱意」「没頭」の3つの特徴が，出来事や行動などの特定の対象に向けて仕事全般において持続的に見られるものであるとされる。ここでいう「活力」とは，仕事をしているときに気力がみなぎっていると感じ，精神的な回復力に富んでいて，物事がうまくいかない時でも頑張り通して，その間，自身のことを強く活動的だと感じることができるというものである。次の「熱意」とは，仕事に熱中し，やりがいのある仕事に奮い立ち，誇りを持って意義や目的を見出している状態のことである。そして「没頭」とは，仕事をしている最中は，他のことを忘れたり，時間が早く過ぎる状態のことで，熱心に働くことに喜びを感じているものである。これらワークエンゲージメントの高さが，仕事への前向きな態度や高いパフォーマンス，精神的な健康などにつながっていると考えられている。

5. 組織文化

(1) 組織文化とは
　文化とは，衣食住をはじめ，技術・学問・芸術・道徳・宗教・政治など生活形成の様式と内容を含んだ物心両面の成果であり，多様な側面を持つ。とりわけ組織文化は，概ね組織成員が生み出し，共有している価値観・信念・哲学・考え方・規範などを指す。例えば，医療現場では，人事異動で職場が新しくなった際に「その部署のやり方」や「暗黙のルール」に違和感を持つことがある。そして，「それはどうしてするのか？」と尋ねても，長年の慣行で実行している本人達も，はっきりとした理由が理解できていなかったりする。それこそが，その組織がもつ組織文化であり，その組織文化は，病院経営に少なからず影響を与える。

(2) シャインによる3つのレベル
　シャイン（Schein）は，組織文化を3つのレベルから捉えている。最初は「人工物」と名付けられたレベルで，社訓，オフィスのレイアウト，ドレスコード（服装の規定）など目に見える形で組織の特徴を示すものである。例えば，豪華な応接セットの院長室のある組織と，院長室が事務室の横の部屋で声をかければ院長が出てくるような病院とでは，見た目はもちろんのこと，その背景には組織文化に違いがあることが推測できる。2つ目は「価値観」により構成されるレベルである。例えば，職位の上下にかかわらず，自分の考えを率直に伝えることができる雰囲気であったり，その逆に規則が厳しかったりと，その組織のメンバーに共有されている価値観にも組織より大きい違いがある。3つ目は，「基本的仮定」と呼ばれるレベルである。このレベルは組織のメンバーの行動や考え方の前提となっているものであるが，組織の外からはもちろんメンバー自身も言語化できない部分である「らしさ」や，その組織に所属することで自分も周りも気づかないうちに身に付けていく暗黙の思考・行動のパターンである。

(3) 病院の組織文化

　病院組織は典型的なヒューマン・サービス組織である。ヒューマン・サービスとは、医療、教育、福祉などの公共サービスを提供する組織の総称であり、病院組織であれば、診療部門、看護部門、診療技術部門、事務部門など、専門的な知識や技能の交換、蓄積がスムーズに行われやすい機能別組織である場合が多い。このことから、異なる教育的背景や価値観を持った部門が混在する特徴があり、各部門の利害関係が錯綜し、組織内に葛藤を抱え込んでしまう場合も少なくない。そのため、多くのヒューマン・サービスでは、この種の葛藤が表面化することを避けるため、他部門へ干渉しないことを不文律とする傾向がある。しかし、このような相互不干渉の組織文化は、職種間の独立性は保てるが、各職種が相互に連携していくチーム医療を困難にする要因ともなっている。

(4) プロフェッションと準拠集団

　プロフェッションとは、高度な知識や技能を取得した専門職業のことであり、国家資格やそれに準ずる資格が必要とされる場合が多く、資格がなければ特定の業務が行えない業務独占資格と、資格がなくても業務に従事できるが名乗ってはいけない名称独占資格がある。とくに病院組織は、各専門職の独立性が強く、スタッフ一人ひとりが患者の多様なニーズに対して、個人の判断で職務を遂行していかなければならない場面も少なくない。このような個人の裁量権が認められた組織が支障なく運営されていくためには、自律的に職務を遂行できる「プロフェッション」の内在が不可欠となる。このプロフェッションの特徴として、所属組織以外に準拠集団を持っていることが挙げられる。具体的には、職能団体や学会がこれにあたり、これらの準拠集団は専門的知識や技能の向上に寄与するとともに、時として所属組織以上にプロフェッションの行動の基準を提供する場となっていることがある。また、医師は、勤務している病院組織ではなく、出身大学の医局などが準拠集団となる場合もある。

(5) 組織文化のマネジメント

この組織文化には、①新しい文化を創造し変革するマネジメント、②下位文化のコンフリクト・マネジメント、③ミドル・マネージャーの文化の3つのマネジメントがある。

① 組織文化の変革

組織文化を変革する場合、変革に向けた戦略が自組織の文化に適応しているかどうかを確認する必要があり、もし適応が困難と予測された時は組織文化の変革を求められる。その場合、管理者は組織の責任者として公式のポジションのパワーを使い、リーダーとして自分が新たな組織文化を創っていくという自覚をもたなければならない。具体的には、新たな価値観をスタッフに適切に浸透させることができるリーダーを下位組織に配置し、その下位組織を通して、文化の変革と集約を図って新しい組織文化の定着を行うことが求められる。

② 下位文化のコンフリクト・マネジメント

下位組織にはいくつかの下位文化が存在し、それらの下位文化ごとに価値観が異なるので、それが組織変革を行う場合に新たなコンフリクトを発生させる。このコンフリクトの解消には、その価値観に基づく下位文化を最初から否定せずに、まずは相手の価値観を認め、異なる文化を持っていることを理解したうえで話し合うというスタンスを続けるこが有効である。また、2つの下位文化が対立する場合、その中間的な下位文化に所属している人たちを仲介役として巻き込むことも解決方法も考えられる。

③ ミドル・マネージャーの文化のマネジメント

金井壽宏は、ミドル・マネージャーの能動性が高い企業では、業績も高いとしており、ミドル・マネージャーの文化が組織の業績に大きく影響すると言われている。ミドル・マネージャーは上司の指示・命令を部下に伝え、部下の状況を上司に報告する立場にあり、サービス提供の責任者であるミドル・マネー

ジャーの能動性を高めるには，トップ自らの行動や言葉や態度によって，新たな行動スタイルをミドル・マネージャーに伝達しなければならない。すなわち，新たな組織文化の伝達者として，ミドル・マネージャーの行動スタイルを変え，それをモデルとして，組織全体に文化を浸透させることが有効とされる。

【参考文献】

Barnard, C.I. (1968) The Functions of Executive,Harvard University Press.（山本安次郎・田杉競・飯野春樹訳『新訳　経営者の役割』ダイヤモンド社，1968年）

Edger H. Schein with Peter Schein (1992) Organizational Culture and Leadership, ossey-Bass.（梅津裕良・横山哲夫訳『組織文化とリーダーシップ』白桃書房，2012年）

Herzberg, F. (1966) Work and the Nature of Man,World Pub. Co, T.Y. Crowell.（北野利信訳『仕事と人間性：動機づけ―衛生理論の新展開』東洋経済新報社，1968年）

Maslow, A.H. (1954) Motivation and personality, Haper & Brothers.（小口忠彦訳『人間性の心理学』産業能率短期大学出版部，1972年）

Paul Hersey, Kenneth H. Blanchard, Dewey E. Johnson (1996) Management of Organizational Behavior: Utilizing Human Resources, Pearson.（山本成二・山本あずさ訳『入門から応用へ　行動科学の展開［新版］―人的資源の活用』）生産性出版，2000年）

Victor H. Vroom (1964) Work and Motivation, Wiley.（坂下昭宣・榊原清則・小松陽一・城戸康彰訳『仕事とモティベーション』千倉書房，1982年）

Wilmar B. Schaufeli and Pieternel Dijkstra (2010) Bevlogen aan het werk/druk 1: met passie en enthousiasme aan het werk, Thema.（島津明人・佐藤美奈子訳『ワーク・エンゲイジメント入門』星和書店，2012年）

石川淳（2016）『シェアド・リーダーシップ―チーム全員の影響力が職場を強くする』中央経済社

金井壽宏（1991）『変革型ミドルの探求：戦略・革新指向の管理者行動』白桃書房

三隅二不二（1984）『リーダーシップ行動の科学』有斐閣

南隆男・浦光博・角山剛・武田圭太（1993）『組織・職務と人間行動』ぎょうせい

（米本　倉基）

「医療事務」と「医療秘書」の違い

　医療事務とは，病院やクリニック（診療所）などの医療機関専門の「事務」である。医療事務の仕事は，問診票の準備や保険証の確認，医療費清算などの「患者対応業務」，カルテの表紙作成や紹介状等の書類管理など円滑な診療をサポートする「文書管理業務」，そして，「医療スタッフのサポート業務」がある。また，病院やクリニック（診療所）の収入につながる「保険請求業務」がある。通常，患者は受診の際に保険証を持参し，窓口で医療費の一部を支払う。医療機関側では残りの医療費を「診療報酬請求」として，毎月各所定機関に請求している。この請求は医療事務の重要な業務である。

　医療秘書とは「医療や医学の知識」を持った「秘書」である。医師が一人で診療を行うクリニック（診療所）では，その医師専属秘書となるが，医療事務も兼務する場合が多い。大学病院や規模の大きい病院は多くの医師が勤務し，医師の詰め所である「医局」がある。医局では，複数の秘書が仕事を分担しているところもある。
　医療秘書は，医師のスケジュール管理や来客の対応をする。また，医師が学会などの出張に出かける際は新幹線や飛行機のチケットや宿泊先の予約，出張先での食事の手配（予約）などといった一般企業の秘書と同じような仕事を行う。さらに，医療秘書の重要な仕事として医師の研究サポートがある。医師には得意とする専門分野があり，多くの医師は，研究を行い，新しい知識を習得することで，診療（医療）の質を高め，医学の発展に貢献している。医療秘書は，これらの研究資料の収集やデータ作成などをサポートしている。

　医療事務と医療秘書の違いは仕事内容（図）を見ると一目瞭然である。

「医療事務」は患者やその家族，医療スタッフをサポートする仕事である。「医療秘書」は医師の診療以外の仕事をサポートする仕事である。

現在，病院やクリニック（診療所）の診察室には電子カルテが導入されてきている。電子カルテが導入されていれば，X線の画像や検査結果も電子カルテから確認できるようになった。また，患者が窓口で支払う医療費も診察後，PCを用いて瞬時に計算される。今ではPCの無い医療機関は存在せず，ICT（Information and Communication Technology）に精通した「医療情報技師」やIT関連技術者も医療機関を支える重要な仕事を行っている。

（大田真由美）

第8章

医療管理・医療機能評価

1. はじめに

本章では医療管理とそれを行う手法について述べる．中でも第三者評価や第三者評価を行うための指標であるクリニカルインディケーターについて触れる．

2. 医療管理とは

(1) 医療管理とは

医療管理あるいは医療管理学には医療安全管理，感染管理，医療経済，医療行政といった様々な分野が含まれるが，限られた紙面でそのすべてを網羅することはできないし，それが目的でもない．ここでは，医療管理を英語に訳すとmedical managementあるいはhealthcare administrationであるので，管理という日本語を，マネジメントというすこし柔らかい英語に変えて考えてみよう．

マネジメントという言葉については絶対的な定義や概念があるわけはなく，人によって定義や範囲は異なってくる．ビジネス界にもっとも影響力をもつ思想家として知られるドラッカーは，米国西海岸のクレアモント大学の教授であった．東西冷戦の終結，経済の転換期の到来，社会の高齢化をいちはやく知らせるとともに，マネジメントの理念と手法の多くを考案し，発展させてきた．またドラッカーは，周囲に医師が多かったためか，医療用語をその例えと

177

して使用することも多い。

　少し紹介したい。
「マネジメントとは何か。諸々の手法と手品の詰め合わせか。それとも，ビジネススクールで教えるように，分析道具のセットか。もちろん，道具としてのマネジメントも重要である。体温計や解剖学が，医者にとって大切であるのと同じである。だが，マネジメントの歴史，すなわちその成功と失敗の数々は，マネジメントとは，何にもまして，ものの考え方であることを教えている」　　　　　　　　　　　　　　　　　（『チェンジ・リーダーの条件』p.17）

　そういった考え方に基づいて，ドラッカーは下記のようなことも述べている。

「マネジメントとはトップマネジメントのことであり，もう一つは人の仕事をマネジメントする者であり，他の人間に仕事をさせることをもってみずからの仕事をする者である」という。　　　（『チェンジ・リーダーの条件』p.6）
　これは，マネジメントは現場にも必要であることを示す。

　下記のような有名なことばもある。
「企業の目的は，顧客を創造することである」
　　　　　　　　　　　　　　　　　（『マネジメント』エッセンシャル版，p.16）
「顧客は誰かとの問いこそ，個々の企業の使命を定義するうえで。もっとも重要な問いである」　　　　　（『マネジメント』エッセンシャル版，pp.23-24）
「マーケティングとイノベーションだけが成果をもたらす」
　　　　　　　　　　　　　　　　　（『マネジメント』エッセンシャル版，p.16）
「マネジメントは，生産的な仕事を通じて，働く人たちに成果をあげさせなければならない」　　　　　（『マネジメント』エッセンシャル版，p.57）
「人は最大の資産である」　　　（『マネジメント』エッセンシャル版，p.79）

第8章 医療管理・医療機能評価

　一方では，このような概念は自然に形成されていくものでもある。実際に実務にたずさわり，マネジメント活動を実践していると，それぞれのマネジメント概念ができあがっていく。このような概念の例として，経済学者の青木昌彦は，日本の企業のように，「文脈的技能」すなわちある職場で文脈の中で有用な技能と情報共有によって特徴づけられる日本企業と，「機能的技能」すなわち特定の職場をこえた価値をもつ技能と情報分散を特徴とする米国型企業があるとする。

　マネジメントの内容として，財務，労務，人事，営業，総務など，日常的な実務をともなった部分が意識されていることが多い。それらの担当部署で行われる諸活動のそれぞれ，そして全体を管理するのがマネジメントであり，それが権限と責任の階層で組み立てられたのが組織であるというのが一般的な認識である。これはけっしてまちがっているわけではない。たしかにマネジメントの一側面であるといえる。しかし，マネジメントはそれだけではなく，もう一つの側面がある。

　組織内の財務，労務，人事，営業，総務などの業務は，ある意味で日常的に行われ，そして同じようにくりかえされる活動であるといえる。多少その相手が変わったり，処理方法が変わったりするだけで，基本的にはやるべきことがらが決まっており，問題はそれをいかに合理的に行っていくか，つまりいかに効率的に行うかということが課題となる。では，それらを行う必要性をもたらしたものは何だろう？　どうしてそれらの諸業務が発生したのだろう？　将来的に，もうやらないという状態になるのだろうか？　だとしたら，いったいだれがそれを決めるのだろうか？

　これらの疑問に対する答えが，ドラッカーによるマネジメントのもう一つの側面を示している。諸業務は，はじめからやると決まっているわけではない。だれかがそれをやると決めたのであり，その必要性をもたらす決定を下したのである。どんな事業を開始するのか，それをどんな切り口でやるのか。それをだれかが決めたのであり，またそれにいたるには，それなりの情報収集や，そうした情報の分析を重ねたうえでのことであろう。こうした意思決定は，毎日

のようになされるものではないが，毎日行われる決定よりも，はるかに重大なものである。その後の事業や業務を決めるし，そもそもそれがどれくらいに的を射たものであったかによって，組織の存続までもが左右されるからである。

今まで考察してきたように，医療管理については，幅広く考える必要があるのである。ここからは最近重視されるようになってきた考え方について触れていこう。

(2) 透明性とアカウンタビリティ

近年のICTの発達で，以前にも増して重視されるようになったものに，透明性（トランスペアレンシー）の確保とアカウンタビリティ（説明責任）の徹底がある。これは，もともとは投資家が投資をする際に経営内容を明確にしている会社のほうが投資を行いやすいので，株価が高くなるという意識からはじまったものだが，病院の場合には，いわゆる投資家という存在はないが，その代わりにステークホルダーというかたちで多くの者が関与している。詳しくは後述するが，ステークホルダーとは例えば消費者や会社取り引き先，あるいは社会といった物があげられる。そのステークホルダーへの透明性の確保とアカウンタビリティの徹底を行わねばならない。

その方法の一つとして，ガバナンスの徹底がある。

(3) ガバナンスの徹底

一般にガバナンスといった場合には，政府のガバナンスである「パブリックガバナンス」と，企業を対象にした「コーポレートガバナンス」に分けられる。医療・介護のガバナンスを考えるにあたっても，同じくマクロなしくみである医療・介護制度自体のガバナンスと，医療や介護を提供するミクロな組織に関する株式会社のコーポレートガバナンスあるいは（非営利）組織のガバナンスという視点がある。

まず，病院のあり方という観点から，株式会社形態のガバナンスと非営利組織のガバナンスという比較をしてみよう。

コーポレート（企業）あるいは組織のガバナンスは，株式会社あるいは組織において企業（組織）経営を常時監視しつつ，必要に応じて経営体制の刷新を行い，それによって不良企業（組織）の発生を防止していくためのメカニズムである。コーポレートガバナンスには機関投資家，取締役会，公的機関，業界団体が関与する。このなかで，近年，米国での状況が示すように，強さを増しているものが機関投資家である。これは，ドラッカーが指摘しているように，カルパースといった年金基金が，大株主として企業経営に発言するようになったことを指す。もちろん，日本ではこの動きはまだまださほどさかんではない。

非営利組織の場合には，機関投資家は不在であるし，取締役会の代わりに評議員会や理事会がその役目を果たすが，むしろ業界団体，他の組織といった同業からの見方といったものの影響が大きい。

（4）日本におけるガバナンスのあり方

経営学で使われる歴史的経路依存性ということばは，歴史的初期条件によって異なる複数均衡が生まれること，さらに一度その経路にはいると他の経路に移ることはきわめてむずかしくなる状況を指す。

医療機関の状況は日本という文脈と医療という文脈のなかで，二重に他の経路，すなわち米国型のガバナンスに移りにくくなっているといえる。

まず，日本という文脈について説明しよう。株式会社におけるコーポレートガバナンスについても，日本企業の場合には一律に米国スタイルを踏襲しているわけではない。商法の改正にともない，委員会等設置会社が認められるようになったが，旧来のスタイルのままガバナンスを強化する姿勢をとっている日本企業も多く，そういった企業にも世界的優良企業があることは，トヨタなどの例をみても明らかである。このような状況下で日本の医療機関には第三者の眼がはいりにくかった。

(5) 米国における医療機関の透明性

　米国では，以下にのべる第三者組織であるTJCが各病院の審査を行い，不合格になると高齢者や低所得者層向けの公的医療保険の指定機関から外される可能性が出るため，病院経営の死活問題になる。

　TJC（The Joint Commission）は，アメリカで最大規模の独立・非営利組織である。「ヘルスケア関連サービスの認証と，その質の向上を支援するための関連事業の提供を通じて，人びとに提供されるサービスの質を向上させる」ことを組織の使命としている。そもそも，一九五一年にJCAH（Joint Commission on Accreditation Hospitals）として発足した。この組織は，病院をその事業対象として，1987年にJCAHO（Joint Commission on Accreditation Healthcare Organizations）に改名し，いまでは病院のみならず診療所，リハビリ施設，在宅医療，在宅に関連する介護機器・医療機器会社などの認証も行っている。

　さらに，JCAHOは1998年にJoint Commission Internationalといった国際組織を持って，海外の病院にも認証を行っている。現在はJCAHOからTJC（The Joint Commission）という名称になり，審査だけでなく，事故情報の収集と分析を行い，再発防止策の勧告も行っている。

　医師免許についても異なる。米国では医師は医師免許試験に合格後，三〜七年程度の研修を受けるが，医師免許の更新制をとる州がほとんどである。各種の講習会などへの出席などがポイント制でカウントされ，一定のポイントをとらなければ更新が認められないといったしくみで運用されている。

　また，各州に医務監察局があり，誤った治療・診療をくりかえすなどして医師適性がないとみなされた医師の免許をはく奪したり，停止する措置がとられている。

　構成員の過半を医師が占める医務監察局には，患者側からの苦情申し立て窓口も設けられている。医師にも同僚の不正行為を見聞きした場合には，報告する義務が課せられている。第三者機関による評価でなければ信用しないのが，米国社会の一般的風潮である。TJC以外にも，マネジドケアや関与する医療機

関のアカウンタビリティ（説明責任）を高める必要から、民間の第三者機関としてNCQA（National Committee for Quality Assurance）が誕生している。NCQAによる品質評価の方法は三つあり、保険の機能を評価する「認定制度」（Accreditation）、保険のパフォーマンスを測定するHEDIS（Health Plan Employer Data Information Set）、加入者の経験・満足度を評価する消費者調査のCAHPS（Consumer Assessment of Health Plans Study）からなる。これらの指標は、後述するインディケーターになる。

(6) 公的病院も透明性の確保とアカウンタビリティの徹底が必要

　今までの議論は、日本でもおもに個人や、医療法人などの民間病院、各病院の独立性が高い公的病院、私立大学病院にあてはまる。一方、いわゆる公立病院や国立病院、国立大学病院では、税財源が投入されているのでちがった視点が必要になる。

　そもそも、医療や介護という社会サービスの提供には、住民に密着した思想がきわめて重要になる。また、医療には大きな地域差が存在する。その意味では、地域住民の希望をいれない医療サービス提供は意味がない。

　さらにいえば、地方分権の動きも、単に財源を移行するだけでは意味が少ない。日本の場合には、地方税法によって税目・税率が決められ、地方の裁量が少ない。一方、英国の場合には、歳出見込み額から特定補助金や起債、使用料、国からの補助金などを引き、必要な税額・税率を決めるというかたちになる。すなわち、医療に何％が使われ、何が行われるのかが明確化される。いいかえればアカウンタビリティが徹底される。

　税と社会保険を分ける一つの軸に、社会保険のほうが「受給と費用負担とのあいだに個別的な対応関係がある」ということがあげられるが、税財源であっても地方に権限を移譲しアカウンタビリティが徹底されれば、この差はかなり縮小される。同じようにアカウンタビリティをはっきりさせるために目的税という考え方もあるが、これも消費者に近いところで個別的な対応が必要であるという普遍主義の原則から考えると、目的税であることもさることながら、地

方で管理できるしくみと，アカウンタビリティが重要になる。

（7）NPOにおけるガバナンス

　医療法人も非営利組織であるが，同じ非営利組織であるNPOや公益法人では，どのようにガバナンスを行っているのであろうか？　理事会，評議員および評議員会などは法が規定するものではなく任意機関であるが，定款および寄附行為によって設置が定められることが多い。理事はその法人を代表すると規定されているが，理事が複数いる場合など，理事のあいだで不統一があったり，責任の所在が不明確になるおそれがあるため，「定款をもって，その代表権を制限することができる」（社会福祉事業法第三六条，特定非営利活動促進法第一六条但書）として，理事のうち特定の者のみが代表権をもつようにしている。そうした集中された代表権をもつ理事は，理事長あるいは会長とよばれる。日常の軽易な業務については理事長が専決し，それを理事会に報告する。したがって，理事会が法人の業務の基本的事項を決定する意思決定機関として位置づけられる。

　一方，評議員および評議員会は，理事長（会長）の諮問機関として位置づけられるが，意思決定機関である社員総会をもたない財団の場合には，諮問機関であることに加え理事および監事の選任機関，理事会の牽制機関としての機能が与えられている。したがって，財団においては評議員（会）に社員総会に準ずる機能が与えられていることになる。概念的には，社団などにおいては評議員会設置の必要性がないが，実際には諮問機関として，また社員総会に代わる議決機関として設置されることが多い。

　以上の法人の機関に対して，業務の遂行にともなう日常的な事務の処理機関として事務局が置かれる。その設置などの基本的事項は定款や寄附行為に規定されるが，事務局の組織や分掌事務などの細部事項は法人の規則などで定められる。したがって，事務局の組織は法人の事業内容や規模によって様々であるが，専務理事がそのトップに立ち，財務や総務など主要な職務を分担担当する常務理事があり，そして事務執行のトップとして事務局長が置かれるというか

たちが一般的である。ただし，これらの職の実質的な権限や責任は，組織によって多様であり，専務理事が実質的に事務局長だったり，事務局長が理事にも名を連ねていたりするケースもよく見受けられる。

さて，民間の医療機関にも同じことがいえると思うが，資金提供者のリスクが小さい組織においてはアカウンタビリティを求める声が小さくなる。さらに，第三者が支払いを行い，サービスの受益者と資金提供者に直接の対応関係がない場合（医療機関の場合も自己負担が少なければこれにあたる）にはこの傾向が増す。従来の医療機関にはこの傾向があった。

(8) ステークホルダーに対するアカウンタビリティの徹底

そうではあっても，自己負担増や医療事故の増加などにともなう消費者の権利意識の増加，医療機関の資金調達の難度が増していることで，医療機関においてもアカウンタビリティを徹底しなければならない状況になってきている。これは場合によっては，企業における投資家に対する情報開示と同じ考え方を，多くのステークホルダーに対して行っていくべきであることを示すかもしれない。

経営学にとって，ステークホルダーすなわち利害集団論は古くから重要な領域である。企業における利害者集団は，「企業と直接的かつ強度に相互依存しあっている他者」であり，企業の存続・成長に影響を与えつつ，企業によって影響をうける集団である。それには，株主，銀行，原材料供給業者，競争業者，労働組合，流通業者，広告代理店，政府，顧客，地域住民などが含まれる。

病院のステークホルダーは，まず第一に，顧客である。これはサービスの対象者であり，病院でいえば患者である。第二に，スタッフ・チームである。最近ではこの2つの優先順位を変えることもある。彼らは自分たちの職場環境の改善を求めたり，よりよいサービス提供の方法を提案したりする。病院の場合には医師や看護師，その他のコメディカル・ワーカー，そして事務スタッフといったさまざまなスタッフ集団が存在している。このためチーム間関係も複雑

であり，それらの合意をとることも一つの課題となっている。そして第三に地域社会である。病院事業を展開するためには営利企業以上に地域に密着する必要がある。病院や，とくに診療所においては，顧客は限られた地域内の住民である。このため地域と無関係では事業が成り立たない。

しかし，一方では，日本の医療機関では，地域への広報という概念が薄い。今後の医療機関はステークホルダーを念頭に置き，広報やマーケティングという視点も伸ばしていくべきであろう。

3. クリニカルインディケーター（臨床指標）

インディケーターとは指示計器，指示部のことだが，経営学では経営目標の追跡に使用される重要な尺度をKPI（キー・パフォーマンス・インディケーター）と呼んだりし，単に運転などにとどまらず，幅広い指標という意味で使用している。その意味では，クリニカルインディケーターは臨床指標ということで，病院が目標とする数値の中で医療の質に関連するものという見方もできる。

経営のKPIであれば財務的な指標が決められているが，何が，適切なクリニカルインディケーターなのかという点は明確ではなく，研究が進められている。

たとえば，平成22年度からは，厚生労働省において，国民の関心の高い特定の医療分野について，医療の質の評価・公表を実施し，その結果を踏まえた，分析・改善策の検討を行うことで，医療の質の向上及び質の情報の公表を推進することを目的とする「医療の質の評価・公表等推進事業」が開始され，下記のHPにあるように，多くの病院団体がクリニカルインディケーターを公表している。

http://quality-indicator.net/% E5% 8C% BB% E7% 99% 82% E3% 81% AE% E8% B3% AA% E5% 85% AC% E8% A1% A8% E5% 9B% A3% E4% BD% 93/　。

また，個別の病院グループでは，たとえば東京都保健公社クリニカルインディケーターといった取り組みもある。

http://www.tokyo-hmt.jp/activity/clinical-indicator/index.html

聖路加国際病院では，クリニカルインディケーターを書籍として発刊している。

4. 医療機能評価

(1) 日本での医療への第三者評価

このような動きをうけ，また医療以外の分野においても透明化が叫ばれるようになったために，外部からの評価すなわち第三者評価を受けることの意味が非常に重要視されている。日本では，医療機能評価機構が最も大きな組織として存在し，同機構による病院機能評価が2000病院を越える認証を行っている。

先程のJCIは医療機関のための基準であるが，たとえば，(公財)日本生産性本部では経営品質賞，アメリカで言う，マルコムボルドリッジ賞と言う賞を出すためのフレームワークを使った授賞を行っている。また，医療機関がこのフレームワークを勉強するためにJHQC（日本版医療クオリティクラブ）という会員組織を作っている。これは従来は一般企業を対象としたものであったが近年では医療や介護分野にも受賞組織が生まれてきている。

同じように日本生産性本部ではサービスに注目してハイサービス100選という賞を出してみたり，経済産業省もおもてなし企業といった表彰を行ってみたり，健康経営を行っている企業を表彰してみたり，言い換えれば，第三者評価が乱立している。

ところが，医療機関のように経営企画なり経営戦略が明確ではない組織においては，このような状況にどのように対処していいのか分からないというのが本音であろう。もっと言えば診療報酬に関係するようなデータ化や透明化，たとえばDPCといったものに対しての対応も必要であるし，最近であれば病床機能報告制度における医療機能の分化に対しても対応しなければならないから

である。逆に言えばこのような第三者評価をいかにうまく使いこなして自分の組織を成熟させていくのかが問われる時代になってきたと言えるのである。

(2) どんな第三者評価を重視するべきなのか

　経営者からみればこのように様々ある第三者評価あるいは経営手法をいかにうまく使いこなして組織を成熟させていくかが問題になる。というのは医療分野も徐々に，ビジネス的になってきており，新たな認証制度が乱立しているともいえる状況になっているからだ。

　まずここではどのような第三者評価が適切かということを考えてみたい。まず，1) 世界的に評価されている認証制度ということが望ましいだろう。次いで，2) 制度自体が透明化しているもの，この意味は，認証組織自体をその上位団体がさらに認証することを含む。3) 3つ目は国なり，国際組織などの権威が参加していること，であろう。実は3番目の条件は，第三者認証という本来の意味からいえば微妙な条件だが，医療機関のようにそもそも開設に国の認可が必要になるものであるためにここにあげた。

　こういったことを考えると，2) に関してはInternational Society for Quality in Healthcare（ISQua）という上部団体の認証が行われ，3) についてはWHOの関与もあるJCIはすべての条件を満たすこととなる。もちろん，日本医療機能評価機構も，厚生労働省や日本医師会なども関与しておりこの条件をほぼすべて満たす。

　民間で言えば，ISOは3) 以外は満たす。また，日本生産性本部が行うJHQCも2にあたる上位の認証はないものの，世界に展開しているMB（マルコムボルドリッジ）賞といった国際的な考え方に準拠している。最近では，外国人患者の受け入れに対して厚生労働省も関与するJMIP（Japan Medical Service Accreditation for International Patients）といった，増えてきている外国人患者用の認証も生まれてきているが，これは1) についてはまだ満たしているとは言い難い。

（3）認証のための方法論

　こういった認証を受ける意味が，対外的な評価であると同時に，組織の成熟であるとすれば，組織内にしくみを入れることが重要になる。逆に言えば，組織内の成熟していく仕組みや改善を進めていく仕組みを外部が評価するのが第三者評価ともいえることになる。

　こういった，成熟や改善をすすめていく手法として，世界的に話題になっているものの代表はトヨタ生産方式（TPS：Toyota Production System）あるいはリーンといわれる手法になる。この手法は日本発の手法であるが，病院関連については日本よりも世界が先に関心を持ち，普及しているというパラドックスがある。

　また，戦略を現場に落とし込んでいくBSC（バランストスコアカード）も重要な手法になるし，すでに述べたクリニカルインディケーターを使用することも必要になる。

5. 医療管理の手法

（1）医療管理の手法:「ベンチマーキング」「コアコンピタンス」

　医療管理の手法も数多くあるが，ここでは，アカウンタビリティにも関連がある「ベンチマーキング」「コアコンピタンス」を散り上げよう。

　ベンチマーキングとは，DPCデータをはじめとして，医療データが透明化されることに伴って注目されるようになった考え方である。簡単に言えば，他の病院との比較である。具体的には図表8-1のように，各病院で比較したり，図表8-2のように院内で比較したりする。DPC対応病院の多くでは，すでにこの手法が取り入れられ，医療の質の向上に役立っており，医療管理の手法として有力であることが実証されている。

　コアコンピタンスとは，ある分野において競合他社を圧倒的に上まわるレベルの能力をさし，結果的にその分野は競合に真似できない核となる能力となる。

【図表 8-1】 肺炎の A-DROP 重症率（3 以上）比率

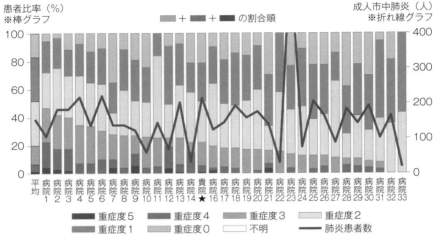

出所：芦田弘毅「DPC マネジメント研究」（2017）

【図表 8-2】 MDC 別（過誤率，過誤件数，総件数）相対表

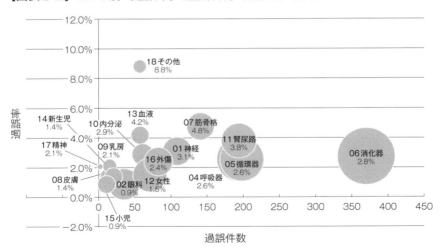

出所：石富充・真野俊樹「DPC/PDPS コーディングの精度と収益への影響 症例検討と対応策」p.11

たとえば、ベンチマークをした結果、自院の強みが循環器であるとか肺がんの治療であるとかわかったとすれば、それがその病院のコアコンピタンスになる。

気を付けなければならないのは、こういった客観データに裏付けされないものでもコアコンピタンスになりえるという点がある。つまり、組織の能力とか職員の能力といった定量化できないものもコアコンピタンスとしてもいい。

ただ、こういった手法を導入し実行していくのは、その医療機関の院長や理事長になる。つまりリーダーシップが重要になる。

(2) 病院でのリーダーシップのあり方

次に必要な手法として、病院でのリーダーシップについて考えよう。リーダーシップ能力とはドラッカーによれば、「リーダーシップとは、組織の使命を考え抜き、それを目に見える形で明確に確立することである。リーダーとは目標を定め、優先順位を決め、基準を定め、それを維持する者である」(『プロフェッショナルの条件』) と定義される。よく知られているように、病院ではさまざまな専門職が勤務しているために、その意見をまとめることはむずかしい。一方では、非営利組織であるので組織理念の明確化も重要な課題になる。

病院経営においては、経営母体の状況により理想的なリーダーシップを発揮しにくい場合があることは否定できない。しかしながら、リーダーシップ能力が後天的なものであるという意味からも、院長は理念・戦略策定、意思決定をし、それらをコミュニケートすることに力を注ぐべきである。そこで病院のマネジメントにおけるリーダーシップのあり方について考えてみよう。

(3) 病院でのリーダーシップ発揮のむずかしさ

リーダーシップの形態は、状況の個別性・特殊性で変化する。そこでリーダーシップ論を病院に応用する場合、まず病院の経営母体を考えなければならない。なぜなら日本の医療の場合、実際の権限である運営と医療の分離のパターン、いいかえれば院長と事務長の関係がさまざまであり、一律に考察する

ことがむずかしいからである。したがってリーダーシップの発揮のしかたも，いくつかにパターン化して考えざるをえない。

　まず私的病院はその成り立ちが診療所から大きくなったものが多いので，院長の権限は運営（経営）・医療の両者にわたり，またリーダーシップも中小企業的あるいはカリスマ的なものになりがちである。逆に事務長の権限は小さいことが多い。また金融機関から来た事務長も多くみられるが，資金調達以外の部分ではなかなか経営能力を発揮できていないのが現状である。最近，このような状況から，事務長能力の強化がいわれ，医療経営士の養成事務長講座といったものがいくつか開催されるようになっている。

　一方，済生会や日赤，JAなど公的病院の場合は，事務長はその病院の"たたき上げ"であることが多く，予算の執行権をもつ。院長も在任期間が長い場合がほとんどである。国立病院は予算制であり，政策を反映するために大枠は厚生省の国立病院部が握っている面も大きい。この面での改革は今回の独立行政法人化で進められている。また責任は院長，権限は事務長になっていることも，組織論からいえば問題である。また以前は院長ポストが経営に素人である大学からの人事であった場合が多いが，近年その数は減少している。

　自治体立病院の場合は，院長ポストが大学からであることも多く，事務長は他の病院と無関係なポストからの転勤であることが多い。しかしとくに院長は在籍年数が長いことが多いので，リーダーシップを発揮する機会に恵まれる場合も多い。いくつかの自治体病院では，院長のリーダーシップの下で，成果をあげてきている。大学附属病院の場合も事務長は他の病院と無関係なポストからの転勤である場合が多い。文部科学省との関係もあり，リーダーシップが発揮しにくい環境といえよう。

（4）組織規模でリーダーシップは異なる

　「医師は経営能力がないから医業に徹すればよい，経営は経営のプロが行うべき」という主張がつねに聞かれる。しかし日本における現在の産業界の状況をみると，日本企業の上層部にドラッカーがいうようなマネジメント能力があ

るかどうかは疑わしい。つまり，病院を産業界の人間がうまく経営できるとは限らないが，そうはいっても，この議論はある意味で正鵠を得ている部分もあり，医師がもつべきリーダーシップについては考えねばならない時期であると思われる。

もちろんこの問題は医療にのみおこる問題ではない。すなわち，現在米国に勃興しているベンチャー企業では，当初の起業家が企業規模が拡大してからもマネジメントを行っている例は多くない。MBA保持者や大企業経営経験者などにその最高権力者としての地位を譲っていることが多いのが実態であり，ビル・ゲイツのように起業家がそのまま最高権力者としての地位を保つことは少ない。これは，起業家が技術者であることが多く，経営のプロでないことと，組織の成長にともなって必要な技能が変化することが原因である。

(5) いま病院に必要なリーダーシップとは

最後に，これから必要とされるリーダーシップにかかわるものとして，コミュニケーションに着目してみたい。現在，コントロール型のマネジメントの弊害が指摘されている。これは，前述したカリスマ型リーダーにとくに当てはまる。根本的にはコミュニケーションによって組織の構成員のやる気と能力を引き出すことが最優先課題になったためである。

ビジョンはけっして経営陣だけに必要なものではない。ビジョンは管理者，医師や患者や他の関心がある人が組織がその任務を遂行する際に，その組織にこうあってほしいという姿——未来への希望である。すべての組織員が未来において自分は「こうしたい」と考えた瞬間に，ビジョンが生まれ，このビジョンを実現するために人びとを動かす能力がリーダーシップ能力なのである。

リーダーシップ能力といった個の自立性を前提とする能力は，かつては一部の人だけが備えていればいいと考えられてきた。現在のように環境変化がはげしく移り変わる時代においては，組織の構成員一人ひとりにリーダーシップ能力が必要とされる。そうしないとその組織が高度化していかないことになる。もちろん医療機関もこの例外ではない。だからこそコミュニケーションが必要

とされるのである。

【参考文献】
青木昌彦（2014）『青木昌彦の経済学入門：制度論の地平を拡げる』ちくま新書
福井次矢・聖路加国際病院QI委員会（2015）『Quality Indicator 2015：［医療の質］を測り改善する』インターメディカ
福岡藤乃（2011）『世界標準のトヨタ流病院経営』薬事日報社
真野俊樹（2004）『医療マネジメント』日本評論社
真野俊樹（2003）『21世紀の医療経営—非営利と効率の両立を目指して』薬事日報社
真野俊樹（2006）『入門医療経済学』中央公論新社
真野俊樹（2012）『入門医療政策』中央公論新社
真野俊樹（2008）『医療経済学で読み解く医療のモンダイ』医学書院

（真野　俊樹）

業務管理

1. 病院における業務管理の定義とその特徴

（1）業務と業務管理の定義

　業務という言葉は，広辞苑では，「事業・商売などに関して，日常継続して行う仕事，なすべきわざ。仕事。」と定義されている（『広辞苑 第六版』電子版）。病院における業務とは，本来その病院の定める事業目的を達成するために，医療専門職や事務職など各職種が，法的に認められた職務範囲内で実行する仕事内容を，法的な側面から示す言葉である。組織や活動の基本を定める定款には，各病院の理念に沿った目的とその目的を達成するための業務範囲が明示されている。また，定款に示された業務を遂行するために必要となる業務規程等が定められ，どのような業務が誰によってどのように遂行されるのかの法的根拠として示される。より実務的には，病院で患者や家族に医療サービスを提供する上で必要となる，目的をもった一連の行為の組み合わせから成る作業（Work）のまとまりを業務と呼んでいる。

　例えば，医師が外来診療サービスを提供するために必要となる業務は，医師の診察という行為のみでは成り立たない。患者が受付をし，受付事務職員が必要な受付事務処理を行って（電子）カルテを作成し，看護師が問診により必要事項をカルテに入力する，医師は患者を診察室に呼び，カルテや問診票から患者に診察を行い，‥‥といった複数の職種による一連の作業が必要となる。複数の職種が，各自必要な判断と行動を，最適な順序と方法で実行する作業のま

とまりとして，受付業務や診察準備業務などの業務を遂行する。必要な業務が適正に遂行されることによって初めて外来診療サービスが成立する。また，この外来診療の一連の流れ（フロー）を，医師業務，看護師業務，事務業務という職種毎に実施する判断や行為のまとまりとして考える場合もある。あるいは，外来診療業務，入院診療業務や，検査業務，手術業務といった部門別に区別することもある。特に業務分析や改善を行う場合は，どのような観点から見た業務を扱うのか，その対象領域（ドメイン）を明確にする必要がある。

病院における業務管理とは，広義には，各施設の理念と目的に沿って，人やモノ，資金や情報などの資源をinputとして，最適に計画・運用・統制し，医療サービスというoutputとして健康の回復や維持，あるいは心身の安寧という価値を生み出す包括的な活動である。一般に，生産管理と同義にもちいられ，①製品やサービスの設計，②品質の管理，③工程と能力の設計，④立地，⑤レイアウト，⑥作業管理，⑦サプライチェーンマネジメント，⑧在庫管理，⑨スケジューリング，⑩保全，⑪コストマネジメントが含まれる（高桑2015, pp.3-4）。

医療というサービスを生産・供給する病院の特徴から，上記のうちどのようにサービスを生産し提供するかを定める「③工程と能力の設計」は特に重要となる。検査や治療毎の，あるいは地域連携のクリティカル・パス（クリニカル・パス）は，この治療工程設計の一種といえる。現在は多職種連携によるチーム医療が医療サービス提供の基本型となっていることから，多様な職種による専門的サービスの複合体として，各患者に必要な医療サービスが提供される。

本章では，病院における業務を，「法的な根拠を持ち，病院の目的を達成するために，患者や家族に医療サービスを提供するうえで必要な一連の行為からなる作業のまとまり」と定義する（図表9-1参照）。そのうえで，病院で提供する医療をサービスという側面からとらえ，医療サービスを生産・供給するシステムとしての病院における狭義の業務管理として，サービス生産・供給の手順や手続きに関する工程（プロセス）管理を中心に概説する。このような視点

で病院の業務管理をとらえることで，製造業をはじめサービス業を含めた経営学における生産管理（Operations Management：オペレーションズマネジメント）で蓄積された多くの有用な知識を活用することが可能となり，新たな病院業務管理につながると考えている．

（2）病院における医療サービスと業務の特徴

　製品を創出する製造業で発展してきた生産管理から，21世紀にはサービス・マネジメント，サービス・サイエンスとして，サービスの生産に関する研究とその成果の活用が活発になってきている．病院で提供される医療も，健康の回復や維持・増進，苦痛の緩和といった価値を創出するサービスの一種である．製品と比較したサービス全般の特徴として，①無形性，②生産と消費の同時性，③顧客との共同生産，④結果と過程の重要性があげられている（近藤 2016，pp.29-37）．また，サービス商品は，複数のサービスを含むパッケージとして提供されることが多いとされ，病院での医療はまさに多様な職種のサービスが複合的に組み合わされたパッケージサービスである．さらに，サービスの構成要素として，中心的あるいは本質的なコア・サービスと，副次的あるいは表層的なサブ・サービス，さらに非定常的な事態の発生に対応するコンティンジェント・サービスがあげられる（近藤 2016，pp.38-46）．

　例えば，がんの根治手術を受ける患者には，手術を受けるための検査や治療，手術による病巣の根治的切除と術後の治療や生活援助，自宅で日常生活が送れる程度の手術からの回復のためのリハビリテーション，退院指導，退院調整など複数のサービスを含めた周手術期医療サービスがパッケージとして提供される．診断群分類（Diagnosis Procedure Combination：DPC）包括評価制度は，このパッケージについての入院医療費支払方式といえる．患者は，この周手術期医療サービスというパッケージ化されたコア・サービスを受けることを目的に入院する．入院して治療をうけるために，ベッドでの宿泊や清掃といったいわゆるホテルコスト部分のサブ・サービスが必要となる．入院中に火災や地震などの災害が発生した場合は，それに応じた避難や安全確保のための

【図表9-1】業務とサービスのイメージ

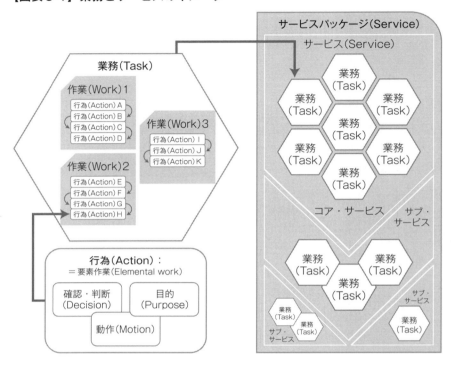

コンティンジェント・サービスが，災害対策として準備されている。手術後のリハビリテーションサービスは形としては残らず（無形性），理学療法士が生産しながら患者が同時に消費し（生産と消費の同時性），両者が協力して初めてサービスとして成立する（顧客との共同生産）。手術が成功し，順調に回復してがんが根治しても，入院中の職員の対応やアメニティに不備があると，患者の満足度は低くなる（結果と過程の重要性）。

河野（河野 2007, pp.157-165）はサービスの生産を，基本的に時間経過の中で「モノ」と「情報」のやり取りを伴ったプロセスとしてとらえることの重要性を指摘している。このプロセスがサービス生産の工程であり，病院におけるこの工程は複数の職種によるいくつかの業務の合理的な組み合わせによって

第⑨章　業務管理

成立する。また，一般にサービスの生産・供給プロセスは，サービスを提供するために必要不可欠なプロセスと，そのプロセスを実現するために必要となる補助的な部分によって構成される（河野 2007, pp.157-165）。医療サービスでいえば，直接患者に接して治療・検査やケアをする直接業務と，その前後に必要な確認や準備，後片付けや記録を含む間接業務の両方を含む一連のプロセスによって，サービスの最小単位の生産・供給が達成される。サービスの最小単位は，診療報酬の項目として考えることが合理的であろう。しかし，看護サービスなどは入院基本料に含まれ，別途最小単位の検討が必要となるサービスもある。

　1人の患者に対して，パッケージに含まれるあるサービスを生産・供給するプロセスは，一定の順序性を持った複数の業務の連なりとして把握することができる。通常病院におけるサービスの生産システムは，複数の患者に対して，複数の職種が多種多様なサービスを，連携・協働しながら生産・供給する「多対多のシステム」となっている（筒井 2008, pp.16-19）。つまり，1対1のサービスが複数折り重なって入り組んだ複雑な生産工程である。複数の患者に対する多様な複数のサービスは，時間的（日，勤務帯，時間帯）にも空間的（サービス生産・供給場所）にも，また人的（複数の職種，人員）にも分散した形で断続的に生産・供給されるという特徴をもつ（原田 2004, pp.93-97）。

　上記のような病院における医療サービスと業務の特徴から，工程と能力の管理としての業務管理は階層（トップ・マネジメント，ミドル・マネジメント，ロワー・マネジメント）と，職種・業種あるいは部門（医師，看護師，薬剤師，検査技師，事務など），サービスの種類（外来診療，外来治療，入院治療など）の3要素の組み合わせによって，視点と内容が異なる。ここでは，筆者のこれまでの研究に基づいて，外来化学療法部門の業務管理を例として，工程管理における計画機能についてみていく。

2. 業務管理の実際：外来化学療法部門の業務管理を例として

(1) 工程管理としての業務管理の重要要素

　筆者らは，2011年にある財団法人が経営する400床の総合病院（以下事例病院）において，外来化学療法部門の手順計画の見直しのため，看護部と協力の元に改善策を検討した。外来化学療法部門は，がん医療の均てん化に向けたがん診療連携拠点病院の整備，がん対策基本法の成立を含む国のがん対策の一環として，特に2002年の診療報酬改訂で外来化学療法加算が新設されたことを契機に急速に普及し始めた。2011年当時，この病院では，外来化学療法を受ける患者数の増加に伴い，患者の待ち時間の削減や，適正なスタッフ配置，安全性の確保を含めた適正な業務プロセスや予約方法について改善を検討していた。

　一般に，工程管理には図表9-2に示すような計画機能と統制機能がある（高桑 2015, pp.104-106）。新たなサービスを提供する部門を設置したり，従来のサービスを見直したりする際には，工程管理の計画機能が重要となる。上記病院での化学療法部門の業務改善の要請は，計画機能の見直しに該当する。安全性の確保を含めた適正な業務プロセスについては，手順計画の見直しにあたる。手順計画とは，「製品を生産するにあたり，その製品の設計情報から，必要作業，工程順序，作業順序，作業条件を決める活動」（JIS Z8141）である。適正なスタッフ配置は負荷計画に関連し，予約方法は生産計画に関連する。負荷計画とは，「生産部門又は職場ごとに課す仕事量，すなわち，生産負荷を計算し，これを計画期間全体にわたって各職場に割り付ける活動」（JIS Z8141）である。生産計画は，「生産量と生産時期に関する計画」（JIS Z8141）である。患者の待ち時間は，サービスの納期に関わる問題であり，工程管理が目指す納期の短縮による生産性の向上と質の維持に関連する。

　筆者らのチームでは，手順計画の見直しのためにサービスの生産・供給工程とそのプロセスに必要な業務を可視化し，負荷計画と生産計画の見直しには，いわゆるタイムスタディ（Time and Motion Study）を組み合わせた分析方法

【図表9-2】 工程管理

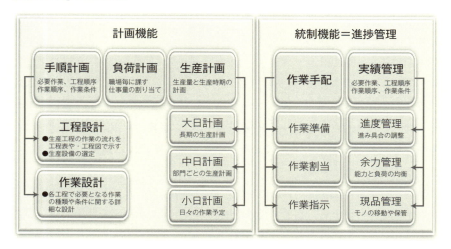

を用いている。さらに，これらの情報を用いて，システムシミュレーションを活用した業務管理方法を提案している。

(2) 手順計画

　まずは，外来化学療法というサービスを生産・供給するための工程を視覚化することが有用である。いわゆる業務フロー図はTotal Quality Management（TQM）でも活用されているが，筆者らは，図表9-3のようなオブジェクト指向型業務モデリングを用いている。これによって，第一に外来化学療法というサービス生産工程の全体像が把握でき，第二にどの部門のどの職種がどの業務を担当するかが明確になる。また，2階の薬剤部で調剤された抗がん剤が1階の化学療法室に運ばれており，かつ血管穿刺の当番医が外来化学療法室に到着していなければ血管確保に移行できないといった，作業の制約条件も明らかとなる。

(3) 生産計画

　事例病院の外来化学療法部門では，10台の治療用ベッド（4台のリクライニングチェアを含む）があり，看護師3名が常駐し，薬剤部では調剤担当者2名が化学療法用の調剤を行っていた。診療時間は朝8時から午後17時までであり，平均して一日あたり20名の患者の治療が行われていた。つまり，外来化学療法というパッケージサービスが，一日あたり20名の患者を対象として生産・供給されており，そのパッケージの中には，事務的な手続き，無菌的な調剤や，専門的な医師・看護師による一連の治療と管理，治療後の指導などのサービスが含まれている。

　医療サービスの生産計画は，基本的に個別製品（サービス）の受注生産としての特徴を持っている。患者の受診や医師の診断と患者の意思決定，ならびに診療プロセスにおける患者の状態に基づいて必要なサービスが順次決まっていくという性格をもつ。外来化学療法や手術，放射線治療といった治療は，ある程度長期的な計画が可能であり，各部門での予約・予定が生産計画となる。トップ・マネジメントとして経営上の観点からは，医療サービスは診療報酬として価格が定まっているため，サービス生産に投じたコストに対して損益とならない程度のサービスの生産が必要となる。その意味では，損益分岐点分析による必要な患者数の確保が求められる。

　この最低必要患者数を最小値として，平均して一日あたり何名の患者にサービスを提供するかを計画することが，生産計画となる。国立がんセンター中央病院の通院治療センター田村（田村 2008，pp.33-35）は，複数施設の外来化学療法部門のベッド数と患者数を比較検討し，ベッド数に対して2回転程度が妥当な患者数であろうと指摘している。その病院の理念や特徴から，例えば就労者への支援という意味で夕方からの外来化学療法サービスを提供する場合は，ベッド数に対して3回転，つまりベッド数×3の患者数へのサービス生産を計画することも考えられる。いずれの場合も，安全かつ効率的にサービスを生産・供給するためには，生産計画に対する負荷計画が重要となる。

第 **9** 章　業務管理

【図表9-3】業務モデリング

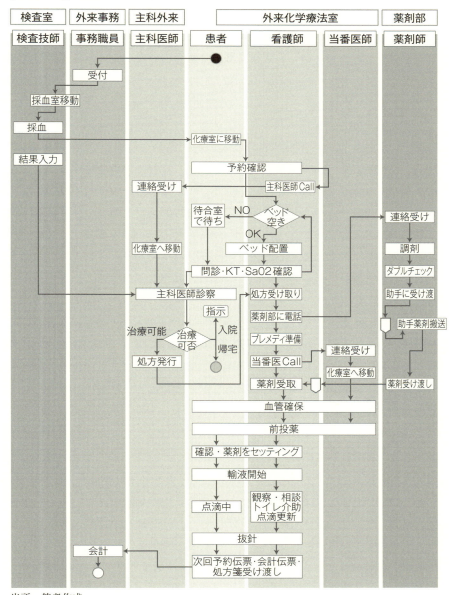

出所：筆者作成

(4) 負荷計画

　医療サービスの特徴から，専門職が患者と協働でサービスを生産するという側面があり，サービスの在庫は不可能であることから，サービスの生産計画に対して，必要な人員配置を行う負荷計画は難しい問題である。筆者らの研究チームは，事例病院外来化学療法部門の看護師業務と調剤業務についてタイムスタディ調査を実施し，それを基にした簡便な負荷計画の検討を行った。

　まず，現状20名の患者へのサービス生産工程で，直接患者と接する業務の時間と，電話や記録，準備片付けなどの間接業務の時間を確認した（横内2011，p.122）。患者に接するコア業務は33％，記録や準備片付けなどの周辺的な業務は60％，休憩が7％であった。外来化学療法サービスに不可欠なコア業務では，患者一人当たりの所要時間は平均約23.6分であった。単純に計算すると，23.6分×患者20名＝472分が，看護師がサービスを生産するための最低限必要業務時間となる。472分，つまり7.8時間であり，もしこれが製造業における規格製品の生産であれば，1名で生産計画を達成することができるであろう。

　しかし，医療サービスの生産では，患者の状態や他部門との連携における業務時間のバラツキが大きい。さらに間接的な業務の割合も多い。看護師1名あたりの業務時間を8時間とすると，3名の看護師がサービス生産に関わる総業務時間は1日1440分であり，現状としては患者一人当たり平均必要時間数×患者数の3倍程度の看護時間が，サービス生産に必要な看護人員配置の目安と考えられた。国立がんセンター中央病院の通院治療室のベッド数と人員配置もおおよそ上記の計算と合致する。事例病院の外来化学療法部門をコンピュータ上でモデル化し，システムシミュレーションにより分析した結果（Yokouchi 2012，pp.907-918）患者数を固定して看護師数を変化させた場合，2名の看護師では明らかにサービス生産に支障が出るが，4名以上の看護師を配置してもベッド稼働率等の指標に大きな改善は認められなかった。

　前述の手順計画を基に，各業務に掛かる作業時間をスポットで数回測定し，おおよその業務時間を把握することで上記のような簡便な負荷計画の目安を得

ることが可能である。負荷計画の立案上重要な点は，安全性の確保と患者の待ち時間の短縮，ならびにベッドや職員の稼働率を最適化することである。看護師の稼働率が高すぎる，つまり時間的な猶予がなさ過ぎると事故につながるリスクが高まるであろう。患者の待ち時間は，サービスの納期に関わる問題であり，タイムリーにサービスが提供されて待ちが極力少ない状況が，患者の満足度や効率性という意味で重要となる。生産計画に対する負荷計画をより綿密に最適化しようとするには，システムシミュレーションを用いた工程管理が有用である。

(5) システムシミュレーションに基づく工程管理

システムシミュレーションは，経営工学の分野で生産管理に用いられてきた。現在では，医療を含むサービスの生産管理においても活用されている（高桑 2015, pp.1-15）。システムシミュレーションは，主としてコンピュータプログラムの形で表現される適切な論理的モデルによって，設備やプロセスを含むシステムの挙動を近似あるいは仮定して分析する方法である。筆者らは，看護サービス生産プロセスの評価・改善に，システムシミュレーションソフトウェア Arena® を用いた研究を実施してきた。

例えば，事例病院で，患者が現状の20％増となった場合を想定したシミュレーションを行った結果，患者の平均待時間は現状の52.3分から89.5分に増加し，ベッド待ちの時間と看護師が前投薬や点滴の準備をして血管確保のために医師に連絡をするプロセスで多くの待ち時間が発生する状況が明らかになった（横内 2010, pp.523-529）。この結果に基づいて，医師との連絡方法の改善や予約方法の改善という課題が明らかになった。患者の予約方法としては，1順目の患者の予測輸液時間に基づき，その40パーセンタイル値を，次の患者の予約時間にする提案を行った（Yokouchi 2012, pp.907-918）。これも患者の待ち時間をできる限り少なくし，なおかつベッドと看護師の稼動率を一定範囲内に保てる最適な予約方法の1つとして，シミュレーションによる分析から導き出された結果である。このように，システムシミュレーションによって病

院のシステムをモデル化し，コンピュータ上で条件を変えて実験することにより，生産プロセスの課題が明確となり，それに対する改善策の有効性の評価が可能となる。

　最近では，救命救急センターのレイアウト計画や，大学病院の外来予約方法など，システムシミュレーションによる医療サービスの工程管理方法が発展しつつある。今後は，シミュレーションと人工知能を組み合わせ，電子カルテの患者データやログデータを用い，タイムリーにシミュレーションを行いながら業務の最適化を図るような，より科学的な医療サービスの業務管理が主流となるかもしれない。

【参考文献】

Mitsuko Yokouchi, Setsuko Aoki, HaiXia Sang, Run Zhao and Soemon Takakuwa (2012) "Operations Analysis and Appointment Scheduling for an Outpatient Chemotherapy Department", *Proceedings of the 2012 Winter Simulation Conference 2012*, IEEE

河野宏和・宮本貴之（2007）「顧客との「やりとり」に着目したサービスプロセス改善方法の提案」『Journal of Japan Industrial Management Association, 2007, .58』日本経営工学会

近藤隆雄（2016）『サービスマネジメント入門 第3版』生産性出版

高桑宗右ヱ門（2015）『オペレーションズマネジメント』中央経済社

高桑宗右ヱ門（2015）「オペレーションズマネジメントにおけるシミュレーション分析」『経済科学2015年第26巻3号』名古屋大学大学院経済学研究科

田村研治（2008）
https://ganjoho.jp/data/hospital/training_seminar/chemo/2008/record/odjrh-3000000pop5-att/20080306_06.pd（Accessed in Dec 22 2018.f）

筒井孝子（2008）『看護必要度の成り立ちとその活用』照林社

新村出編（2010）『広辞苑 第6版（電子版）』岩波書店

原田悦子・重森正嘉・渡辺はま（2004）「医療事故防止のための看護タスクモデル」『看護研究2004』37(2)，医学書院

横内光子（2010）「看護業務プロセスの観察からシミュレーションへ」『生体医工学

2010年48巻6号』日本生体医工学会
日本鉱業標準調査会データベース，JIS規格
　http://www.jisc.go.jp/app/jis/general/GnrJISNumberNameSearchList?toGnrJISStandardDetailList（Accessed in Dec 22 2018）

（横内　光子）

第10章

材料(資材)と在庫の管理

1. はじめに

　病院に限らず，会社等の事務所には，机や椅子，コンピュータやプリンターなどの物品がある。製造現場に入れば機械や工具がある。また，会計用語として備品，消耗品，資産などのことばが使われる。これらの用語に関して，医学系教育機関で学ぶ機会は少ない。

　事務所や病棟にある机やコンピュータは什器（日常使用の家具・道具）といい，耐久年数が1年を超えるものは備品であり，資産として台帳管理する。1回で使い切ったり，使用するに従ってなくなったりする物品を消耗品という。1年以内に処分する物品や会計処理上，資産とならないものを消耗備品ということもある。

　資材とは，「ある物を作るもととなる材料」である。ものづくりの会社では，素材から1次加工で中間財を作る。中間財を2次加工することで部品ができる。部品を組立工程で製品にする。素材，中間財，部品は製品に対して資材であり，材料費として処理される。素材仕入れから製品までの工程の管理を生産管理という。部品や製品の販売と代金の回収を販売管理といい，材料・製品の入出庫数と在庫数を管理することや棚卸などを在庫管理という。材料や部品の仕入れを購買といい，素材のほかに什器・備品や事務用品の購入を含めると調達ということから購買管理，または調達管理という。生産管理，在庫管理，販売管理，調達管理の定義は組織により範囲は一定ではない。企業や病院で管理す

る物品は，什器・備品と資材，消耗品である。この章では什器・備品は対象としない。

製造業では資材を仕入れ，加工し製品を販売するが，病院は材料を仕入れて治療に用いている。病院会計準則（改訂版）の別表第1号[1]に，材料費の勘定科目が設定されている（図表10-1）。

病院の経営に関する資料や著書等に「医療材料」という用語が用いられている。医療材料は定義がないが，「医療材料とは治療に用いる材料である」とすると解釈しやすくなる。

【図表10-1】病院における材料費の科目区分の説明（病院会計準則別表1号抜粋）

薬品費	投薬用薬品，注射用薬品（血液，プラズマを含む），その他薬品の費用
診療材料費	ア）診療用材料として直接消費されるものたとえば，レントゲンフイルム，歯科用の材料，酸素，ギブス粉，包帯，ガーゼ脱脂綿，縫合糸，氷などの費用 イ）診療用具（患者の用に供するものを含む。）などであって，1年内に消費するもの。たとえば，注射針，注射筒，ゴム管，試験管，シャーレ，体温計，氷枕などの費用 ウ）半減期が1年未満の放射性同位元素の費用
給食材料費	ア）患者給食のため消費する食品の費用 イ）患者給食用具などであつて，1年内に消耗するもの。たとえば泡立器，ざる，たわし，食器，食器用洗剤などの費用
医療消耗備品費	診療用具（患者の用に供するものを含む。），患者給食用具などであつて，減価償却を必要としないもののうち，1年をこえて使用できるもの。たとえば，聴診器，血圧計，鉗糸，鉤類，食缶，鍋，自動天秤などの費用

出所：厚生労働省医政局

病院運営実態分析調査[2]では，一般病院の医業収入に対する割合は，人件費約55％，材料費約26％となっている（図表10-2）。人件費は医業収入の6か月分，材料費は3か月分に相当する金額であるにもかかわらず，一般の企業に比べ材料（資材）・在庫管理に関心を持つスッタフは少ない。

---

(1) 厚生労働省医政局が発行している。
(2) 一般社団法人全国公私病院連盟，平成29年度調査より

第 10 章 材料(資材)と在庫の管理

【図表 10-2】 一般病院の医業費用の対収入比率

科　目	総　数				
	平成25	平成26	平成27	平成28	平成29
給与費	55.9	55.8	54.0	54.6	54.8
(1) 常勤職員給	34.2	34.3	33.1	33.4	33.6
(2) 非常勤職員給	3.8	4.0	3.9	3.8	3.8
(3) 臨時給与費	8.0	7.9	7.7	7.9	7.9
(4) 退職給付費用	2.4	2.3	2.3	2.3	2.3
(5) 法定福利費	7.5	7.3	7.0	7.2	7.1
材料費	25.6	26.7	26.7	27.7	27.2
(1) 薬品費	15.4	15.9	15.8	16.3	15.9
(2) 診療材料費	9.4	10.0	10.1	10.6	10.4
(3) 食事材料費	0.5	0.5	0.5	0.5	0.5
(4) 医療消耗品費	0.4	0.3	0.4	0.3	0.4

出所:一般財団法人　全国公私病院連盟(平成29年度調査)

　材料の管理が重要とされない原因は,医師,看護師をはじめとするメディカルスタッフの養成課程で材料・在庫管理教育がなされていないからではないだろうか。知らないから重要に思えない。重要と感じないから管理が甘くなる。また,在庫管理は有資格者である医療職としての本来の業務ではないといった意識があることもその原因と考えられる。

　この章では,病院内で用いられている物流管理システム(SPD:Supply Processing Distribution,以下SPDとする)について簡単にまとめた後,在庫管理と発注管理の基礎を説明する。

　また,調剤薬局のデータ(入庫・出庫数など)を用いて薬品の発注点と安全在庫数を見直し,改善前と後の在庫数の変化を比較した。簡単な数式によって導かれた数値を用いるだけで,在庫金額の削減は可能であり,大きい改善効果(結果)が得られることを理解してほしい。

2. SPD (Supply Processing Distribution：物流管理システム)

　病院の物流管理を一元管理するシステムをSupply Processing Distribution（以下SPDとする）という。Supplyとは供給・保管，Processingは加工，Distributionは配送・搬送を表現している。

　アメリカでは，1966年にメディケア，メディケイドが導入されたことで，病院経営が危機に陥った。SPDは，この時，「購入物品，滅菌再生物などの病院流通物品の管理供給と一元化構想プラン（病院の物流効率化策）」として医療コンサルタントであったコードン・フリーセンが提唱した概念である[3]。

　一般社団法人日本医療製品物流管理協議会（旧SPD研究会）は，SPDを「病院が使用・消費する物品（材料を主として，医薬品，試薬，滅菌・再生品，手術器械・鋼製小物，ME機器，文具・日用雑貨，印刷物など）の選定，調達・購入方法の設定，発注から在庫・払出・使用・消費・補充に至る一連の物品の流れ（物流），取引の流れ（商流）および情報の流れ（情流）に関して物品管理コンピュータ・システムを使い，トレーサビリティなど医療の安全性を確保するとともに，コスト削減，原価管理など病院経営改善・効率化に資するための「物品・物流管理システム」のことをいう。」と定義している。

　病院は医師をはじめとする資格者の集団である。院内の材料等の管理や運搬業務に時間を取られていると，質の高い医療を提供することができない。事務職員も患者窓口対応や保険請求，メディカルスタッフとの調整が主な業務であり，SPDの運用やサポートは，民間のサービス業者に外部委託することもある。

　SPD用の倉庫（保管場所）を院内または，院外に持つ場合がある。運用システムは病院が準備するか業者が持ち込む場合がある。在庫品には，病院の購入品と業者預託品がある。業務管理に関しては，業者の代行管理とすることが多いが自院で管理する場合もある。運用形態は①院内での業務を一括管理す

---

(3) 笠原ら（2008）

る。②院外倉庫から材料を院内に一括供給するなどがある。

　SPDを外部委託するメリットは，材料の在庫削減や欠品防止，メディカルスタッフが医療行為や患者ケアなどに専念できること。人件費・倉庫管理費などのコスト削減等がある。更に，病院経営の業務改善用データ（材料の消費量や各種の薬品の出庫量など）が得られる。その反面，外部委託すれば業者任せの管理になり，業者の都合が優先されるなどのデメリットがある。一括委託した場合でも，最終的な管理は，SPD委員会などの意見調整の場を持つ必要がる。

3. 在庫管理とは

　トヨタ自動車のJIT（Just In Time）のように必要な資材（材料）が必要なときに確実に調達できるのなら在庫を持つ必要はない。また，事前に注文を受け，製造する間，顧客が気長に待ってくれるのなら在庫を持つ必要はない。病院や調剤薬局等の医療機関では製造業とは異なり，予期せぬ病気や怪我で来院した外来患者や入院患者に対して，医師により治療方針が決定され，材料が必要となる。事前にその治療方法や薬品や診療材料が予測できるなら，無駄な在庫を持つ必要はない。来院する患者によって材料や薬品の種類や必要量が日々変化する。診察前に必要な材料や薬品の種類・数量の予測は難しい。過不足のない適切な在庫数を確保するためには計画に基づく在庫管理が必要となる。

　在庫とは，基本的には倉庫にある品物であるが，病院の材料は倉庫の他に病棟，検査室，薬局など複数の場所に存在している。近年では，在庫はコンピュータと専用のソフトによって管理されている。在庫の管理をしたことのない人は，コンピュータ上のデータを見れば在庫数は把握できると考えがちであるがそんな単純なものではない。例えば搬入された品物が倉庫にあるが，入庫数未処理で登録されていない在庫も存在する。間違って出庫したが戻入処理をしていないと過剰在庫にみえる。また，発注後の納入予定の品物を忘れて，新たに発注すれば在庫は過剰となる。

在庫は，入庫と出庫の関係で決まる。入庫数は注文（発注量）により決まり，出庫数は売上（払出）により決まるので，在庫管理には在庫計画，発注管理，入庫管理，出庫管理，現品管理が含まれる。

（1）在庫管理の目的と意義

在庫管理の第1の目的は顧客の要求に応えることである。病院では患者の命を守ることである。第2は過剰在庫による資本効率の悪化防止である。資本効率とは，少しの資本で利益を生み出すことである。具体的には，不動在庫の処理コストや倉庫のスペースを含めた全体の管理コストの低減や，在庫に対する金利の抑制などである。トヨタでは「在庫は諸悪の根源」とも言われ最大のムダとされている。

在庫は多すぎても少なすぎてもどちらにしても経済・経営的側面で問題となる。つまり，在庫計画が重要な意味を持つのである。在庫を管理することは，単に数量を把握するだけでなく，売上向上やコストダウン等の管理資料として，また，売れ筋などから顧客の志向性の把握のツールとして，業種や取扱う商品の種類を問わず経営上の管理指標として大きな役割を担っている。

（2）在庫の種類

倉庫にある在庫品は場面により呼び名が変わる。倉庫で目視してカウントできる状態を「現在庫」といい，その数を「現在庫数」という。現在庫数がコンピュータ上の在庫数とは同じとは限らない。例えば，最後の1個となった品物が，既に顧客から注文があり予約（引当処理）されている場合は販売することができない。もし販売してしまったら先に予約した顧客に販売することができなくなり，失望させてしまうだけでなく，信用も失うことになる。この引当処理された状態を，「現在庫数：1」，「有効在庫数：0」と表現する。現在庫だけを見ていると思わぬトラブルが発生するので，現在庫数から予約（出庫予定）分を引当処理した有効在庫数で管理する必要がある。引当在庫がたくさんあってもそれは過剰在庫とは言わない。また，在庫計画は有効在庫数を用いて計画

する。目に見えている在庫に惑わされてはいけない。

　需要は変化するので，常に売れる品物，月に数個しか売れない品物，以前はよく売れていたが売れなくなった品物をそれぞれ在庫することになる。少しでも売れている品物は商品としては価値があるが，全く売れなくなった場合，この在庫を「不動在庫」といい，一定期間が過ぎると廃棄処分され価値がなくなる。

　現行品の後継品が発売されたときや，新しい医師が着任し，同じ効果のある別の薬品に切替えらたりする場合に不動在庫が発生する。よく売れるからといってたくさんの在庫をもっていると，ある時，突然売れなくなることがある。このような変化を素早く捉えることで在庫の不動化を防ぐことができる。不動在庫は，何れ在庫金額と管理コストを含めて全額を損金処理することとなる。

(3) 在庫の過不足が発生する要因

　病院や調剤薬局で，過剰在庫となる外的な要因は，医師の転勤，処方の変更，後発品の優先，患者の離反などがある。欠品による患者の離反を恐れて，必要不可欠な医薬品を過剰に仕入れる心理が働く。

　また，年間を通じて変動の少ない，流行期がない医薬品（慢性疾患に対する医薬品等）は，平均的な使用量に基づく一定の在庫量で管理ができるが，使用量に季節性のある医薬品（インフルエンザ治療薬・花粉症に用いられる抗アレルギー薬等）では，過去の使用量に基づく在庫管理は難しい。

　その他，長期投薬解禁に伴い，1度に数ヵ月分まとめて処方することが可能となったことから，対象となる医薬品は，在庫変動が激しく，欠品を避けようとすると過剰在庫となる。長期投薬患者を個別管理し，変動を吸収する工夫が必要となる。

　病院や調剤薬局では，在庫が多いからといって医薬品を，安く売りさばくことはできない。処方箋に記載された材料がないことを理由に，手術を後回しにすることはできない。医薬品の在庫がないからといって薬剤師の判断で代替品

をだすこともできない。

　材料が欠品している病院や医薬品の在庫が切れている薬局に対して患者は疑念を持つ。そして，病院や薬局は，顧客を失うことで機会損失となる。品物の特性を見極め，在庫分析を行い，品物ごとに在庫管理方法を見直すことで信用力が付くことになる。

（4）基準在庫の決定と評価

　在庫の過不足をどのように判断すればいいのか。過去の出庫（払出）日と出庫数の実績データを基準として評価すると理解を得やすい。

　月平均（例えば，過去3か月平均数）の出庫数を求め，月の稼働日で割ると，1日平均出庫数が求められる。ある時点の在庫数を1日平均出庫数で割った値が手持在庫日数である。また，月平均出庫数で除した値は手持在庫月数となる。手持在庫月数が0.25ならば1週間分の在庫があると評価する。

　理想的には在庫「0」を目標としたいが，無理をして管理を複雑にする必要もない。まずは，1日平均出庫数を基に基準在庫数を決める。基準在庫は，病院（会社）・調剤薬局などの組織の特性，物流や取引先の条件，自社の能力等を考慮する必要がある。自分たちの実力から何日分（手持在庫日数○日分）の在庫を持つかを決める。本来なら統計的なデータに基づいて基準在庫数を決めるべきであるが，実務では，複雑な計算を用いて時間をかけるよりも，手持在庫日数を参考に，基準在庫数を決めた方が簡便で無駄がない。さらに在庫削減が可能なら改善をすすめると無駄は省ける。

　在庫品は資産であり，基準在庫の決定は，会計上の責任が発生する重要な項目である。担当者が数値を計算し，基準在庫数を管理者が承認する必要がる。在庫管理の最終責任は担当者ではなく，管理者にあることを明確にしておくことが重要である。

4. 発注管理

　発注とは，仕入先（取引先）に「何を，何個，いつまでに納品して下さい」と注文することである。一般的な発注は，期間（定期，不定期）と数量（定量，不定量）の組合せによって①定期定量発注，②定期不定期発注，③不定期定量発注，④不定期不定量発注の4つの方法がある。

　製造業では，既にある顧客の受注数と自社の生産能力に基づいて所要量計算（MRP：Material Requirement Planning）をして在庫計画を立てる。その計画に基づいて発注する製品や部品が決まり，調達リードタイム等を考慮して個数と納期が決められる。発注は不定期定量発注処理されることが多い。部品の特性によっては，戦略的な判断による先行発注や予測発注などを行うこともある。

　一方病院や調剤薬局での発注管理は，所要量計算に基づいて処理する製造業とは異なる。患者が必要とする材料や医薬品の変化を見極めるのは難しい。加工や組立などの工程がないことや事前に予約注文を受けることもないので所要量計算ではなく発注点を用いる不定期定量発注が適している。

　発注点は，統計処理をして求めるが，統計的な処理なしに現物の払出状況をみて決めることもできる。例えば，在庫棚にラインを引いて，そのライン以下の在庫数になった場合に発注する。この発注方式をボーダーライン方式といい，不定期定量発注の代表例である。在庫品が2ロット（3ロット）となったら発注するツーボックス（スリーボックス）方式もある。これらの発注点は現場管理で自動的に決まり，現場の同意が得やすい。

（1）在庫と発注の基本的な考え方および発注計画

　図表10-3は，薬品Pの有効在庫と平均出庫数の関係を表した例である。薬品Pの7月3日の有効在庫は22個，1日払出（出庫）数は5個（変化しないと仮定）で，7月7日には3個欠品する状態を表している。

【図表10-3】在庫数の例

	7月3日	7月4日	7月5日	7月6日	7月7日	7月8日
有効在庫	22	17	12	7	2	−3
平均出庫数	5	5	5	5	5	5

出所：筆者作成

発注日の翌日から納品日までの時間（日数）は調達リードタイムである。薬品Pの欠品を避けるためには，7月6日中に3個納入される必要がる。調達リードタイムを2日と業者と約束できれば，7月4日に7月6日納期で3個発注すれば8日の欠品は避けられる。7月5日より毎日5個発注を繰返せば欠品を起こすことはない（図表10-4）。

この例では，払出数が一定としたが，実際の管理では，払出（必要）数が変動するために，安全在庫が必要となる。

【図表10-4】発注処理の例

	7月3日	7月4日	7月5日	7月6日	7月7日	7月8日
有効在庫	22	17	12	7	2	−3
平均出庫数	5	5	5	5	5	5
発注数		★→→→	★→→→	3 ★→→→	5	5
在庫予定数	17	12	5	5	5	5

★発注日
出所：筆者作成

企業と比較して仕入れ先からの病院や調剤薬局への納品回数は多い。業者と1日に1回以上の納品を約束できれば，基準在庫数は1日分から1.5日分あれば良い。しかし，少量で多品種の品物が毎回（1日に1回ないし2回）納品されると，受取処理，入庫処理等の回数が増え，かえって手間が掛かる。在庫するものとその数量は戦略的な計画が必要となる。（管理者としての面白さがここにあるといえる）

在庫の姿を毎日見ていると，計画通りの調達であっても，ある品物の在庫が

多いと感じる時がある。それが過剰在庫なのか適正在庫なのかの判断が必要となる。適正在庫は各組織独自の思想（経営的な判断）によって決まる。計画期間（月次，週次，日次あるいは時間）や在庫金額（総枠，単品）が判断の要素である。経営的な判断を含んだ基準在庫の決定が戦略的な在庫計画である。在庫計画なしに，発注点や安全在庫数などを決めることはできない。在庫計画が決まれば発注計画がそれに連動して確定する。

(2) 安全在庫と発注点の決定方法

安全在庫とは，需要量や調達リードタイムなどが不確実である（ばらつく）場合に，欠品による機会損失を防ぐための在庫である。JIS（日本工業標準調査会）では安全在庫（safety stock）を「需要変動又は補充期間の不確実性を吸収するために必要とされる在庫」と定義している。計画以上の需要が発生した場合や，取引業者の能力を超えた場合やトラブルの発生，調達リードタイムの延長や納入遅延などにより発生する欠品を吸収するのが安全在庫である。

図表10-5は，発注点方式による在庫変化を表したもので，平均在庫，安全在庫などの関係を示したものである。在庫推移は，平均的（実線）と平均以上（点線）に出庫（払出）した例である。平均的な数を出庫しているときは，安全在庫がなくても欠品することはない。しかし，点線が示すように平均を超えた数量を出庫すると欠品が発生する。欠品を防ぐために保有するのが安全在庫である。

安全在庫数は，①安全係数，②需要数（必要数）のばらつき（標準偏差），③調達リードタイム（日数）によって以下の式で決まる。

$$安全在庫数 = 安全係数（\alpha）\times 標準偏差（\sigma）\times \sqrt{調達リードタイム}$$

①安全係数は，欠品率をもとに累積標準正規分布から求めることができる。欠品率1.0％〜5.0％の範囲内で決定（経営戦略により変わる）すれば自動的にαの値が1.65から2.33で決まる。（エクセル関数によって求めることもできる）

【図表10-5】発注点管理による在庫変化

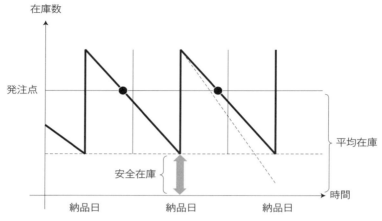

出所：筆者作成

欠品率	1.0%	2.0%	2.5%	3.0%	5.0%
安全係数	2.33	2.06	1.96	1.85	1.65

②標準偏差はエクセル関数などを利用し求める。

③調達リードタイムは，その製品が納入される日数で決まる（製品や調達業者により，リードタイムは異なるので，戦略的な決定が必要となる）。

発注点は，①調達期間の平均出庫数と②安全在庫数が決まれば求められる。在庫数がこの発注点を下回ったときに発注するのが発注点方式である。

　　発注点＝調達期間の平均出庫数＋安全在庫数

例えば，欠品率1%，標準偏差50，調達リードタイム3日と仮定すると

日数	1日	2日	3日	4日	5日
出庫日	34	45	68	38	42

平均	45.4
標準偏差	13.30

　　安全在庫数 = 2.33×13.3×1.73

$$= 53.61$$
$$≒ 54$$
$$発注点 = 45.4+54$$
$$= 99.4$$
$$≒ 99$$

となる。

5. 事例分析

　株式会社Jは調剤薬局を平成13年より開業し，調剤薬局6店舗，本社1店舗を経営（調査時）しており，売上高5,000～8,000万円，取扱い薬品は，仕入先5社から約1,000品物を仕入れている。在庫管理には自社開発したシステムを利用している。このシステムはレセコンとも連動していたにも拘らず，システムの結果以外に担当者の経験や勘，紙媒体によるデータを用いて発注管理を行っていた。

　株式会社Jの調剤薬局の1つであるA店の3か月分（10月～12月）の入出庫実績のある薬品のデータを用いて，ABC分析を行い，安全在庫と発注点を5-2で示した式を用いて計算し，在庫変動のシミュレーションを行った。

（1）現状分析

　図表10-6は，A店の購入実績のあった薬品の購入金額（3か月分）を用いてABC分析した結果である。3か月間で入出庫の実績があった薬品は約130種類あり，その内16種類がA区分（在庫金額全体の約80％）となった。B区分は20種類（在庫金額の約10％）で残りがC区分となった。

　対象の薬品の中で最大の在庫金額があった薬品Xの3か月間の入出庫推移は図表10-7である。薬品Xの出庫（処方）回数は61回（約30回/月），納入回数は16回（5.3回/月），平均出庫（処方）数は222錠（個），最高出庫数は446個，平均在庫数1,247個，最大在庫数2245個，最小在庫数234個とばらつ

【図表10-6】薬品購入金額のABC分析

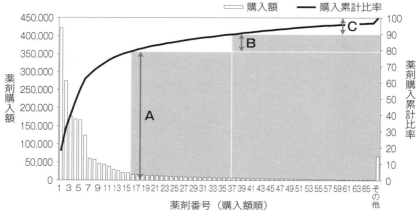

出所：筆者作成

【図表10-7】薬品Xの在庫数変動

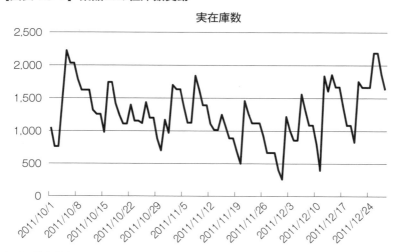

出所：筆者作成

第⑩章 材料（資材）と在庫の管理

【図表10-8】計算に基づいた在庫計画

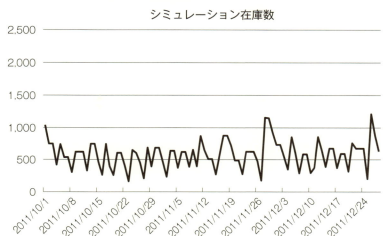

出所：筆者作成

きが大きかった。

（2）在庫削減のシミュレーション結果

前節（2）の計算式に基づいて安全在庫，発注点に関して欠品率1％として計算した結果，安全在庫数220個，発注点401個となった。1回の発注数は薬品Xの1箱分500個（安全在庫を下回った場合は2箱分1000個）とした。調達リードタイムは1日として在庫変動のシミュレーションを行った結果が図表10-8である。

薬品Xの納入回数は24回（8回/月），平均在庫数は561個となった。個数比較で約55％の削減ができた。

（3）在庫削減のための作業

病院への業者からの納品は，企業と比べると頻回になされおり，調達リードタイムは1日あれば十分である。安全在庫数と発注点を計算して，基準在庫数

223

（手持日数）を決める。

　需要が変動するために，定期的な発注点や安全在庫数の見直し（再計算）が必要である。発注点や安全在庫は，簡単な計算により求めることができる。取扱う品数が多くなると，発注点や安全在庫数を求めようとすると時間と手間がかかってしまうので，見直しのタイミングは難しい。見直し時には，正確な在庫数が必要となるために棚卸をしなければならない。日常の業務を優先し，発注点や安全在庫の見直しを先送する誘惑にかられる。しかし，定期的に発注点や在庫数を見直すことで確実に無駄が省け，作業効率が上がる。手間を惜しまず，予定の日に発注点や在庫数の見直しを実行してほしい。何度か在庫計画の見直しを経験するとここで，在庫管理の勘所がつかめる。ここで紹介した方法で在庫管理にトライアルをしてほしい。結果は必ず出る。

6. 在庫狂い

　在庫管理は入庫と出庫の管理を正確に行えば良いと思えるが実際には難しい。年に数回，棚卸をするが，その結果とコンピュータ上の在庫数がピッタリ一致することはまずない。取扱品目の数と在庫数にもよるだろうが，現場にある在庫数とシステム上にある数値とが一致している会社があるとすればその会社は利益が出ているはずである。日常の業務では，入荷も出荷も関係する人が複数いるのが普通であり，1人で管理することはない。組織が大きくなればなるほど，取扱者は増加する。在庫を取扱う人が増えれば増えるほどそれに伴って在庫狂いは大きくなる。

　在庫狂いの原因は，①品目や個数の入力ミスをした。②入庫した数が現物と伝票の数とが違っていた。③伝票処理を忘れていた。④廃棄処分をしたが払出入力を忘れていた。⑤不良品の返品を処理し忘れた。⑥予定より出庫数を多く出庫した。など人の不注意によるミスがほとんどである。人のミスを防ぐシステムを作ることが必要である。

　在庫狂いをなくすにはかなりのエネルギーが必要である。そもそも在庫狂い

しているデータを用いて在庫数・在庫金額の分析や評価を正確に行っても正しい結果はでない。また，在庫狂いは，高額なコンピュータ・システムを導入したから解決するものでもない。高価な設備投資をする前に，自院（自社）にあった在庫計画を立て，運用ルールを明確することが重要である。在庫狂いを防ぐには，日常のルーチン作業の見直しや整理整頓といった基本的な改善活動がカギを握る。

7.5Sの導入

在庫狂いをなくすには，まず以下に示す5Sなどの職場の整理が重要である。5Sとは，整理，整頓，清潔，清掃，躾の5つの言葉がSから始まることから用いられている概念である。

・整理：要る物と要らない物の区別をし，要らない物をその場所から撤去または，処分すること。
・整頓：必要な物を，必要なときに効率よく（ムダなく）取り出せるような状態にすること
・清潔：職場をゴミなし，汚れなしのきれいな状態にすること
・清掃：整理，整頓，清潔が常に維持されている状態にすること
・躾：職場の規律やルールが正しく実行できるように習慣づけること

整理整頓は言葉で言うのは簡単であるが，実際の作業現場や倉庫で実施するのは難しい。毎日働いている職場が整理・整頓がされていないと気付かない人も多い。

「製造業では5Sなくして利益なし」と言われている。製造業以外でも5Sが実行されている組織は利益が出ている。2000年頃の東南アジアの新興企業では，5Sは重要な経営課題であった。トヨタ，パナソニック等の製造業の現場を実際に見学した経験から，5Sを実施している組織は，品質の高い製品を作っ

ている。

　5Sの目的は何か。掃除が行き届いていて，部品や製品が整然と管理されている綺麗な職場環境を作ることのみが目的ではない。ムダをなくすことで安全の確保，生産性の向上，品質の確保，コストの削減などが進み，利益を上げる組織を作ることが目的である。5Sとは，床や壁がピカピカに光っていることではなく，付加価値を生み出す業務活動であることを理解してほしい。

　5Sを定着させることは難しい。自分の業務を持ちながら，整理，整頓，清潔，清掃など余計な業務であると感じる人もいる。また，管理者が口先で「5Sを実行しましょう。」と言うだけでは，5Sが定着することはない。中には，5Sの導入に不満を言う人も出てくる。5S定着に困った担当者は，ベンチマーキングとして5Sを成功させている他の工場や職場の事例を見学することが多い。しかし，見学しただけで5Sを簡単に実行し，定着させることは出来ない。整理，整頓された素晴らしい職場や倉庫を見学しても結果を見ているにすぎない。経営者層の強い思いと，現場の強い決意なしに5Sは成功しない。5Sを安易に導入した組織では，なし崩し的に終わってしまう。形式だけの運動に，従業員はやる気をなくしていく。

　回転率の高い製品や部品は，良く見える取り出し易いところに在庫されている。あまり出荷されない長期在庫品は目に付きにくいところに追いやられていく。5Sを成功させるためには，まず見えにくく，最も清掃のし辛いところから始めることである。そして，不動在庫品や長期在庫品の整理（処分）方法とルールを明確にすることで，無駄のない管理ができる。

8. 材料・在庫管理の理想と現実

　製品や部品の管理において「先入先出し：FILO（First In, Last Out）」「Just In Time（JIT）」は理想である。先入先出しとは，先に入庫した在庫品から先に使うことである。実際の倉庫には制約がある。棚の後方から製品や商品を入れて，前から取り出すような設備（コンビニエンスストアの冷蔵庫など）が理

第⑩章 材料（資材）と在庫の管理

想である。

　棚の後ろから入れて前から出す。分かっているが，一般的には棚は，倉庫の中の壁に立て掛けてあることが多い。先入先出ができない構造になっていることが多い。「新たに納入された商品は在庫している品物の後ろに置く。」言うのは簡単である。少し大きい商品は棚に置くことが出来ないので，床に平積みしている。新たに納入された商品を苦労して今ある商品の下に置かなければならない。毎日の業務は時間との闘いである。病院では患者の待ち時間が長いと言われる中で，そんなことができるだろうか。担当者は出来ないと諦めて，少しずつルールが変えられていく。

　上司や先輩は「なぜ，決められたルールは守らないのか？」と指摘するが，できないものは出来ない。担当者は，できないことを強いられることでやる気がなくなる。やる気がなくなるとミスが起こる。悪循環である。

　上に立つ者は，できなくて困っている人がいれば，出来るような環境を作るのが仕事である。自分が若いときには不満を言っていたのに，上に立てばできないことを部下に命令する人がいる。できないことをさせることが管理ではない。できる環境を作ることが管理者（上司）としての仕事である。

　JITを簡単に説明すれば，後工程が必要としている品物と数量を準備することである。JITは理想である。JITはトヨタの関係グループ企業（系列企業を含め）が何十年も人や資源を投入して出来上がったシステムである。

　コンサルタントと契約をしてJITを形式上導入したとしても理想の姿になることはない。

　JITやその他の経営管理手法を好んで導入する企業や病院の経営者がいるが，理想的な姿をお金で買うことが出来るほど経営管理は簡単ではない。簡単にできるなら今頃は利益の出る企業で日本中が満たされているに違いない。

　それぞれの能力に見合った方法で，地道な日々の改善とその継続を繰り返す。その結果，整理整頓された組織へと少しずつ近づけていくことが経営である。伝統のある企業は伝統を守るために，昨日と同じことを繰り返しているのではない。無駄のある業務に対して，新しい概念を導入し，改善し，定着させ

た結果として伝統が守られていることを知って欲しい。

9. おわりに

　2025年問題（超高齢者社会に関わる諸問題）を控えて，これからの病院は成り行き管理で生き残れる状況ではない。病院には人員配置基準や設備基準が規制されている。医業収入の約97％は診療報酬から得ている。企業のように人員整理や資産の売却で利益は出せない。病院の約7割が赤字経営の中，簡単に利益を出すことはできないが，投資も必要となる。臨床に深い関わりのない事務系の職員は材料・在庫管理を通して病院経営に貢献しなければならない。腕の見せ所である。まずは，"物"に付属する情報を理解して，物の在庫削減を始めてほしい。

【参考文献】
笠原庸介・松本義久・高田司・菊池公明・武田良一（2008）「SPDシステムの概念と運用の現状と将来」『病院設備』第50巻6号，pp.1-7
勝呂隆男（2003）『適正在庫の考え方・求め方』日刊工業新聞社
中村謙治（2011）『適正在庫のノウハウ』秀和システム
古畑友三（1995）『5ゲン主義』日科技連
古屋宏（2000）『現代の生産管理』学文社
村松林太郎（2003）『生産管理の基礎』国元書房
武藤正樹（2013）『医療材料マネジメントで病院を変える』じほう
渡辺明良（2014）『実践病院原価管理』医学書院

（村田　幸則）

薬剤部門

1. 薬剤師の独立と医薬分業の歴史

　神聖ローマ帝国の皇帝フリードリッヒⅡ世は1240年，勅令で薬剤師にその職業の独立性を認め，医薬分業が始まった。彼は，医・薬の分離と同時に，両者の仕事上公然の，また秘密の関係を結ぶことを禁じた。処方せんに基づく調剤を義務づけ，薬の信頼性を保証した。この勅令はフェデリコの勅令，メルフィの勅令，皇帝の書などと呼ばれる[1]。

　1992年，医療法改正は，薬剤師を「医師，歯科医師，看護師と共に，医療の担い手」と位置付けた。本章では，薬剤師による医療施設での薬剤師の責任と今後の在り方について述べる。

2. 薬剤師の任務

　米国の医療施設認定合同審査会（JCAHO）は，投薬システムを「安全に，効果的に，適切に，効率的に薬剤を用いること」と定義し，(1) 薬剤の選択と購入，(2) 医師による処方，(3) 薬剤師による調剤の払い出し，(4) 看護師などによる与薬，(5) 投与後のモニタリングへと進むプロセスは，安全で，効果的で，適切で，効率的な薬物療法の患者への提供を目標に目指す，多職種

---

(1) 日本薬史学会編「薬学史辞典」(2016)

【図表11-1】 院外処方せんの発行率の推移

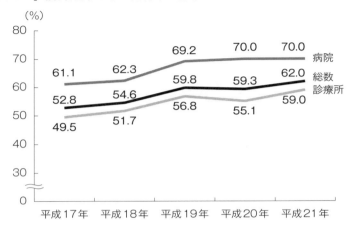

出所：厚生労働省HPより

が関与する投薬プロセスとした[2][3]。

日本病院薬剤師会学術委員会は2004年時点の薬剤部業務を調査，当時の薬剤業務を10項目（薬品管理，調剤（外来・入院），製剤，医薬品情報，薬剤管理指導（服薬指導を含む），試験・研究，治験管理，チーム医療，学生・薬剤師実習）に分類した[4]。

従来から薬剤業務の主要部分は「調剤」であったが，医薬分業の進展により，今日の病院薬剤業務は，臨床薬剤学的業務・チーム医療への進展が著しい。薬剤連用中に発生する重篤な薬害を防止するための薬剤師による経過観察は，今日では，医師法17条に抵触しないとされ，これら実績の蓄積は，薬剤師法25条の2（薬剤師の適正使用情報提供義務）によって，調剤のあり方は大きく変わった[5]。

---

[2] 小原・恵谷（2007），pp.664-665
[3] Nadzam, DM. (1998), p.7
[4] 西岡他（2006），pp.1085-1115
[5] 三輪（2009），pp.508-510

(1) 医薬品の管理

　麻薬・向精神薬などは，同取締法で規制される管理基準で，その他の医薬品は薬事法で規制される。毒・劇薬は，他の薬剤と区別して管理しなければならない。抗生物質などの医薬品は，有効期間・使用期限，生物学的製剤などの品質劣化防止のための温度・湿度等の保管条件に留意する。その他，医薬品ごとに温度，湿度，遮光，凍結防止等保管条件を確認しなければならない。

　17改正日本薬局方には，医薬品に表示される保存温度は，標準温度は20℃，常温は15〜25℃，室温は1〜30℃，微温は30〜40℃とし，冷所は1〜15℃としている。ワクチン類の保存には〜5℃，〜8℃，2〜8℃，凍結を避けて〜10℃など様々な温度が指示されている。

　医薬品の管理条件については，薬剤部内のみならず，院内すべての医薬品についての管理の在り方について薬剤師が責任を負う。

(2) 調剤

　今日の処方せんの調剤は，病院機能のシステム化に沿ってロボット化され，薬袋印字作成機，散薬調剤ロボット，水剤定量分注機，全自動PTPシート払出装置，注射剤調剤，抗がん薬注射剤の混合調製ロボット，注射薬個人セット自動払い出し装置，注射返品薬自動仕分け機などが導入され，薬剤師の調剤や注射剤取扱いに要する時間は大きく減少した。錠・カプセル剤調剤の自動化が日本で最初に学会で報告（第6回全国医療情報学連合大会）されたのは1986年である。

① 処方せん監査

　調剤で最も重要な作業は処方せんの監査である。主たるチェック項目を下記に示す。

　a）医薬品添付文書

　保険診療で使える医薬品の範囲は保険医療機関及び保険医療養担当規則（療担規則）により，「薬価基準」収載薬剤に限定される。その用法は，医薬品添

付文書の「適応症」と「用法用量」に従うことが原則である。医師の"匙加減"に合理性はない。医薬品添付文書は，日本の添付文書は，薬事法に基づいて作成される公文書であり，副作用，有効性・安全性が確認されたエビデンスに基づいた医療情報文書である。薬剤の処方は，薬理作用に基づき，学術上誤りなきを期して処方する（保発第51号 昭和55年9月3日）とし，医薬品添付文書に従うことは，エビデンスに従うこと，即ち，実証に基づいた医療EBM（Evidence Based Medicine）の実施である。

　b）最高裁の判例

　医薬品添付文書に記載された使用上の注意事項は極めて重要である。医薬品の添付文書と医師の注意義務につき，名古屋での医療事故事件に対して，1996年1月23日，最高裁は以下の判決を下している「医師は医薬品の添付文書に記載された使用上の注意事項に従わなければならない。医師が医薬品を使用（患者へ投与）するにあたって，添付文書に記載された使用上の注意事項に従わず，結果的に医療事故が発生した場合には，これに従わなかったことにつき特段の合理的理由がない限り，当該医師の過失が推定される」とし，「平均的医師が現に行っていた当時の医療慣行に従っただけでは，医療機関に要求される医療水準に基づいた注意義務を尽くしたものということはできない」とした。

② 調剤─調剤と医薬品の説明責任・指導義務

　十三改訂調剤指針増補版（日本薬剤師会 2016）は，調剤を「薬剤師が専門性を活かして，診断に基づいて指示された薬物療法を患者に対して個別最適化を行い実施すること」とし，また「患者に薬剤を交付した後の経過観察や結果の確認を行い，薬物療法の評価と問題を把握し，医師や患者にその内容を伝達する」としている。

　チーム医療を背景に，厚生労働省（医政発0430第1号 平成22年4月30日）は，チーム医療で薬剤師が薬物療法への積極的関与を明記し，薬学的知見に基づく患者指導義務の強化を求めた。さらに，薬剤師法改正（2014年6月）は，

「情報の提供及び指導につき,調剤した薬剤の適正な使用を促すため,従来の「情報提供」のみの行為から,「必要な薬学的知見に基づく指導を行う」と幅広く表現し,薬剤師に指導義務を課した。これにより薬剤師の薬物療法への関与は,医師の療養指導義務（医師法23条）と,薬物療法に限り,医師と同等な責任を持つこととなった。薬剤師は,患者の薬物療法を経過観察し,有害作用の兆候を把握,健康被害・薬害の防止に努める義務が課せられることとなった。

3.「説明と同意」Informed Consent (IC) 及び権利としての情報：Entitled Information

* 1947年　臨床試験・臨床研究で厳守すべき10項目の基本原則を提示したニュルンベルク綱領
* 1964年　「被験者の利益は科学と社会への寄与よりも優先されるべき」との原則を打ち出した世界医師会のヘルシンキ宣言

　1960～1970年代の米国では,消費者運動の高まりに合わせて,情報公開の概念が確立した時代であった。米国での消費者の権利意識とともに,患者の権利意識の高まりを背景とした医療過誤訴訟の増加や初期の開発段階の心臓移植手術などへの批判の影響を受けて,医師は,治療内容を十分に患者へ説明し,同意を得て,医療行為がなされるようになった。医師の病状・治療内容の説明は,患者にすれば「自らの身体について自ら判断するための情報であり,自己決定権を行使する重要な情報」である。患者の"意思決定のための情報"は,"権利としての情報Entitled Information"である。医療者の情報提供（説明責任）Accountabilityの不履行は,医療行為上の債務不履行とする「説明と同意」の概念が社会で成立,医薬品の適正使用に対する説明は薬剤師の義務となった。
　生命倫理懇談会は,日常診療で説明と同意が重要視される局面として下記の項目をあげる。

病状・処方薬剤と治療内容,
手術・検査,
新薬の臨床試験,
社会医学的処置（予防接種や伝染病の検査など）,
がんの告知,
リビング・ウィルなど

4. 医薬品情報活動：Drug Information Services

　薬物療法に関する重要な情報を医療者・患者へ提供することである。通常，大規模医療施設では約２千品目前後の薬剤が使われ，年間100種類程度の新薬が新たに採用，また同程度の薬剤が削除される。これらの薬剤情報は，製薬会社，関連雑誌，インターネットなどから収集・評価・整理される。しかし，最も重要な情報源は医薬品添付文書である。医薬品情報室では，使用医薬品以外のすべての医薬品についても検索・調査できる関連書籍も揃えた図書館機能をも果たす。汎用される情報検索用二次資料を図表11-2に示した。

　アップデートな医薬品情報，特に有害作用は，収集・評価され，迅速に院内へ提供される。医薬品添付文書の改定，厚生労働省「緊急安全情報」（イエローレター），「医薬品安全情報」は，文書や院内情報システムを通じて迅速に伝達される。上記の活動を行う部門が医薬品情報室（DI室）である。DI室は薬剤の採否を決定する薬事委員会の準備・資料の作成，院内情報システムの医薬品マスターの情報整備・更新，新薬採用のヒアリング，薬事委員会・治験審査委員会の運営，医薬品鑑別や持参薬の調査，院内採用，医薬品集の作成，蔵書管理，治験薬管理・供給，薬剤師の教育支援なども医薬品情報室の役割である。新規採用薬は，処方オーダリング・システムの薬剤マスターに登録され，医師・看護師など医療スタッフへ周知される。

【図表11-2】 情報検索に多用される二次資料

二次資料	電子媒体	領域	発行
Index Medicus	MEDLINE	医学，薬学，看護	米国国立医学図書館
Index Medicus	TOXILINE	副作用，中毒，毒性，環境化学関係	米国国立医学図書館
Excerpta Medica	EMBASE	医学・薬学及び関連生物化学	Exerpta Medica Foundation
Chemical Abstracts	SciFinder	化学全般	米国化学会
Biological Sbstracts	BIOSIS	生物学全般	BIOSIS Inc.
医学中央雑誌	医中誌Web	医学・薬学・看護	医学中央雑誌刊行会
JICSTファイル	JOIS	科学技術全分野	科学技術振興財団

出所：Pharm.kitasato-u.ac.jp/druginfo

5. 医療用麻薬の管理

　日本における医療用麻薬の消費量は，欧米諸国と比べて格段と少ない。モルヒネなど，鎮痛剤としての麻薬は，がん患者の疼痛管理に欠かせないが，その中毒症状から厳しく規正されており，欧米と比べて消費量が少ない原因ともされる。患者や家族の医療用麻薬への認識の改善は服薬指導の大きな役割である。麻薬施用施設では通常病院長が「麻薬管理者」，施用する医師・歯科医師は「麻薬施用者」の免許を取得する。免許の期間は取得日から翌々年の12月31日までである。通常，医師の麻薬施用者免許証は麻薬担当者が預かり，まとめて管理する。なお，覚せい剤については施設単位で使用が許可される。

(1) 麻薬処方の日数

　麻薬及び向精神薬取締法により，疾病の治療以外での麻薬施用はできない。処方日数は14日までだが，下記の麻薬は30日が可能である。モルヒネ製剤は重篤な肝障害のある患者へは禁忌である。オキシコドン製剤やフェンタニル貼付剤の添付文書にはその記載はないが，留意して使用する。
　【内服薬】モルヒネ塩酸塩，モルヒネ硫酸塩，オキシコドン塩酸塩
　【注射薬】モルヒネ塩酸塩

【外用薬】モルヒネ塩酸塩(坐剤),フェンタニル(貼付剤)

【図表11-3】医療用麻薬各国消費量の比較

国	2000～2002	2001～2003	2002～2004	2003～2005	2004～2006	2005～2007	2006～2007
オーストリア	469	543	624	736	882	1103	1315
アメリカ	458	574	701	1250	1403	1567	1694
カナダ	371	462	581	917	1090	1273	1388
ドイツ	339	406	551	732	1089	1344	1531
フランス	272	302	326	379	460	558	604
オーストラリア	220	236	251	376	427	516	640
イギリス	148	143	171	255	299	273	291
イタリア	46	72	95	123	140	158	193
日本	26	39	49	61	69	78	84
韓国	19	19	17	23	37	57	85

(注) モルヒネ,フェンタニル,オキシコドンの合計(100万人1日あたりモルヒネ消費量換算(g)
出所:厚生労働省

(2) 麻薬の保管及び留意事項

1. 麻薬施用者は,免許証に不記載の診療施設での麻薬施用は不可
2. 他県の診療施設での麻薬施用は,また,その県の免許を受ける。
3. 夜間・休日など,麻薬管理者不在時で,麻薬の出し入れが困難なときはあらかじめ麻薬施用者が麻薬の仮払いを受け,後に麻薬管理者へ施用記録とともに残余麻薬・空容器を麻薬管理者に返納する。
4. 訪問診療での麻薬所持は必要最小限とし,鞄などへの常備は不可
5. 定期的に帳簿残高と在庫現品を照合,在庫確認を行う。

(3) 届出,報告(記録,廃棄,事故)及び年間報告

麻薬管理者は,毎年11月30日までに,次項を「麻薬年間届」により都道府県知事に届け出る。

1. 前年の10月1日に施設開設者が所有した麻薬の品名・数量

2. 前年の10月1日からその年の9月30日の間に施設開設者が譲り受けた麻薬及び同期間内に施用・交付した麻薬の品名・数量
3. 毎年9月30日に施設開設者が所有した麻薬の品名・数量
4. 施設所有の麻薬で，1年間未使用の麻薬の報告

(4) 麻薬廃棄の届出

麻薬の廃棄は，その品名，数量及び廃棄の方法を，事前に知事に「麻薬廃棄届」を届け出て，麻薬取締員等の立会いで廃棄する。調剤された麻薬は，廃棄後30日以内に知事に「調剤済麻薬廃棄届」を届け出る。また注射剤・坐剤の施用残は届出不要。施用後の麻薬貼付剤は，通常の廃棄物として処理する。

変質した麻薬・調剤過誤をした麻薬は届け出て，麻薬取締員の指示に従い廃棄する。

(5) 調剤済麻薬廃棄届」を届け出て廃棄できる場合

1. 入院患者の死亡等で不要となった場合
2. 外来患者へ交付の麻薬で，死亡等で施設へ遺族が施設へ届けた場合
3. 再入院・転入院で患者が持参した不要となった場合

6. 病院製剤

病院製剤の多くは，調剤の効率化のための予製剤で，調剤予備行為又は調剤の延長とみなされる。医師の依頼に基づき，服用困難や市販されていない特殊な外用剤（軟膏・クリーム，点眼薬，消毒薬など）が病院製剤として調製される。汎用処方も予製剤される。また，市販製剤の治療効果の向上のための再調製もあるが，有効性，安全性，安定性が配慮される。院内製剤の使用は院内に限定され，他施設での使用は認められない。

7. 注射剤調剤

(1) 注射処方せん

　注射剤の患者別セット（注射調剤）は，注射処方せんに基づいて行われる。病棟での取り違いミスを避けるために，アンプル類は1回分ごとにまとめてセットされる。使用時に患者名と薬剤の確認できるように，輸液ボトルにはラベルを貼付，さらに要注意薬には文書を添付する（特に，カリウム製剤は投与法のミスで致死的な医療事故が多発しており，こんな事例で「ラベル貼付」は投与者への注意喚起に有用である）。

　点滴用注射剤の混合調製は，投与量・投与経路・速度・期間などの投与方法・投与時間・投与期間などを確認し，無菌室でクリーンベンチ（抗がん剤の混注は安全キャビネット）を用いて調製される。注射剤混合では，薬剤の重複・保険上の制約・配合変化（懸濁・力価の低下等）の是非が主たる作業で，高カロリー輸液も同様に無菌調製される。

(2) 血液製剤使用の記録と保管

　特定生物由来製品（輸血用血液，ヒト血液凝固因子，ヒト免疫グロブリン，ヒト血清アルブミンなど）に指定された製剤は，除去困難なウイルス感染の恐れがあるため，診療録とは別に，投与血液製剤の記録を作成，診療録とは別に保管（使用日から20年以上，電子媒体可）する義務がある。

1. 患者氏名，住所
2. 製品名，ロット番号
3. 投与日
4. 保健衛生上の危害の発生及び拡大防止のための必要事項

【図表11-4】異物の混入したバイアル

※バイアル中の凍結乾燥薬剤を溶解したら，異物（製造工程中の薬剤充填機の止めピン）が現れた。薬剤の品質管理は薬剤部の重要な役割であるが，臨床現場でも，誤薬とともに，異物混入・変質などに対しても細心の注意を払う必要性があることをこの事例は示している。

8. 薬剤部が主管する委員会

(1) 薬事委員会

　新規医薬品の採用・削除は各科医局代表が集まる施設内に設置された"薬事委員会"で審議される。委員会事務局は通常，医薬品情報（DI）室が担当し，審議される新薬の有用性・安全性の資料を提供する。

(2) 治験審査委員会：Institutional Review Board (IRB)

　治験審査委員会は，院内で治験を実施する際に厚生労働省に届け出る治験計画を審査する組織で，治験の倫理性，安全性，科学的妥当性を審査する。委員会はGCP省令（平成9年3月27日，厚生省令第28号）に基づいて設置される。医師，薬剤師，弁護士に専門家，一般人も加わり「患者の権利，安全及び福祉

の保護」の立場から，科学的，倫理面から審査，承認される。図表11-5は厚生省へ届けられる治験数を示すが，これらの多くは大学病院や基幹病院で行われることから，これら担当部門の忙しさが分る。

【図表11-5】薬物の治験計画届出件数の推移

	初回治験計画届	n回治験計画届	治験計画変更届	治験終了届	治験中止届	開発中止届
平成14年度	65	357	2114	416	28	68
平成15年度	64	318	2129	377	32	38
平成16年度	76（ 2）	330（ 5）	2575	348	38	58
平成17年度	112（ 5）	422（ 6）	2697	365	31	41
平成18年度	112（ 0）	387（ 5）	3200	429	32	40
平成19年度	129（ 1）	379（14）	3564	402	28	57
平成20年度	128（ 0）	396（ 8）	3393	477	30	80
平成21年度	129（ 1）	431（16）	3363	461	45	96
平成22年度	159（ 5）	473（ 6）	3655	465	29	74
平成23年度	165（ 3）	524（56）	3997	497	46	80
平成24年度	132（13）	424（19）	4568	495	57	70
平成25年度	127（ 6）	474（25）	4356	446	61	78
平成26年度	151（20）	450（33）	4321	498	67	117
平成27年度	127（10）	530（45）	4566	507	70	102
平成28年度	134（10）	511（63）	4998	469	93	111

（注1）n回治験計画届は，30日調査対象外の治験計画届である。
（注2）開発中止届は，平成9年4月以降，提出を求められることとなった。
（注3）初回治験計画届，n回治験計画届での（ ）の数値は，いわゆる医師主導治験に係る届出数
出所：厚生労働省の発表したものの抜粋

（3）その他の委員会

薬剤師が主管，あるいは委員として関与する委員会として，医療安全委員会，医療事故防止委員会，院内感染対策委員会，褥瘡対策委員会などがある。

9. 血中薬物濃度測定による投与設計：Therapeutic Drug Monitoring (TDM)

　抗不整脈薬，抗生物質，免疫抑制剤など，投与量調節が難しいものや，予想した効果が得られない場合，副作用発現の場合などでは，患者の血液を採血し，血中濃度を測定し，最適な血中濃度が得られるようにコンピュータ解析によって投与設計（最適な投与量と投与間隔）し，薬物の最適な効果を支える。

10. 臨床薬剤業務：Clinical Pharmacy Practices

　日本を含めて，世界の薬剤師が今日，米国で誕生した臨床薬剤業務へシフトしつつある。臨床薬剤業務の理解は，発祥地，米国での臨床薬剤業務の発展過程を考察することが近道である[6][7]。

(1) "薬剤師は医師の小間使いであれ"

　1930年代の米国の薬剤師のモラルは，"The pharmacist is the handmaiden of the physician"であり，消極的な倫理観に埋没していた。しかし，米国の薬剤師は，現状を打破する道を模索，責任の改善に懸命な努力をした。その結果は今や，医薬品管理のすべてに責任を持つ職能として，世界の薬剤師に大きな影響を与えている。

(2) 薬学教育改革

　米国の薬剤師の改革は，教育から始まった。1950年に南カルフォルニア大（USC）が6年制の薬学教育に踏み切った。
　1957年には「病院薬剤師は生物科学を基礎とした6年制卒の称号に，Pharm. Dを」（Franke, DEミシガン大附属病院薬剤部長）が提唱され，さら

---

(6) 松葉（1999），pp.666-672
(7) Buerki & Vettero (1996)

に，同年，Parker, PFは「薬剤師は医師の回診に同行する許可を受けるように (J. Am, Pharm. Ass. Prac. Edu.)」と主張する論文を発表し，「薬剤師は，常時，病棟に常駐し患者ケアをする」ことを提案した。また，彼は1962年には米国で初の『医薬品情報室』をケンタッキー大医療センターに設置した。

(3) 種々のイベントが集合して大河に

'60年代は，製薬産業で製剤技術が発展し，医薬品は錠・カプセル化され，調剤は数を数えるだけという仕事が常態化，薬剤師は責任の在り方を模索していた時期であった。時宜を得たこれらの提案は衝撃的であった。1960年にはバージニア州の町の薬局薬剤師White EV.が患者薬歴簿を作成し，1961年には「病院薬剤師は，薬理学，治療学の分野で相談業務を担うべきであり，くすりの相談業務以上に重要で貢献できる業務はない」(Brodie, DC/Myers, FH (南カ大)，the American Journal of Hospital Pharmacy) と，薬剤師の"くすりの相談者としての役割"を訴えた。

1962年，モンタナ州Crow Agency Hospitalインディアン健康管理施設で，薬剤師Albert Ripleyは"カルテ調剤"をしていたが，診療録を用いた"薬剤師の患者個人相談業務"へとこれを変貌させた。同年に，ケンタッキー大医療センターが医薬品情報室を設置，組織的な医薬品情報管理の歴史的一歩を踏み出した[8]。

(4) 病棟薬局：Satellite Pharmacyの誕生

1966年，UCSFが，附属病院9階病棟に「病棟薬局Satellite Pharmacy」を設置，レジデントによる"9th Floor Project：9階病棟計画"を始めた。医療チームの一員として薬剤師の病棟活動を24時間稼動させた。病棟薬剤師の誕生である。下記は当時の主たる業務である。

---

(8) Parker (1965), pp.42-47

UDD system
DI Services
Patient's Chart
Pharmacy Technicianの採用

　この歴史的行為に参加した5人のレジデントは，後に米国では"5人の戦士"と呼ばれる。国立名古屋病院（現名古屋医療センター）の二宮英薬剤科長は，このイベントの2年前からすでに，薬剤師を病棟へ派遣し，医師・看護師や患者との接触を始めていた。

（5）臨床薬剤業務へ

　臨床薬学Clinical Pharmacyは，1963年，Parker,PFの「Clinical Pharmacyとは患者における安全でかつ適切な薬物の用法を強調する概念または哲学である」から始まる。1966年には，Brodie, D.C.が，「薬剤業務の最終目標は患者が安全に薬物を使用するように努めることで，その点から薬剤師の主要な機能はclinicalである。」と述べている。

　ジョンソン大統領は1967年1月の議会演説で老人医療問題に触れ，薬剤費の支払い負担の重さを指摘，Medicareに調査・改善を命じた。直ちに処方薬調査委員会Task Force on Prescription Drugが発足，1969年2月に最終報告がまとめられた。そこで，Rational Prescribing, Clinical Pharmacyと医薬品適正使用の理念，4つのRight権利が表明された。

　　Prescribing **the right drug**
　　　　　　for **the right patient,**
　　　　　　　at **the right time,**
　　　　　　　in **the right amounts,**
　　and with due consideration of relative costs.

本報告書で保健福祉省HEWは臨床薬剤業務Clinical Pharmacyを支持し，薬剤助手Pharmacy Aidを設けることで，医薬品情報スペシャリストとして働く薬剤師養成への道を開いた。

　1971年the National Center for Health Services Research and Development（NCHSRD）Task Force（国立健康問題調査研究開発センター特別委員会）による報告は，種々の医療環境における薬剤師の役割を記述し，臨床薬剤業務を次のように位置付けた。

1. 再調剤 Refill
2. 調剤と投与
3. Drug Utilization Review
4. 薬歴簿の作成
5. 患者面接
6. 相談
7. 教育

　米国ではこの時期に強い情報公開の流れがあり，UDDシステム（一回服用単位に薬剤を予製包装化）の採用による調剤の簡素化，薬剤助手の採用などから，薬剤師は臨床に係る知識と時間を獲得した[9]。

(6) 薬学的治療管理：Pharmaceutical Care

　1974年のMedicare（高齢者及び障害者向け公的医療保険）を改訂によって療養施設で月に1回以上薬剤師による患者の薬剤管理指導Drug regimen求められ，薬剤師は調剤と臨床指向業務の両面を持つこととなった。

　このごろからPharmaceutical Careという言葉が使われるようになった。

　Hepler, D.C.ら（Am J Hosp Pharm, 47,533 1990）は「Pharmaceutical Care

---

(9) 川崎（1980），pp.302

とは，患者のQOLを改善するはっきりした結果をもたらすために採られる薬物治療を，責任をもって遂行すること」と定義し，Clinical PharmacyからPharmaceutical Careへと薬剤師の責任を鼓舞し，Pharmaceutical Careを下記のように要約した。

1. 病態・生理に関する正しい知識を身につける。
2. 患者中心に薬剤師が活動した内容を正確に記録し，常に適切なケアを患者と他の医療従事者にフィードバックする。
3. 他の医療従事者との連携・適切な責任分担を明確にする。
4. 患者のあらゆる医療状況下で薬剤師は，病院，薬局，地域，社会への支援活動を行う。
5. 患者の社会生活環境を考慮した支援活動を行う。
6. 患者・家族・他の医療従事者への薬学的教育を行う。
7. 患者と信頼関係を築く。

1972年にコロラド州Phoenix Indian Medical Centerでは研修に合格した薬剤師に処方権が与えられた。ついで，1977年にはカリフォルニア州で一部の薬剤の処方権のパイロット・スタデイをUCSF・USCで行うことが法制化，この成功により，処方権Prescription Privilegeが同州で認められた。本制度は以降，全米に拡がり，「共同薬物治療管理CDTM」へと発展した[10]。

（7）共同薬物治療管理業務：Collaborative Drug Therapy Management (CDTM)

CDTMは，1960年代にIHS（先住民のための連邦医療機関，インディアンヘルスサービス）で始まった。1977年，カリフォルニア州では，州と薬剤師会がパイロットプロジェクトを実施，CDTMが医療費削減に大きく貢献する

---

(10) 中井・河原（2011），pp.133-143

ことを証明，1981年には全薬剤師にプロトコール処方が認められることとなった。現在，ほぼ全米で実施されている。これは，医師の診断を前提としたプロトコールによる薬剤師による管理が妥当とされた場合，薬物治療のための臨床検査の依頼，投与計画と実施，カウンセリング，投与計画の修正・中止，結果の評価などが薬剤師によって行われる。基本的には現場の医師と薬剤師間での契約で実施され，薬物治療の変更を要する場合は，患者は医師へ戻される。院内の契約では，医師側管理者と薬剤師側管理者間で締結される。開業医からの患者受け入れも可能とされる。プロトコール（あらかじめ定められた規定・手順・治療計画など）は，診療ガイドラインなどをベースに作成され，診療録に添付される。また，薬剤師による服薬指導や投与計画の見直しなども診療録に記載され，医療従事者と共有される。CDTMの利点は，薬剤師によって質の高い薬物治療の提供ができること，服薬指導によるアドヒヤランス（コンプライアンス）の向上などが挙げられている。

11. 専門薬剤師：Pharmacy Specialty
(1) 米国で始まった専門薬剤師

1976年米国では，APhAにより薬学的専門性委員会Board of Pharmaceutical Specialtiesが設立され，薬剤業務における専門性の認定が始まり，彼らが臨床知識を獲得し，職能向上の機会を得たのであった。

1978年　Nuclear Pharmacy
1988年　Pharmacotherapy
1988年　Nutritional Support Pharmacy Practices
1992年　Psychiatric Pharmacy
1992年　Oncology Pharmacy Practice

"医師のメイドであれ"と自ら称した米国の薬剤師が，社会が期待する姿へ

努力した結果が今日の彼らであり,世界の薬剤師が彼らの姿を学んでいる。

(2) 日本への「専門薬剤師」導入

1999年の日本病院薬学会（札幌市）において,日本病院薬剤師会主催の日本病院薬局評議会が開催され,「1999年度の日病薬学術小委員会で検討された「米国の認定・専門薬剤師制度に関する調査研究」が報告された。"専門薬剤師"制度が日本で初めて議論され,これを期に,日本病院薬学会（のちに日本医療薬学会）で本制度が具体化した[11][12][13][14]。

調剤と医薬品供給に甘んじてきた薬剤師だったが,今日,臨床的な役割が明確になってきた。進歩の著しいがんの薬物療法分野では,薬剤師の関与が強く求められ,2006年に日本病院薬剤師会によって誕生した「がん専門薬剤師」（2009年から日本医療薬学会へ移管）は,がん専門薬剤師,がん指導薬剤師,がん専門薬剤師研修施設の認定が開始された。2010年には,「医療法上の広告が可能な専門性」資格として認められた。その後,各種団体による認定制度が立ち上がった。日本医療薬学会は「認定制度」も発足し,多くの認定薬剤師が誕生している。

12. 臨床薬剤業務：Clinical Pharmacy Practices

(1) 病棟薬剤師

病棟は専門・認定薬剤師の活躍の場である。各病棟に配置された薬剤師は,医師・看護師・その他のスタッフとチームを組んで「投与薬剤の管理」を行い,安全かつ効果的な薬物療法を支える。平成28年の診療報酬改定での「病棟薬剤業務実施加算」では次の作業が求められている。

---

(11) 日本病院薬剤師会病院薬局協議会（1999）
(12) 岩本（2010），pp.785-789
(13) 内山（2004）
(14) 日本学術会議薬学委員会専門薬剤師分科会（2008）

【図表11-6】薬剤師の取得対象となる主な認定制度

団体名称	認定制度
日本薬剤師研修センター	研修認定薬剤師 漢方生薬認定薬剤師
日本病院薬剤師会	**がん専門薬剤師，がん薬物療法認定薬剤師** 感染制御専門薬剤師，感染制御認定薬剤師 精神科専門薬剤師，精神科薬物療法認定薬剤師 **妊婦・授乳婦専門薬剤師・妊婦・授乳婦薬物療法認定薬剤師** **HIV感染症専門薬剤師・HIV感染症薬物療法認定薬剤師** 生涯研修履修認定薬剤師
日本医療薬学会	指導薬剤師，認定薬剤師 がん指導薬剤師，がん専門薬剤師＊ 薬物療法指導薬剤師，薬物療法専門薬剤師（平成24年発足）
日本臨床薬理学会	認定薬剤師 認定CRC
日本静脈経腸栄養学会	**栄養サポート（NST）専門薬剤師**
日本緩和医療薬学会	緩和薬物療法認定薬剤師
日本化学療法学会	抗菌化学療法認定薬剤師
日本褥瘡学会	日本褥瘡学会認定師
日本臨床救急医学会	救急認定薬剤師
日本医療情報学会	医療情報技師
日本医薬品情報学会	医薬品情報専門薬剤師
日本腎臓病薬物療法学会	腎臓病薬物療法専門薬剤師，腎臓病薬物療法認定薬剤師
日本プライマリ・ケア学会	プライマリ・ケア認定薬剤師
糖尿病療養指導士認定機構	糖尿病療養指導士
ICD制度協議会	ICD（医師またはPh.D）
日本アンチドーピング アドバイザー認定機構	スポーツファーマシスト
日本サプリメント アドバイザー認定機構	サプリメントアドバイザー

＊医療法上広告が可能な専門性に関する資格
出所：日本医療薬学会HP

ア　過去の投薬・注射，副作用発現状況等の聴取
イ　医薬品緊急安全性情報，医療機器等安全性情報，医薬品・医療機器等の回収情報の医療従事者への周知
ウ　主治医へ投薬される医薬品情報（文書）の迅速な提供

第11章 薬剤部門

【図表11-7】専門薬剤師に至るためのラダー

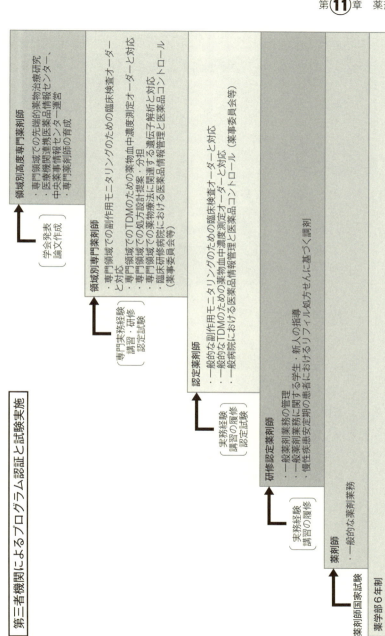

(注)本ラダーで階段ごとの業務はそれぞれの認定を取得してて行うことが適当であると考えるものの例である。
出所：日本学術会議薬学委員会専門薬剤師分科会資料より

【図表11-8】米国アラバマ州バーミングハム市の病院で活躍する臨床薬剤師

1997年，アラバマ州バーミングハム市の中規模病院で活躍する臨床薬剤師（白衣）。部屋の入口には「CLINICAL PHARMACIST」と表示されている。

エ 入院時持参薬の確認，服薬計画の医師等へ提案（文書）
オ 2種以上の薬剤投与での相互作用のチェック
カ 患者（家族）への治療方針の説明で，特に安全管理が必要な医薬品等の説明を投与前に行う場合は，病棟専任薬剤師が行うこと
キ 流量・投与量の計算等が必要な薬剤投与では，薬剤師が当該計算を実施
ク 退院時薬学的管理指導の実施
ケ 病棟専任薬剤師は「病棟薬剤業務日誌」を作成・管理し，記入日から5年間保存

また，薬物療法に直接的に関わる業務は，実施内容を診療録へ記録する。
「病棟薬剤業務」は薬剤師が医師と協働する薬物療法業務であり，「薬剤管理指導」は薬剤師の患者への適正使用のためのアプローチである。

(2) 外来化学療法室

　がん専門薬剤師の活躍する場である。近年，抗がん剤や副作用対策が発展し，病院外来で安全に化学療法が行えるようになってきた。外来化学療法室には医師・看護師と共に薬剤師も配置され，レジメンに従って化学療法が実施される。初めての抗がん剤投与や変更の場合などは，治療スケジュール，副作用対策，日常生活における注意事項などを患者に説明し，治療内容のチェック，患者の経験した副作用，起こりうる副作用，体調変化など，患者と情報交換し，チームで共有し，治療の質を高める。

　レジメンとは，がんの薬物療法などで，薬の種類や量，方法などを時系列で示した治療計画書で，医療チームがこれを共有する。このレジメンによって過剰投与や重複投与を防ぎ，治療の標準化，業務の効率化を図る。

(3) 救急救命業務・手術室・集中治療室

　高度な救急医療技術を要する大規模病院では，救命救急室の医療チームに薬剤師を配置する施設が増えている。迅速・正確な薬剤の選択・投与量・投与方法などを確認・調製する。手術室・集中治療室でも救急薬剤などの管理が行われる。

(4) 日本版CDPM薬物療法治療管理：Protocol Based Pharmacotherapy Management (PBPM)

　2010年，厚労省は，医師以外の医療スタッフの業病棟薬剤業務実施加算務内容を整理し，「医療スタッフの協働・連携によるチーム医療の推進について」と題し，薬剤師の積極的活用が可能な業務を奨励し，薬剤師が医師と協働した薬物治療の遂行を後押しした。薬剤師が患者に対して，薬物の適正使用および副作用出現の有無を確認する目的でバイタルサインなどによるアセスメントは法的に問題はなしとした。この実践によって，薬物治療の質の向上・安全性を確保して，医師等の業務負担軽減に寄与する薬剤師参加の，チーム医療の発展が期待される。この通知は，事前に決めてあれば，薬剤師はその医療行為を行

えること，事前に主治医と打合せ済みならば，制吐剤の投与などで効果が不十分な場合，薬剤師の判断で薬剤の追加投与ができる。

下記に厚労省の推奨する"薬剤師の薬物療法への新しい道を切り開く業務"を記す。

1. 薬剤の種類・投与量・投与方法・投与期間等の変更，検査のオーダは，医師・薬剤師等により事前に作成されたプロトコールに基づき，専門的知見を活用し，医師と協働して実施する。（プロトコールとは，治験実施計画のことで，治験の目的，デザイン，根拠，統計の手法，組織などを記載した文書を云う。）
2. 薬剤選択・投与量・投与方法・投与期間等を医師へ積極的に提案
3. 薬物療法の患者（在宅患者含む）に薬学的管理（患者の副作用状況の把握・服薬指導等）を行う。
4. 薬物血中濃度や副作用モニタリング等に基づき，副作用の発現状況や有効性の確認し，必要に応じ医師へ薬剤の変更等の提案
5. 薬物療法の経過等を確認，前回処方継続の提案
6. 外来化学療法患者に医師と協働してICを実施，薬学的管理を行う。
7. 入院患者の持参薬を確認して，医師へ服薬計画を提案するなど，患者の薬学的管理を実施
8. 定期的に患者の副作用発現状況を確認し，処方を分割して調剤

13. 治験薬の管理[15][16]

臨床研究の倫理指針は，1964年に世界医師会総会（ヘルシンキ）が臨床研究の倫理指針を採択，これに基づいてGCP省令（Good Clinical Practice，医

---

(15) 独立行政法人医薬品医療機器総合機構HP
(16) インターネット：薬学用語解説（日本薬学会）

薬品の臨床試験の実施の基準）が制定された。治験の適正かつ安全な実施，治験薬管理者の業務手順が定められた。ヒトを対象とする医学研究の倫理的原則は，時代に応じて随時改訂され，①被験者の権利・利益を優先すること，②一般に認知された科学的諸原則に従って行うこと，③計画書を研究倫理委員会（法令に基づく規定はないが，通例，治験審査委員会（Institutional Review Board, IRB）に提出し承認を得ること，④被験者の自主的な同意を得ること，などが求められる。

(1) 治験薬管理者の責務

1) 治験薬管理者は，治験依頼者が作成した治験薬の取扱い並びに保管・管理及びそれらの記録に際して従うべき指示を記載した手順書とGCPに従って以下の業務の実施とその記録が作成される。
   (1) 治験薬の受領及び受領書の発行
   (2) 治験薬の保管，管理，払出し及び在庫確認
   (3) 治験薬の交付に先立つ被験者の同意取得の確認
   (4) 被験者毎の治験薬使用状況の把握
   (5) 未販用の治験薬の被験者からの回収
   (6) 治験依頼者への治験薬の返却及び返却書の発行など
2) 治験薬管理者による治験薬の保管・管理
3) 治験薬管理者は，治験薬の出納に不整合を認めた場合は，速やかに院長に報告する。
4) 治験薬管理者は，必要に応じ治験薬管理担当者を置き，治験薬の取扱い注意等，自らの管理下で治験薬管理者の業務を遂行させることができる。

(2) 治験薬管理者の業務

1) 治験薬の受領等の管理
   (1) 治験薬の取扱い手順書を治験依頼者より入手し，手順書に基づいて治験薬の保管・管理の方法等の確認

(2) 契約の締結を確認した後，治験依頼者から治験薬を受領，治験薬交付書と照合して，治験薬受領書の発行
　　(3) 治験責任医師・モニターと協議して処方を定め実施する。原則としてカルテに処方印を記録し，処方する。
　　(4) 体重換算を必要とする処方では，治験責任医師・治験分担医師と打ち合わせて，適切な調剤をする。
　2) 治験薬の保管，管理，払出し，使用状況の把握
　　(1) 治験薬は，一般診療用薬剤及び他の治験薬と明確に区分し，治験薬の取扱い手順書に従って，保管・管理する。
　　(2) 禁凍結・冷暗所保存の治験薬は，適切な設備で管理する。
　　(3) 治験薬の出納表または治験薬管理表を作成し，治験薬の在庫，被験者毎の治験薬の使用状況（日付，数量），治験薬の使用期限及び治験の進行状況を把握する。
　　(4) 治験薬管理表と在庫数量または使用期限（必要時）の間に矛盾がないことを月1回は確認する。
　　(5) 治験薬処方は，治験実施計画書の用法・用量・投与期間から逸脱していないことを確認・交付する。
　　(6) 治験からの脱落・中止に該当する被験者の場合は，その理由及び経過を，治験責任医師または治験分担医師に確認する。
　3) 文書による同意取得の確認と記録
　　(1) 被験者に対して初めて治験薬が処方された場合は，治験責任医師または治験分担医師による処方印がカルテに記載されているかを確認し，同時に同意文書（写）を入手する。また，同意文書（写）を予め入手することが困難な場合には，治験責任医師・治験分担医師による処方印を診療記録で確認し，可能な限り治験責任医師または治験分担医師に口頭で確認する。
　　(2) 被験者の同意取得を確認し，同意文書上の被験者名を確認する。
　4) 未服薬の治験薬がある場合には，治験薬を被験者から回収する。

5) 治験薬の返却
　（1）治験の中止・中断または終了が確認されたときは，速やかに未使用治験薬（被験者から返却された治験薬を含む）及び使用済みの治験薬の空き箱等を治験薬返却書とともに治験依頼者に返却する。その際，治験依頼者から治験薬回収書も受領する。
　（2）治験薬の返却に際しては，治験薬受領数量・処方数量・返却数量に矛盾がないことを確認する。矛盾があれば，その理由を調査し，その結果を治験薬管理表に記録する。
　（3）治験薬管理表には，被験者識別コードを記入するとともに，その写しを治験依頼者に提供する。

（3）モニタリング，監査及び調査への協力

　治験薬管理者は，治験依頼者によるモニタリング及び監査及び治験審査委員会または規制当局による調査を受け入れ，モニター，監査担当者・治験審査委員会・規制当局の求めに応じ，原資料等の全ての治験関連書類を直接閲覧に供する。

（4）秘密の保全及び個人情報の保護，並びに記録の保存

　治験薬管理者及び治験薬管理担当者は，被験者に関する守秘義務を負う。治験依頼者から提供された資料・情報及び治験の結果に関しても同様である。また，被験者の個人情報は，治験実施に際し必要に応じてその利用等について，被験者の承諾を得る。治験を通じて得られた情報を専門学会等に公表する場合は，事前に治験依頼者の承諾を文書で得，個人情報に関しては被験者の承諾を得る。治験治験薬管理業務に関する全ての記録は順に従って，保存しなければならない。

【参考文献】

Buerki, R.A. & Vettero, L.D. (1996) Ethical Responsibility in pharmacy Practice, American Institute of the History of Pharmacy.

Nadzam, D.M. (1998) A system approach to medication use. In Cousins DD (ed.): Medication use: a System Approach to Reducing Errors/Oakbrook Terrace, IL: Joint Commission on Accreditation of Healthcare Organizations, pp.7.

Parker, P.F. (1965) The University of Kentucky Drug Information Center, *Am. J. Hosp. Pharm*. 22, pp.42-47

岩本喜久生（2010）「専門薬剤師・認定薬剤師とは，制度誕生から最近までの歩み」『ファルマシア』46(8)，pp.785-789

内山充（2004）「信頼される薬剤師認定をめざして」『週刊医学界新聞』第2596号

小原延章・恵谷秀紀（2007）IRYO. 61(10)，pp.664-665

川崎近太郎（1980）「DURとクリニカルファーマシー」『病院39』pp.302

中井清人・河原敦（2011）「米国薬剤師の共同薬物治療管理業務Collaborative Drug Therapy Management（CDTM）による取組み」『医療薬学』37(3)，pp.133-143

西岡豊他（2006）『日本病院薬剤師会雑誌』42(8)，pp.1085-1115

松葉和久（1999）「病院薬剤師像 21世紀への展望～アメリカの近代薬剤師史を考察して～」『日本病院会雑誌』46(5)，pp.666-672

三輪亮壽（2009）「薬剤師と法律：これからの薬剤師の役割分担と責任（Ⅳ）『日本病院薬剤師会雑誌』45(4)，pp.508-510

インターネット：薬学用語解説（日本薬学会）

独立行政法人医薬品医療機器総合機構HP

日本学術会議薬学委員会専門薬剤師分科会提言「専門薬剤師の必要性と今後の発展―医療の質の向上を支えるために」2008年8月26日

日本薬史学会編（2016）『薬学史辞典』薬事日報社

平成11年度日本病院薬剤師会病院薬局協議会（1999）日本医療薬学会HP

（松葉　和久）

第12章 財務管理

1. 会計の意義―何のために会計を学ぶのか

　1873年（明治6年）に福沢諭吉が日本に初めて「簿記」を伝えた後，大正時代に入った頃から「会計」という学問が本格的になった。「会計」は，accountingを訳したもので，動詞accountの名詞形である。辞書で動詞accountを調べると，「説明する」という意味が載っている。すなわち，「会計」とは何か?に一言で答えれば，「説明すること」である。では，①誰が，②何を，③誰に，④何のために，⑤どのような方法で，⑥どうするのかを考えると，会計の意義が明らかになる。

　　①誰が　　　　　　⇒ あらゆる経済主体
　　②何を　　　　　　⇒ 経済活動
　　③誰に　　　　　　⇒ 会計情報の利用者
　　④何のために　　　⇒ 適切な意思決定ができるため
　　⑤どのような方法で　⇒ 主に貨幣額で測定・記録・集計
　　⑥どうする　　　　⇒ 報告

　会計とは，「あらゆる経済主体の経済活動を，会計情報の利用者が適切な意思決定をできるように，主に貨幣額で測定・記録・集計し，報告すること」と定義される。一見難しく感じるが，会計は身近に利用されている。たとえば，

大学のゼミで懇親会を開催したことを想定してみよう。懇親会の幹事は，ちゃんと"割り勘"ができているかをゼミ生全員が判断できるように，集めた会費とお店に支払った代金を記録しておいて，次のゼミで報告する。これは会計である。子供の頃につけた小遣い帳や，家庭を持ってからの家計簿なども立派な会計の一形態である。

　18世紀後半の産業革命以降，人間社会における企業の役割が重要になったため，一般に会計といえば，営利を目的とする企業の会計が中心となる。企業で会計が重要であることはいうまでもない。日本を代表する企業のトヨタ自動車やソフトバンクグループは，社員に会計スキルを強く求めている。社員一人ひとりのコスト概念や経営参画意識が重視されているのであろう。また，稲盛和夫京セラ名誉会長の「会計の理解なくして経営は理解できない」という言葉は，会計が経営と強く結びつくことを端的に表わしている。

　また，近年は地方自治体における企業会計方式の導入，改正された学校法人や医療法人の会計など，営利を目的としない組織の会計にもその領域が拡大している。地方自治体，学校や病院などは営利を目的とする組織ではないが，これらが多額の負債を抱え資金がなくなれば，行政，教育，医療サービスを我々に提供することは不可能となる。営利と関係ない組織が資金難や経営難に陥っているケースは少なくない。納付した税金の使い道は適切か，支払った授業料は自分たちの教育に還元されているか，受診料に見合う医療サービスは受けられたかなど，会計による説明は，非営利組織にも当然適用されるのである。

　こうした経済主体は，経済性の原則（最小の犠牲で最大の効果をもたらすこと）により行動し，その経済活動を「財務諸表（Financial Statements）」という一覧表にして開示する。この財務諸表によって伝えられる情報は，会計によって作成する情報であるから会計情報といわれる。会計情報の利用者は，財務諸表に表示される財務状況（財政状態，経営成績，キャッシュ・フローの状況など）に関する情報を様々な意思決定に利用する。営利目的の企業では，経営者などが経営計画や業績評価のために会計情報を必要とするし，株主や債権者，税務署などは利益の配分などに関する会計情報を必要とする。営利を目的

としない組織では，内外の関係者が，資金の収支や財産の保全などに関する会計情報を必要とする。お金が絡んだすべてのやり取りのことを「経済」というが，会計は経済社会をスムーズにするために必要不可欠である。会計によってもたらされる情報は，あらゆる経済主体と社会とのコミュニケーション・ツールであると理解できる。

さらに，会計は私たちの生活や暮らしにも密接に結びついている。株式や債券の価格，石油価格の上昇，金利や為替の変動などは，企業の業績に大きく影響する。また，個人型確定拠出年金（通称「iDeCo（イデコ）」）が拡大されたことをきっかけに自分の将来資金を増やそうとか，職場からの給料やボーナスの水準は適切なのか知りたいとかの場合，会計の知識があるのとないのとでは大きな差が出てしまう。今後もお金と無縁の生活を送ることは考えられないし，将来が不透明な現代社会であるからこそ，会計センスを身に付けてお金のやりくりをしていくことは大切なことである。会計は私たちのごく身近な問題であり，その意味でも会計を学ぶ意義は大きい。

会計は数字が出てくるし，関係する難関資格試験のイメージから，難しいと感じてしまう学生がいる。また，将来は会計の専門家を目指すこともないし，経理や財務の部門で仕事をするわけでもないから，会計の勉強は関係ないと思いがちであるが，それは間違いである。学生諸君は，会計の意義やその社会的な役割を理解し，興味を持って会計を学び，将来の仕事や生活に役立ててほしい。

2. 会計の分類

経済主体は多様であり，その会計情報の利用者も多岐に渡る。これらの観点から会計を分類し，会計領域の全体像を俯瞰することにする。

まず，経済主体（誰が）による分類を示すと，図表12-1になる。会計は，営利を目的とする企業で行われる営利会計と，営利を目的としない組織で行われる非営利会計に大きく分けられる。

【図表12-1】経済主体による分類

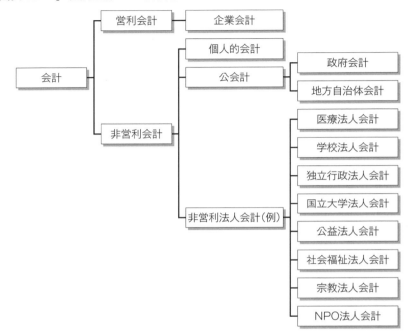

出所：筆者作成

　営利会計は，会社組織を中心に行われる企業会計である。会社組織には，株式会社，合名会社，合資会社，合同会社があるが，会計情報利用者が最も多岐に渡るのが株式会社であるため，企業会計の中心は株式会社会計である。営利会計における財務諸表は，利益の計算を行う「損益計算書」や，財産の計算を行う「貸借対照表」，資金の計算を行う「キャッシュ・フロー計算書」などがあり，これらの一覧表によって経済活動が会計情報利用者に報告される。なお，ラーメン屋とか花屋のように個人で事業を営んでいる場合は，企業会計と分けて個人事業会計として分類することがある。

　非営利会計は，個人的会計（家計，町内会活動など）と国や地方自治体などの行政機関で行われる公会計，非営利法人で行われる会計，たとえば医療法人

【図表12-2】 会計情報の利用者による分類

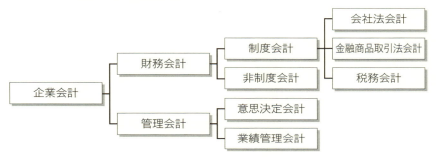

出所：筆者作成

会計，学校法人会計などがある。

　社会を構成する多種多様な経済主体の経済活動は，会計という"ものさし"を使って，それぞれの会計情報の利用者に説明されている。なお，経済主体が国である場合，国民所得や資金の流れなどが中心となり，これをマクロ会計（国民経済計算）と呼ぶ。これは経済学の研究対象となるが，会計の手法を用いて明らかにされる。これに対し，家計，地方自治体，病院，学校など個別の経済主体を対象とした会計をミクロ会計と呼び，これが会計学の研究対象となる。

　つぎに，会計情報の利用者（誰に）による分類を，特に企業会計に関して示すと，図表12-2になる。企業会計は，会計情報の利用者が企業の外部者であるか，内部者であるかによって，財務会計と管理会計に分けられる。財務会計は，株主，銀行などの債権者，税務署などの企業外部の会計情報利用者に報告される会計であり，外部報告会計とも呼ばれる。一方，管理会計は，社長や部長に対して報告する会計であり，内部報告会計とも呼ばれる。

　財務会計は，その報告が一定の法律で義務付けられているか否かにより，制度会計と非制度会計に分けられる。制度会計は，会社法，金融商品取引法，法人税法のそれぞれの目的で会計の取り扱いが異なるため，それぞれに固有の領域としての会社法会計，金融商品取引法会計，税務会計に分類される。なお，

海外の投資家から資金を調達する企業では、日本とは異なる会計ルールを必要とする場合があり、その会計領域を国際会計と呼ぶ。現在、国際的に会計ルールは統合されつつあり、自国の会計基準を国際財務報告基準（IFRS）に近づけたり、強制的に適用したりすることで、各国の会計基準の統合化が進められている。非制度会計は、法律で義務付けられていない会計であるが、積極的に取り組むことで企業の社会的責任（CSR）を果たそうとする会計領域である。近年では、社会的な環境問題への意識の高まりから、環境会計という分野がある。

　管理会計は、設備投資を実施すべきか否か、購入するかリースにするかなど、経営者の判断に資する意思決定会計と、予算編成や利益計画の策定などに資する業績管理会計に分類される。管理会計は、一定のルールがある財務会計と異なり、それぞれの企業のニーズによって独自に行われる。

　上記は、企業会計における分類であるが、非営利会計であっても、個人的会計を除くそれぞれの経済主体ごとに会計基準は存在し、それに基づいて会計処理と外部報告は行われるし、近年は非営利法人の財務管理または経営管理の重要性が高まっている。よって、財務会計と管理会計の会計領域は企業だけに求められるものではない。営利を目的としない組織に従事する場合でも、非営利会計に企業の会計領域が拡大されている現状を認識し、企業会計を中心とした会計の学びが求められる。大学における科目名では、商業簿記、財務会計論、財務諸表論、税務会計、非営利組織会計、監査論などは、主として財務会計に属し、工業簿記、原価計算、管理会計論、経営分析などは、主として管理会計に属している。上記の会計領域を意識して、会計の学びを深めてほしい。

3. 病院の会計

　日本の病院は、その開設主体が多岐に渡ることを特徴とするが、国や地方自治体が開設する病院はもとより、学校法人や社会福祉法人などをはじめ医療法人が開設する病院も、営利を目的とする医療行為が禁止され、剰余金の配当は

禁止されている。厚生労働省「医療施設動向調査（平成30年10月末概数）」によれば，医療法人の開設する病院が全国8,365病院のうちの5,756病院（68.8％）を占める。その医療法人には企業と同様に法人税が課されるなど，剰余金の配当が禁止されていること以外，財務上の基本的な相違はない。

病院の開設主体は法人と個人があるが，法人の場合，その目的によって法的形態が異なるので，準拠する会計基準も異なってくる（図表12-3）。医療という同一の事業を行いながら，準拠すべき会計基準が異なるので，病院間の比較可能性が確保されない。そこで，「病院の財務諸表は，病院会計準則の規定に従って，病院を一つの会計単位として貸借対照表，損益計算書，キャッシュ・フロー計算書及び附属明細表を作成するのが原則」（病院会計準則適用ガイドライン2.）とし，開設主体の異なる病院間における財務情報の比較可能性を確保することが求められている。ただし，近年，各法人の会計基準の改正が相次いで行われ，積極的な企業会計方式の導入がみられる。よって，開設主体間における会計処理や表示上の根本的な相違は少なくなってきており，病院会計準則との乖離も解消されつつある。

【図表12-3】開設主体と準拠する会計基準

開設主体	例	準拠する会計基準
独立行政法人 国立病院機構	国立病院	独立行政法人会計基準
国立大学法人	国立大学医学部付属病院	国立大学法人会計基準
都道府県	都道府県立病院	地方公営企業法
市町村	市町村立病院	同施行令・同施行規則
地方独立 行政法人	公立大学医学部附属病院	地方独立行政法人会計基準（一般型）
	(旧)自治体立病院	地方独立行政法人会計基準（公営企業型）
公益法人	医師会病院	公益法人会計基準
医療法人	医療法人立病院	医療法人会計基準
私立学校法人	私立大学医学部付属病院	学校法人会計基準
社会福祉法人	済生会病院	社会福祉法人会計基準
企業	JR病院・NTT病院・逓信病院	企業会計基準

4. 病院の財務会計

(1) 外部報告と会計情報利用者

　財務会計は，外部の会計情報利用者に報告され，外部報告会計と呼ばれる。病院においては，その財政状態，経営成績（運営状況），資金の流れを明らかにし，それを病院外部の会計情報利用者に報告することが目的となる。病院外部の会計情報利用者には，監督官庁（国・地方自治体）・税務当局・審査支払機関（支払基金・国保連）・債権者（金融機関など）・ベンダー（医薬品や医療器具の仕入先・システム会社など）・患者・地域住民などが挙げられる。病院を開設する法人は，各法人の準拠する会計基準に従って財務報告が行われるが，基本的には，貸借対照表，損益計算書，キャッシュ・フロー計算書の財務3表により，病院外部の会計情報利用者に会計情報が提供される。

(2) 貸借対照表

　貸借対照表（Balance Sheet：B/S）は，決算日（通常は3月31日）における病院の財政状態を表した一覧表である。病院がどのような財産を持っていて，借金はどれくらいあるかという状態を明らかにする一覧表であり，我々の健康状態を示す健康診断書に例えれば分かりやすい。貸借対照表の貸方（右側）は，どのようにお金を集めてきたか（資金の調達源泉という）を示す，「負債」と「純資産」が計上される。負債は，借入金のように返さなければいけないお金（返済義務があるもの）で，他人資本ともいう。純資産（資本）は，資本金のように返さなくてもいいお金（返済義務がないもの）で，自己資本ともいう。一方，貸借対照表の借方（左側）は，その調達したお金をどのように使っているか（資金の運用形態という）を示す「資産」が計上される。資産には，現金預金や土地，建物などの財貨と，医業未収金などの権利がある。貸借対照表の特徴は，借方の「資産」と貸方の「負債」「純資産」の合計金額は常に一致することにある。よって，資産＝負債＋純資産，または資産－負債＝純資産という式が成立する。ここに，貸借が対照する表，またはバランス

シートと呼ばれる所以がある。

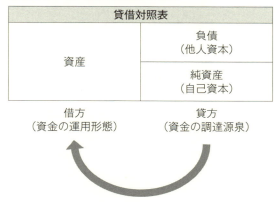

【図表12-4】貸借対照表の構造

出所：筆者作成

　貸借対照表における資産や負債の各項目の金額を決定することを評価という。この評価のために使われる基準を評価基準というが，資産の評価基準には，①過去の出来事により評価する「取得原価基準」，②現在の出来事を利用する「時価基準」，③将来の出来事を予測して評価する「割引現在価値基準」の3つがある。

　取得原価基準は，資産を取得するために支出した金額を基礎に評価する方法である。取得原価は，外部の第三者との取引に基づく金額であるので客観性が担保される。また，資産の市場価額が上昇しても評価益を計上することがなく，資金的裏付けに欠ける利益を排除することができる。こうしたメリットから，取得原価基準は原則的な評価基準とされている。なお，取得原価基準に関連して，「費用配分の原則」という考え方が重要となる。費用配分とは，資産の取得原価を，その消費や価値の減少に応じて，費用となる部分と資産として次期に繰り越す部分とに分けることである。病院の土地以外の建物やパソコン（備品）などの資産を考えてみよう。これらは，利用や時の経過に従って価値が減少していく。この資産価値の減少，すなわち減価という経済的事実に基づ

く取得原価の配分計算の手続きを「減価償却」という。病院会計において，減価償却費は人件費や材料費に次いで金額の大きい項目である場合が多い。

　時価基準は，資産を時価によって評価する方法である。病院が保有する株式や債券などの有価証券を考えてみよう。とくに上場株式はその価格が常に変動するので，いつの間にか取得原価から大きくかけ離れた金額になることがある。こうした実態を会計情報利用者に的確に報告するためには，証券取引所のような市場価格に代表される時価によって評価しなければならない。時価基準は，取得原価基準による評価の欠点を補完するために適用されるのである。

　割引現在価値は，資産を保有し続けることによって将来得られると予想されるキャッシュ・フローを現時点の価値に換算した金額である。将来の収入の流れを予想しなければならないし，それらを現時点の価値に換算する「割引」という手続きが必要である。リース会計や固定資産の減損会計など，近年，会計の国際化が進む中で重要な評価基準である。病院会計準則ではすでにリース会計が導入されているし，各開設主体が準拠する会計基準や改正された医療法人会計基準では，リース会計はもとより，固定資産の減損会計が導入されていることから，割引現在価値基準による資産評価について理解しておいてほしい。

　負債の評価基準は，その金額が契約によって定まる法律上の債務が多い。しかし，賞与引当金などは見積もりを必要とするし，退職給付引当金では，将来の退職一時金や年金支給額の現在価値を予測計算しなければならない。負債の評価基準においても，割引現在価値の考え方を理解しておく必要がある。

(3) 損益計算書

　損益計算書（Profit and Loss Statement：P/L）は，一定期間（通常は4月1日から3月31日までの1年間）における病院の経営成績（運営状況）を表した一覧表である。病院がどれくらい患者から収入を得て，そのために医師や職員の給料，医薬品にどれくらい費やしているのかを示す一覧表であり，成績表や通信簿に例えれば分かりやすい。損益計算書の貸方（右側）は，提供した医療サービスに対する対価である入院診療収益や外来診療収益，運営費に対する補

助金などの「収益」が計上される。一方，損益計算書の借方（左側）は，医薬品などの材料費，給料や賞与の給与費などの「費用」が計上される。その結果，経営成績は収益－費用＝利益（マイナスとなる場合は損失）という形で示される。収益が純資産の増加要因（経営成果）であり，費用は収益獲得のために犠牲となった純資産の減少要因（経営努力）であるので，その差額としての利益は，貸借対照表の純資産を増加させることになる。

【図表12-5】損益計算書の構造

損益計算書	
費用 （経営努力）	収益 （経営成果）
利益	
借方	貸方

出所：筆者作成

　損益計算書の特徴は，どのように利益または損失が生じたかを明確にするため，相互に関連する収益と費用を区分ごとに対応表示させることにある。病院会計準則における損益計算書の様式例では，①医業損益区分，②経常損益区分，③純損益区分の3つの計算区分を設けている。①医業損益区分では，医業収益（入院診療収益・室料差額収益・外来診療収益・保健予防活動収益など）－医業費用（材料費・給与費・委託費・設備関係費など）＝医業利益または医業損失により，病院本来の業務である医業活動の成果を示す。②経常損益区分では，①の医業利益または医業損失に，医業外収益（受取利息および配当金・有価証券売却益・患者外給食収益・運営費補助金収益など）および医業外費用（支払利息・有価証券売却損・患者外給食材料費・診療費減免額など）を加減し，経常利益または経常損失として，病院本来の業務以外の活動を含めた経常的な成果を示す。③純損益区分では，②の経常利益または経常損失に，臨時収益（固定資産売却益など）および臨時費用（災害損失など）を加減し，税引前当期純利益または税引前当期純損失が表示される。最後に，当期に負担する税

金（法人税，住民税及び事業税負担額）を控除し，当期純利益または当期純損失として，最終的な成果を示す。

【図表12-6】損益計算書における損益計算区分（病院会計準則）

①医業損益区分	医業収益
	△医業費用
	医業利益（医業損失）
②経常損益区分	医業外収益
	△医業外費用
	経常利益（経常損失）
③純損益区分	臨時収益
	△臨時費用
	税引前当期純利益（税引前当期純損失）
	△法人税，住民税及び事業税負担額
	当期純利益（当期純損失）

出所：筆者作成

損益計算書において収益や費用を計上する場合，収益たる純資産の増加要因（経営成果）や費用たる純資産の減少要因（経営努力）をどのタイミングで認識するかが重要となる。なぜなら，収益や費用は目に見えない概念であり，それがどの時点で生じたかという考え方によっては，収益や費用の計上するタイミングが異なってくるからである。これが収益・費用の認識基準であり，①「現金主義」，②「発生主義」，③「実現主義」などがある。

現金主義は，実際の現金収入および現金支出に基づいて，収益および費用を計上する基準である。たとえば大学祭の模擬店のように，売り上げをすべて現金で受け取り，具材の仕入れや機材のレンタル代もすべて現金で支払っている場合，その現金収入と現金支出の差額が利益となる。しかし，個人的会計以外の会計領域では，この方法で利益が計算されることはない。株主から現金で出資された資本金や金融機関からお金を借りた場合，現金は増加するが，収益として計上されない。なぜなら，資本金や借入金による現金の増加が，純資産の増加要因（経営成果）にはならないからである。また，建物や備品を現金で購

入した場合，現金は減少するが，費用として計上されない。なぜなら，建物や備品の購入に伴う現金の減少は，純資産の減少要因（経営努力）に該当しないからである。以上のことから，現金主義は，収益・費用の認識基準として，原則認められていない。

　発生主義は，純資産の増減を伴う経済的事実が発生した時点で，収益および費用を計上する基準である。建物や備品などを現金購入した場合，建物や備品という資産が増加すると同時に現金という資産は減少し，純資産は増減していないので費用計上しない。この場合は，先述したように，取得原価主義で評価した金額を資産として計上し，その後の利用や時の経過により価値が減少するという経済的事実が発生した時点で費用を計上する。これが発生主義の考え方である。このように実際は，現金の収支と収益・費用の発生のタイミングは異なることが多い。身近な例で言えば，3月の携帯電話の利用料金が5,000円であり，その支払いが4月20日であった場合を想定しよう。現金は4月に減少するが，携帯電話の利用という事実は3月であるので，たとえ利用料金が未払いであっても，3月の費用（通信費）として計上されることになる。以上のように，発生主義の考え方は，主に費用の認識基準として重要である。

　実現主義は，現金収入が確実になった時点で収益を計上する基準である。経営活動の成果という観点からは，商品の販売という一時点ではなく，その商品の仕入れから販売に至るすべての付加価値形成プロセスに従って収益を認識すべきことになる。こうした発生主義の考え方により収益を認識すると，実際に商品が販売されればいいが，未販売になっている場合には，実際に売れるかどうかわからない不確実な収益を計上することになり，資金的裏付けのない利益が計算されてしまう。そこで，商品を引き渡したり，サービスを提供したりした後，商品やサービスの代金である現金や売掛金などを受け取ることが確定した時点で収益を計上するのである。このように，収益の認識に関しては，慎重性が要請されている。以上のように，収益の認識基準は原則として実現主義が採用される。

(4) キャッシュ・フロー計算書

キャッシュ・フロー計算書（Cash Flow Statement：C/F）は，一定期間（通常は4月1日から3月31日までの1年間）における病院の資金の状況を明らかにするため，活動内容ごとにすべての資金の収入および支出を記載して，その増減の状況を表した一覧表である。企業会計では，1998年にキャッシュ・フロー計算書が導入されている。病院会計準則では，運営状況を把握し，資金管理を円滑に進めていく上でキャッシュ・フロー情報が病院経営には不可欠であるとされ，2004年の改正においてキャッシュ・フロー計算書が導入された。

キャッシュ・フロー計算書が対象とする資金（キャッシュ）とは，現金および現金同等物である。現金には，手許現金のほか要求払預金が含まれる。要求払預金とは，当座預金，普通預金，通知預金などである。現金同等物とは，容易に換金可能であり，かつ価値の変動について僅少なリスクしか負わない短期投資であり，取得日から満期日または償還日までの期間が3ヶ月以内の定期預金，譲渡性預金，コマーシャルペーパー，公社債投資信託などである。

キャッシュ・フロー計算書では，①業務活動によるキャッシュ・フロー，②投資活動によるキャッシュ・フロー，③財務活動によるキャッシュ・フローの3区分を設けなければならない。①業務活動によるキャッシュ・フローでは，医業損益計算の対象となった取引のほか，投資活動および財務活動以外の取引によるキャッシュ・フローが記載される。業務活動によるキャッシュ・フローは，病院本来の医業活動によってどれだけの資金が増減したかを示す重要な区分である。業務活動キャッシュ・フローがプラスの病院は，外部からの資金調達に頼らずに，本来の医業活動で獲得した資金を新規の事業に投資したり，借入金を返済したりすることができると判断される。逆に業務活動キャッシュ・フローがマイナスの病院は，業務活動を継続するための資金が本来の医業活動で獲得できていないため，銀行から借り入れたり，土地や有価証券を売却したりすることで資金を調達しなければならない可能性があると判断される。業務活動キャッシュ・フローのマイナスが長期間続いてしまっている病院は，その存続が危うくなるので，業務活動キャッシュ・フローの内容を分析し，業務内

容の縮小や撤退を検討する必要が生じる。②投資活動によるキャッシュ・フローでは，固定資産の取得および売却，施設設備補助金の受入による収入，現金同等物に含まれない短期投資の取得および売却などによるキャッシュ・フローが記載される。投資活動によるキャッシュ・フローは，病院の将来に対する投資活動において資金がどれだけ増減したかを示す区分である。業務活動キャッシュ・フローがプラスの病院は，その資金を病院の将来の事業に投資していくので，本来の医業活動が順調な病院ほど投資活動キャッシュ・フローはマイナスになる可能性が高い。③財務活動によるキャッシュ・フローでは，資金の調達および返済によるキャッシュ・フローが記載される。財務活動によるキャッシュ・フローは，病院がどの程度の資金を必要としているのかを示す区分である。業務活動キャッシュ・フローがプラスの病院は，その資金を銀行借入の返済に充てるので財務活動キャッシュ・フローはマイナスになる。一方，業務活動キャッシュ・フローがマイナスの病院は，一般的に銀行借入による資金調達を行うので財務活動キャッシュ・フローはプラスになる。このように，財務活動キャッシュ・フローは，病院のファイナンス活動に関する資金の増減を示すことになる。

5. 病院の管理会計

（1）内部報告と経営管理

　管理会計は，内部の会計情報利用者に報告され，内部報告会計と呼ばれる。我が国の病院は，病院会計準則によって，病院ごとの財政状態や経営成績（運営状況），キャッシュ・フローの状況を体系的，統一的に捉え，他病院と比較することでそれぞれの病院の経営実態を把握し，改善向上に役立てることになる。病院会計準則は，それぞれの病院の経営に有用な会計情報を提供することを目的としており，管理会計の側面が重視されている。また，医療機関の第三者評価である日本医療機能評価機構によって行われる病院機能評価（2018年4月以降の<3rdG：Ver2.0>）では，第4領域「理念達成に向けた組織運営」に

おいて,「会計処理が適正に行われ,経営状況の把握と分析による経営管理が的確に実施されていること」が評価項目になっている。病院の経営管理者が,管理会計を活用することで経営状況の把握と分析を行っているかが評価の対象となる。

近年の診療報酬の抑制政策や診療群分類包括評価（DPC），在院日数短縮政策などにより，病院を取り巻く経営環境は厳しくなっている。患者に質の高い医療サービスを提供し続けるためには，最新の医療機器の導入や病院設備の建て替えなどが継続的に必要であるが，その資金を利益として確保していかなければならない。そのために，設備投資を実施すべきか否かなどの意思決定会計や，予算管理などの業績管理会計の重要性が極めて高くなってきた。管理会計は，財務会計と異なり一定のルールが存在しないので，それぞれの病院が独自に行うマネジメント手法となる。病院がいかに有効な管理会計手法を活用するかで，病院経営を大きく左右する可能性があることを認識してもらいたい。

管理会計は，病院の経営管理者が経営管理に役立てることを目的とした会計であり，重要なツールである。経営管理とは，理念やビジョンをもとに経営計画や経営戦略を策定し，それに基づいて経営活動を展開し，その結果を評価し，改善点を次の経営計画や経営戦略の策定につなげるプロセス（PDCAサイクル）である。病院の経営管理者は，ヒト・モノ・カネ・情報からなる経営資源を適切に配分することで，コストを抑えて質の高い医療を提供したり，医療サービスに対する患者満足度を高めたりするなど，付加価値を生み出さなければならない。管理会計の役割は，経営管理におけるPDCAサイクルを通して，有用な会計情報を提供することにある。

(2) 管理会計手法

病院の管理会計の手法は数多く存在する。主なものは，短期利益計画において設定した目標利益を達成するための計画を立案し，それを実現させるために組織活動の統制を行う「利益管理」，その利益計画において用いられる「損益分岐点分析」，目標利益を達成するため，責任部門ごとに予算を編成し，予算

数値と実績数値とを比較して業績評価を行う「予算管理」，従業員が自らの業務目標を設定し，その進捗管理を行い，達成度を把握する管理手法である「目標管理」，現状の問題点やその改善点を見出す「経営分析」，経営戦略と結びついた4つの視点から総合的に業績評価を行う「BSC（バランスト・スコアカード）」などがある。管理会計では，財務数値だけでなく，患者満足度や入院患者数などの非財務数値が活用される点で，財務会計とは異なる特徴がある。

　ここで，病院における原価計算の重要性を指摘しておきたい。原価計算の目的の一つに「原価管理」があり，管理会計手法に属する。原価管理とは，原価の標準を設定し，実際の発生額と標準額を比較して，その差異の原因分析をすることで原価能率を高める措置を講ずることである。今日，出来高払い制の診療報酬体系に対し，1日当たりの診療群ごとの定額報酬であるDPCの導入が拡大されている。DPCにおいては，効率的な診療サービスの提供，すなわち医業費用を一定に抑えて利益の確保に努めなければならない。医業費用を一定に抑えるためには「原価管理」が必要であり，そこに原価資料を提供するための「疾病別原価計算」や「患者別原価計算」が求められる。

　以下，利益計画で用いられる代表的な管理会計手法である「損益分岐点分析」と，病院での導入が多くなっている「BSC（バランスト・スコアカード）」を取り上げ説明する。

(3) 損益分析点分析

　損益分岐点とは，病院の損益がゼロになる状態のことである。つまり，医業費用の合計と医業収益の合計が同じ金額である状態を指す。どの程度の医業収益があれば赤字にならないのか，赤字になるのであれば，どの程度の医業費用を削減しないといけないのかが把握できる。医業費用は変動費と固定費に分類し，以下のような算式で損益分岐点医業収益高が算定される。

【図表12-7】 損益分岐点図表

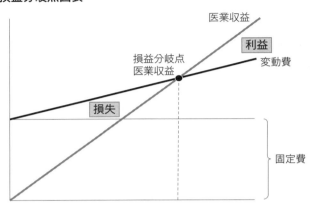

出所：筆者作成

$$損益分岐点医業収益高 = \frac{固定費}{1 - \dfrac{変動費}{医業収益高}}$$

　利益計画を策定する際には，以下の3つの方法がある。1つ目は，固定費に目標利益を加算して算定された医業収益高まで収入を増加させることで，目標利益を達成させる。2つ目は，医薬品費や診療材料費，委託費などの変動費を削減して変動費率（変動費/医業収益高）を下げることで，目標利益を達成させる。3つ目は，給与費や広告宣伝費，減価償却費などの固定費を削減することで，目標利益を達成させる。このように，損益分岐点分析を行う際は，病院の損益構造を把握することが重要である。

(4) BSC（バランスト・スコアカード）

　「予算管理」は財務尺度に偏重した業績管理システムであったが，BSCはそこに非財務尺度をバランスよく取り入れ，4つの視点をビジョンや経営戦略と関連させて総合的に業績評価を行う手法である。4つの視点は，上位から①財

【図表12-8】 病院BSCのフォーマット（例）

ビジョン						
区分	戦略目標	重要成功要因	業績評価指標	2018年度実績値	2019年度目標値	アクションプラン
患者の視点						
財務の視点			目標を数値化し、具体的に落とし込んでいく →			
内部プロセスの視点						
学習と成長の視点						

出所：筆者作成

務の視点，②顧客の視点，③内部プロセスの視点，④学習と成長の視点の順で配置され，その中心にビジョンや経営戦略がある。BSCでは，ビジョンや経営戦略に基づいて，4つの視点ごとに戦略目標を設定する。そして，戦略目標を成功に導くために重要となる成果目標を重要成功要因とし，業績評価指標を数値化する。さらに，業績評価指標をクリアするための具体的な活動計画をアクションプランとして記述する。なお，病院BSCでは，「顧客の視点」を「患者の視点」と言い換えたり，「財務の視点」よりも「顧客の視点」を最上位に配置したりするなどのアレンジがみられる。

また，BSCでは，病院ビジョンを実現するための道筋が可視化できるように「戦略マップ」が作成される。すなわち，病院のビジョンを達成するために，4つの視点がどうような因果関係をもって作用しているのか，そのストーリーを描くのである。たとえば，地域医療に貢献するという病院ビジョンを達成するため，患者満足度を向上させるとか，がん医療の拠点病院になるなど，「顧客の視点」の戦略目標が設定される。そのためには，安定した財務基盤の構築など，「財務の視点」の戦略目標を実現させる必要がある。また，業務プロセスの効率化や，医療機能の強化，地域連携の深化など，「内部プロセスの視点」の戦略目標を実現しなければならない。さらに，研究・研修の充実や職員満足度の向上など，「学習と成長の視点」の戦略目標を実現することが不可欠となる。

医業収益などの財務数値は，過去の結果としての業績であるが，患者満足度

や紹介率などの非財務数値は，将来の目標設定であり，結果に至るまでの原因やプロセスである。財務指標に加え数値化された非財務指標をも業績管理の対象とし，ビジョンを達成するまでの戦略を可視化できるようにしたことが，他の管理会計手法と異なるBSCの特徴である。

【参考文献】
荒井耕（2013）『病院管理会計 持続的経営による地域医療への貢献』中央経済社
上野清貴（2015）『スタートアップ会計学』同文舘
倉田三郎・藤永弘編著（2010）『現代会計学入門』同文舘
田島誠一・髙橋淑郎編著（2014）『新医療秘書実務シリーズ2 病院管理』建帛社
永野則雄（2014）『ケースブック会計学入門（第4版）』新世社
荻原正英・横山隆史・加藤修之編著，池上直己監修（2011）『病院経営のための財務会計・管理会計』じほう
溝口周二・奥山茂・田中弘編著（2016）『わしづかみシリーズ管理会計を学ぶ』税務経理協会
トーマツライフサイエンス・ヘルスケアインダストリーグループ（2015）『会計実務Q&A 医療機関』中央経済社
日本大学会計学研究室編（2016）『はじめての会計学（第5版)』森山書店
立命館会計教育研究会編（2012）『スタートライン会計学』中央経済社

(河合　晋)

第13章 診療報酬請求・DPC・診療情報管理

　我が国では，すべての国民が何らかの医療保険に加入しなければならない。これを「国民皆保険」といい，日本の医療制度の大きな特徴とされている。医療保険制度下では，患者の支払う医療費のことを「診療報酬」といい，請求業務を「診療報酬請求事務」という。病院には「医事部門」とよばれる部署があり，主にこの業務を扱っている。本章では，病院の大きな収入源である診療報酬のしくみについて概説していく。医療サービスの特殊性を理解しよう。

1. 診療報酬請求の行われる場所――医事課――

　この章で扱う「医事」とは，医療関係者及び医療関係施設に関する事項全般を指している。一般によく知られている「医療事務」の略語ではないので，注意しなければならない。したがって，本章では，**医事管理**とは，医療に関する管理業務のことを意味している。

　病院には，一般に医事課と呼ばれる部署があり，主に病院内の事務業務を行っている。もう少し噛み砕いて言えば，総務，経理といった所謂一般企業の事務とは違い，診療行為の料金化，診療録（カルテ）の作成，保険証[1]の確

---

(1) 正しくは，「被保険者証」というが，一般には保険証と呼ばれている。医療保険に加入している証明書であり，医療機関に持参しないと原則として保険を使うことはできない。

認等，病院独特の業務を行う部署である。
　医事管理を行う部署は医療機関によって，医事課，医療事務課，医療サービス課等多様な名称がつけられているが，本章では医事課と呼ぶこととする。
　では，簡単に医事課の行っている業務をみてみよう。

◆外来の仕事‥‥患者の受付と案内，予約の管理，医療費の計算と徴収等。
◆入院の仕事‥‥入院・退院の受付と案内，病室の管理，医療費の計算と徴収等。
◆保険請求業務‥‥保険を使った医療費の計算と保険者への請求。
◆未収金の管理‥‥患者から徴収できなかった医療費等の管理。
◆統計の仕事‥‥患者数，入院日数等の分析等。
◆その他の仕事‥‥各種文書作成，外注業者との折衝，医療相談，他部門との調整等。

　医事課の仕事は，患者に接する機会が多く，「病院の顔」とも言われる性質を持つ。また，他部署との折衝や調整も行っており，パイプのような役割を果たしている。医事課職員にはコミュニケーション能力，交渉力が求められており，パソコンに向かって書類を作成するだけの仕事というイメージは捨てるべきである。
　また，医事課は医療保険を扱う部署であるため，医療保険に関する知識が不可欠である。また，保険を使った医療には決まった費用の算出法があり，しくみの理解と計算能力も要求される。
　次節では，医療保険を使ったときの医療費のしくみやその内容を見ていこう。

2. 診療報酬請求とは

　我が国は，1961年（昭和36年）に国民皆保険制度をスタートさせた。つま

り，すべての国民は何らかの医療保険に加入しなければならないのである。言い換えれば，私達が病気や怪我によって診療を受けた時には，誰でも医療保険が使えるということでもある。しかし，医療には保険が使えるものと使えないものがあり，医療保険でまかなえるものを「**保険診療**」という。また，保険でまかなえないもの[2]は患者が原則として全額負担しなければならない。このような診療を「自費診療」「自由診療」といい，保険を使った診療と明確に区別されている。本項では，保険診療にスポットを当て，その特徴を理解していくことにしよう。

保険診療を行うためには，医療機関も医師も厚生労働大臣に申請し，それぞれ「**保険医療機関**」「**保険医**」としての登録を受けなければならない。また，保険医療機関および保険医が守らなければならない規則[3]もある。このように，保険を使った医療には多くの決めごとや制限があるため，あえて自由診療しか扱わない医療機関も少数ではあるが存在する。

次に保険診療にかかる費用について考えてみよう。私達は欲しい物を買うとき，どのような行動を取るだろうか。まずは品物を手に取り，品定めをするだろう。洋服ならば試着し，食品ならば鮮度を確かめるかもしれない。そして値札を見る。時には割引になっていることもあるだろう。購入を決めると，その対価として代金を支払う。

医療行為にも同じように保険診療の際に行われた医療行為等の費用が定められている。これを「**診療報酬**」といい，厚生労働大臣によって定められた『**診療報酬点数表**』（以下点数表と記す）に基づいて算定することになっている。点数表とあるように，診療報酬は点数制になっており，原則1点＝10円[4]で，全国共通である。ただし，労災保険に係る診療単価は1点＝12円（非課税医療

---

(2) 美容的なもの，予防的なもの，正常な妊娠等が該当する。
(3) 正式には「保険医療機関及び保険医療養担当規則」という。保険診療は，この規則に従って行われなければならない。
(4) 自由診療の医療機関であれば，このような決まりに縛られることはなく，価格は自由に設定することができる。

【図表13-1】診療報酬の決め方

```
┌─────────────────────────────────────────────┐
│    診療報酬の決め方―２年に一度の見直し         │
│                                              │
│ ┬ 厚生労働大臣が、中央社会保険医療協議会に諮問 │
│ │    →中医協は諮問に応じて審議                │
│ │    →文書をもって答申                        │
│ │                                            │
│ │  ◆諮問                                     │
│ │  一定の機関や有識者に対し、ある問題について意見を尋ね求めること。│
│ │  一定の内容を提示して専門家や専門機関に意見を聞くといった意味を  │
│ │  持つ。それに対する回答を答申という。        │
│ │                                            │
│ ┴ 厚生労働大臣が「診療報酬の算定方法」を告示   │
│ ↓                                            │
└─────────────────────────────────────────────┘
```

機関は11.5円）である。点数表には、医療行為一つ一つに費用が定められており、医療機関が勝手に変えることはできない。

診療報酬は通常2年に1度の見直しがある。これを一般に**点数改定**と呼んでいる。具体的な見直しを行うのは「中央社会保険医療協議会（中医協）」で、最終的には厚生労働大臣が決定することになっている。改訂の概略は図表13-1の通りである。改定年の2月ぐらいから、具体的な改定項目が厚生労働省のホームページで閲覧することができる。

点数改定では、点数の見直しだけでなく、項目の新設、修正、削除も行われている。算定の原則そのものが変わってしまうこともあるので、改訂時期になると医事課職員は情報収集に奔走する。各種団体が主催する説明会やセミナー等を利用して、適正な請求ができるように新点数の勉強をする病院も多い。特に新設の項目については、病院が運用に迷うことが多いため、全国から集まった質問にたいする回答が随時発表されている。2018年に新設された「妊婦加

算⁽⁵⁾」は，趣旨が理解されにくいため，厚生労働省は2018年11月2日に「妊娠中の健康管理及び妊婦加算の周知について」という協力依頼の文書を出した。しかし，世論の批判は避けられず2019年1月からの凍結が決まっている。このように，診療報酬制度は常に変化していると言っても過言ではない。医事課職員は，改定後であっても常に情報収集に努め，正しい算定に留意する必要がある。

　保険診療には特殊な決まりごとが多いが，前述の買い物の例とは異なり，その内容は一般にあまり知られていない。患者は医療の値段を提示されないまま，請求された金額を支払っているのである。2006年（平成18年）より，医療機関では，原則的に「医療費の内容の分かる領収書」及び「個別の診療報酬の算定項目の分かる明細書」を無償で交付することになった⁽⁶⁾ので，以前よりは医療費の中身が見えるようになった。しかし，診療報酬の仕組みは複雑で，簡単に理解できるものではない。その上，明細書の様式は，「診療報酬明細書（p.284 図表13-2）」と呼ばれる帳票を踏襲しているため，診療報酬の知識を持たない患者が治療内容を理解するのは不可能に近い。「個別の診療報酬の算定項目」は記載されているが，項目についての説明，算定の根拠，算定法等は一切書かれていない。医事課職員は，このような保険診療の特殊性を理解した上で，患者対応をする必要がある。近年AIの進出が目覚ましく，機械的な業務は減少傾向にあるが，患者の疑問に対して明快に答えが出せる事務職員は今後も必要であるといえよう。

---

(5) 妊婦を診察した場合，初診料に75点，再診料に38点を加算する。
(6) 『診療点数早見表［医科］2018年』pp.30-35。
　　正当な理由に該当する診療所については，平成22年8月2日までに地方厚生（支）局長あてに届け出を行うことにより，8月1日より明細書発行の義務は免除される（平20.4.30事務連絡より抜粋）。

3. 診療報酬請求のしくみ

　前項では保険診療の特徴を述べた。本項では，診療報酬請求のしくみついて見ていくことにしよう。

（1）個別出来高払い方式と包括支払い方式

　我が国の診療報酬には，原則として一つ一つの診療行為に点数が定められている。実際に行った医療行為をその点数にあてはめて合計していく方法をとっており，これを「個別出来高払い方式」と呼んでいる。この方法は，各診療行為についての技術評価を点数にしたもので，長く診療報酬制度の中心的位置にあった。一般に医療事務講座を主催している企業や医療事務系科目を置いている教育機関では個別出来高払いの学習を中心に行っているところが多い。一方「包括払い方式」は，「定額払い」ともいい，診療1日あたり，あるいは診療1件あたり等の算定単位を決めておき，診療内容を問わず診療報酬を定額で決める方法である。代表的なものとしては，診断群分類（DPC）を利用した定額払い方式がある。

　しかし，たとえ定額払い方式であっても，出来高払い方式を併用する場合がある。DPC制度では，一部，出来高払いを併用している。また，出来高払いであっても，包括的な考えが導入されている項目もある。たとえば，血液化学検査と呼ばれる検査は，4項目を超えると検査の項目数で点数が決まるしくみになっている。5～7項目で93点，8～9項目で99点という具合である。また，10項目以上では112点で，10項目を超える検査を実施してもそれ以上の点数は算定できないことになっている[7]。最近では，材料費や技術料なども包括される流れにあるため，適正な収入確保のためにも医事課職員は常に診療報酬の動きに留意し，最新の情報を入手するように努力していかなければならない。

---

[7]「診療点数早見表」医科2018年4月現在の診療報酬点数表，医学通信社（2018）pp.397-398

(2) 単価点数方式

前述したように、診療報酬は点数化されており、1点=10円と定められている。しかし、労災保険については、1点=12円（非課税医療機関は11.5円）で算定することになっている。また、介護保険による介護報酬では、点数ではなく「単位」で算定し、地域によって1単位=10.00円〜11.40円の幅がある。本章では、医療保険についてのみ言及する。

(3) 保険請求業務

保険診療では、医療費は患者負担分のみを徴収するので、患者負担は0割〜3割である。それでは、残りの10割〜7割はどうなってしまうのだろうか。このままにしておくと、病院経営は成り立たなくなってしまう。ここでは、患者から徴収しなかった医療費をどこに、どのように請求するのかを理解しよう。

患者から徴収しなかった医療費は医療保険でまかなうことになっている。これを**保険給付**という。保険給付分は、月ごとにまとめて保険者に請求するしくみになっている。請求するためには請求書を作成し、決められた期日までに提出しなければならない。この一連の業務を保険請求業務（以下請求業務と記す）という。請求業務は、およそ次のような流れで行う。

請求は患者ごとに「診療報酬明細書」を作成する。これが、診療報酬の請求書となる重要な帳票である。一般にこれを「レセプト」または「レセ」と呼んでいる（以下「診療報酬明細書」をレセプトと記す）。したがって、医療機関によっては、保険請求業務のことをレセ業務などということもある。レセプトには入院用と外来用がある。その様式は図表13-2、13-3に示す通りである。

レセプトは診療月の翌月10日までに提出することになっている。そのため、月末から月初にかけて請求業務が集中するが、医業収入を確保する重要な仕事の一つでもある。医事課職員は、常に正確な請求を心掛けなければならない。

【図表13-2】外来用レセプト

【図表13-3】入院用レセプト

診療報酬明細書
（医科入院）　　平成　年　月分

都道府県番号　　医療機関コード

1 医科	1社・国 2公費	3後期 4退職	1単独 2 2併 3 3併	1本入 3六入 5家入	7高入一 9高入7

保険者番号		給付割合	1098 7（ ）

被保険者証・被保険者手帳等の記号・番号	

公費負担者番号①	公費負担医療の受給者番号①
公費負担者番号②	公費負担医療の受給者番号②

区分	精神　結核　療養	特記事項
氏名	1男 2女 1明 2大 3昭 4平　・　・　生	
職務上の事由	1.職務上　2.下船後3月以内　3.通勤災害	

保健医療機関の所在地及び名称

傷病名	診療開始日	転帰	診療実日数
(1)	(1)　年　月　日	治ゆ　死亡　中止	保険　日
(2)	(2)　年　月　日		公費①　日
(3)	(3)　年　月　日		公費②　日

区分	内容		公費分点数
⑪初診	時間外・休日・深夜	回　点	
⑬医学管理			
⑭在宅			
⑳投薬	㉑内服	単位	
	㉒屯服	単位	
	㉓外用	単位	
	㉔調剤	日	
	㉖麻毒	日	
	㉗調基		
㉚注射	㉛皮下筋肉内	回	
	㉜静脈内	回	
	㉝その他	回	
㊵処置	薬剤	回	
㊿手術麻酔	薬剤	回	
⑥⓪検査病理	薬剤	回	
⑦⓪画像診断	薬剤	回	
⑧⓪その他	薬剤	回	
入院	入院年月日　年　月　日		
	病　診	⑨⓪入院基本料・加算　点 ×　日間 ×　日間 ×　日間 ×　日間 ×　日間	
		⑨②特定入院料・その他	

※高額療養費　円	※公費負担点数　点
	※公費負担点数　点

⑨⑦食事・生活	基準	円×　回
	特別	円×　回
	食堂	円×　日間
	環境	円×　日間

基準（生）　×　回
特別（生）　×　回
減・免・猶・Ⅰ・Ⅱ・3月超

療養の給付	請求　点	※決定　点	負担金額　円 減額 割（円）免除・支払猶予
保険			
公費①	点	点	円
公費②	点	点	円

食事・生活療養	回	請求　円	※決定　円	（標準負担額）　円
保険	回	円	円	円
公費①	回	円	円	円
公費②	回	円	円	円

次に，請求業務の内容を順に見ていこう。

（4）レセプト作成

　レセプトは原則として医療機関ごとに患者1人につき1件作成することになっている。1つの医療機関でいくつかの科を受診した場合であってもまとめて作成する[8]。また，月の途中で保険種別が変更になった場合や外来と入院が切り替わった場合などはそれぞれについてレセプトを作成する。

　また，レセプト作成には一定のルールがあり，医療機関の都合等で変更することは認められていない。レセプト作成用の用紙は白地のA4版[9]を使用し，記載に当たっては「黒若しくは青色のインク又はボールペン等を使用する。」等，細かい規定[10]がある。また，記載に使用できる略語，必要事項等も決められている。

　レセプト作成には通称レセコン，医事コンと呼ばれる専用コンピュータや医事ソフトが広く利用されている。算定が電算化されたことによって，業務は早くなり，大量の帳票を処理できるようになった。後述するが，診療報酬には基本となる点数だけでなく，多くの加算や包括点数があり，その運用は複雑である。その上，2年に1度の改訂もある。しかし，コンピュータを使用すれば診療報酬の改定にも素早く対応でき，加算等のチェック機能を使えば，自動的に不備を発見してくれるという利点がある。

　その一方，入力のコツだけを覚えて内容を理解しない医事課職員が増える恐れもある。点数表を勉強する機会が減り，診療報酬算定の能力が失われていく危険性もはらんでいる。ある病院では，医事課の研修でレセプトの手書きを敢えて行い，算定の原則を理解しようとする取り組みを実施している。教育現場

---

(8) ただし，医科・歯科併設の医療機関で両方の科を受診した場合は医科，歯科別々に作成する。
(9) 正確には，日本工業規格A列4番。
(10)「診療点数早見表」医科2018年4月現在の診療報酬点数表，医学通信社（2018）pp.1563-1629

第13章 診療報酬請求・DPC・診療情報管理

【図表13-4】医療機関へのアンケート
レセプトを手書きで書く授業は必要であると思いますか？

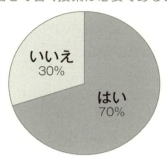

では，ほとんどの学校が診療報酬系の科目[11]でレセプトの手書きを実施している。医療事務系の資格試験も手書きレセプト作成が主流である。電算化の時代に逆行しているようであるが，筆者が医療機関の人事担当者に手書きの必要性を問うたところ70％が必要であると回答している[12]。

具体的には，「レセプトを原点から覚える効果はかなりあると思う。」
「仕事に就いてからでは，基本は学べない，点数表の理解には手書きが最も良い方法である。」といった声が聞かれ，手書きでの学習の重要性が明らかとなった。医事課職員は常に基本に立ち返り，知識を深めていくことが大切である。

(5) レセプト点検

作成されたレセプトは必ず点検する。内容に不備があると，請求した金額よりも支払い金額が少なくなる恐れがある。また，レセプトそのものが受け取られずに返ってくることもある。そのため，正しい請求がなされているか，記載方法に誤りはないか，請求もれはないか，多様な角度から点検する必要があ

---

(11) 診療報酬請求論，医療事務論，医療事務演習等の科目名で教育されている。
(12) アンケートは2008年9月～10月に実施した。58施設に配布し56施設（115名）から回答を得た。2016年10月も同様の調査を行ったが，結果はほぼ同じであった。

る。近年，レセプトの電子化が急速に進んでおり，2018年3月現在，92.9％が電子レセプト，7.1％が紙レセプトによる請求となっている[13]。うち，56.8％がオンライン請求であるため，一見，ペーパーレスが進んでいるように見える。しかしディスプレイ上での点検は困難で，算定ミスの見落としが多かったため，一旦紙レセプトに印刷してから点検している医療機関が多い。

　レセプト点検は，患者名，生年月日の記入もれ等の事務的な誤りのほか，薬剤や材料等が正しく使用されているかどうかのチェックも行う。特に薬剤は適用病名がないと算定できないので，注意が必要である。高額な材料を多く使用した場合は，その根拠を示す等，適正な請求であることを明らかにする必要もある。手術に使用する材料等が入力のミスによって抜けてしまうこともある。医事課職員は，日頃から医療行為とそれに使用する材料，薬剤，通常行われる検査，処置等を理解しておくことが大切である。

　診療内容の点検は医師が行う。これをドクター点検と呼ぶこともある。医師に点検を依頼する際は，傷病名と診療内容の関係をあらかじめ点検しておき，不備と思われるものに付箋を付けておくとよい。医師には特殊な診療の実施理由や必要性についての注記を依頼するので，事務的な作業は済ませておくことが望ましい。医師との交渉を円滑に行うためにも，診療報酬の知識のほか，医学，薬学の知識も医事課職員には必要である。

(6) 集計

　レセプトの点検が終わると，診療報酬請求書を作成するために，点数の集計を行う。レセプトを同じ種類ごとに仕分けをし，件数，日数，点数等を集計していく作業である。

(7) レセプト提出

　仕上がったレセプトは診療月の翌月10日までに提出するが，保険者に直接

---

[13] 社会保険診療報酬支払基金月別請求状況　平成29年3月診療分より抜粋。

第13章　診療報酬請求・DPC・診療情報管理

【図表13-5】診療報酬請求と支払いの流れ

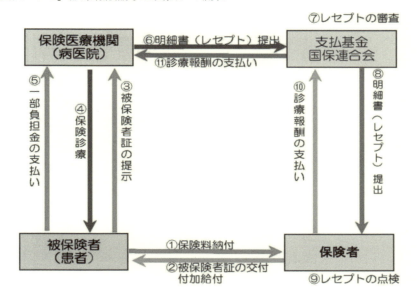

請求することはない。所謂レセプト審査支払機関に提出し，審査を受けることになっている。提出先は**社会保険診療報酬支払基金（支払基金）**と**国民健康保険団体連合会（国保連合会）**の2つであり，前者は主に被用者保険（社会保険），後者は国民健康保険のレセプトを扱っている。

　診療報酬請求の流れを図で表すと図表13-5のようになる。審査支払機関に提出されたレセプトは審査を受けるが，不備が発見された場合は，**査定（減点）**，**返戻**という処理がなされる。

◆査定‥‥審査支払機関で適正な診療報酬額になるように減点を行うこと。その内容は診療月の末日までに書面で通知される。査定された分は支払いがなされないため，医療機関の収入は減ることとなる。
◆返戻‥‥記載不備等で審査結果が出せないレセプトは，医療機関に戻され，その分の支払いは行われない。これを返戻という。医療機関は，不備を訂正

し，翌月に再び提出する。

　審査されたレセプトは保険者に送られ，ここでも点検を受ける。これ保険者点検という。保険者での点検が終わると審査支払機関を経由して，医療機関に診療報酬の支払いが請求月の翌月20日前後くらいに行われる。例えば，2月分の医療費は3月10日までにレセプトを提出するが，診療報酬が支払われるのは4月20日ごろとなる。

　審査支払機関の審査に不服がある場合は再審査請求を行うことができる。
必要書類を添付して提出の翌月10日までに提出する。オンラインでの請求も可能であるが，約3割の医療機関が依然，紙レセプトの再審査請求を行っている。

　レセプトの請求権には時効があることも忘れてはならない。一般の債権の事項は10年であるが，「医師，助産師又は薬剤師の診療，助産又は調剤に関する債権」は3年（民法第170条）とされており，診療報酬請求に関しては3年というのが一般的な考えである。

4. 診療報酬の特殊性と患者サービス

　前項までに述べたように，保険診療は様々な決まりごとやしくみのなかで成り立っており，患者に理解できない内容が多い。言うまでもなく，病院はサービス業であるから，適正な医療サービスが行われなければならない。しかし，診療報酬体系が複雑なため，医療費の説明さえも十分に行われていないことがあり，患者の不満につながっていく恐れもある。医療費の明細書を黙って渡しただけで患者の質問にも答えられないようでは医事課職員失格といえるだろう。

　ここでは，診療報酬の複雑な体系の一部を紹介する。よりよい患者サービスのために必要な知識があることと，診療報酬制度の特殊性を理解しよう。

第章 診療報酬請求・DPC・診療情報管理

(1) 診療報酬の特殊性

ここでは,個別出来高払い制度について概説する。点数表は次のような構成になっている。

◆基本診療料‥‥初・再診料,入院料等
◆特掲診療料‥‥医学管理等,在宅医療,検査,画像診断,投薬,注射,リハビリテーション,精神科専門療法,処置,手術,麻酔,放射線治療,病理診断

特殊性①——所定点数と加算,減算

保険算定できる医療行為には**所定点数**という基本となる点数が定められている。所定点数とは,6歳以上の患者が診療時間内[14]に受けた場合の点数のことで,いかなる場合も変えることはできない。しかし,患者が6歳未満であった,あるいは,技術的に難しい医療を行った等,高い点数をつける必要があった場合には,加算として点数を上乗せするしくみになっている。多くの項目には何らかの加算が設定されているが,その算定法には,決められた点数を足すものと一定の割合を掛けるものとがある。また,その種類も多く,初学者には理解しづらいしくみの一つである。

さらに同一月に2回以上の医療行為を行う場合,2回目以降が減算されることもある。心電図検査,超音波検査,内視鏡検査等にこのようなきまりが適用されている。

特殊性②——包括点数

点数のなかには,様々な項目があらかじめ組み込まれているものがある。いくつか例をあげてみよう。

---

[14] 医療機関が開院している時間帯のこと。商店の営業時間に相当する。

◆外来診療料‥‥200床以上の病院で算定する診察料。この点数は再診[15]の時に算定するもので，いくつかの検査や処置が包括となっている。
◆悪性腫瘍特異物質治療管理料‥‥癌が確定した患者に算定するもので，腫瘍マーカーという検査をすることが算定条件の一つである。この管理料には，腫瘍マーカーの検査料，それに係る採血料，治療管理に係る費用が含まれる扱いとなっている。
◆血液化学検査‥‥4項目までは所定点数を算定するが，5～7項目で93点，8～9項目で99点，10項目以上で112点を算定する。

・**特殊性③——併算定の可，不可**

2種以上の医療行為を行ったとき，そのすべてが算定できないことがある。これも，いくつかの例をあげてみよう。

◆好酸球数と末梢血液像‥‥末梢血液像の所定点数のみを算定する。
◆介達牽引と消炎鎮痛等処置を併せて行った‥‥主たるものいずれかの所定点数のみにより算定する。

このように，診療点数には，医療行為を点数に置き換えただけでは正しい算定ができない項目が多く存在する。

・**特殊性④——算定回数**

医療行為には，算定回数が決められている項目が多い。いくつか例をあげてみよう

◆特定疾患療養管理料‥‥算定は月2回に限る
◆血液化学検査：マンガン‥‥3月に1回限り

---

[15] 2回目以降の来院を再診という。その際に算定する診察料が再診料である。

◆静脈採血‥‥1日1回のみ

決められた回数を超えて行った医療行為は点数算定することはできない。

5. DPCによる包括払い

　DPCとは，Diagnosis（診断），Procedure（処置，手術，検査等），Combination（組み合わせ）の略称である。わが国では「診断群分類」といわれているが，以前から「診断群分類による算定」「患者分類としての診断群分類」の2通りの意味合いがあった。しかし，この使い分けがあいまいになってきたことから，中央社会保険医療協議会DPC評価分科会において，「診断群分類による算定」についてはDPC/PDPSと表記することとなり，用語の整理がなされた。しかし，未だにDPC＝包括支払制度と表記する医療機関もある。

　本項では，DPCによる包括支払い（以下DPC制度と記す）の特徴を理解しよう。

（1）DPCによる包括支払いのしくみ

　DPC制度の特徴は，医療行為に対する診療報酬が「1日あたりの包括」と「出来高算定」の組み合わせとなっていることである。「1日あたりの包括」部分をホスピタルフィー，「出来高算定」部分をドクターフィーと呼ぶ。包括部分には，入院基本料，検査，画像診断，投薬等の病院の基本的な運営に関わる費用が含まれている。1日あたり包括点数に入院日数と医療機関別係数を掛けて計算する。一方，出来高部分には主に医師の専門的な技術を要する費用，入院基本料加算等が含まれる。

（2）診断群分類の基本構造

　診断群分類は図表13-6に示すように，14桁の数字で構成されている。初めの6桁は傷病名を表し，「X」は「該当なし」を意味する。

【図表 13-6】診断群分類番号の構成

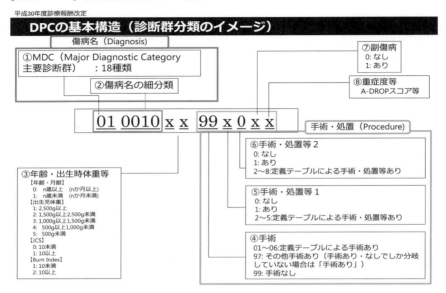

出所：厚生労働省（2018）「平成30年度診療報酬改定の概要DPC/PDPS」

(3) 診断群分類による算定の基本

　包括部分の算定には，「診断群分類点数表」を用いて1日あたりの点数を決定する。その際，医師が決めた医療資源を最も投入した傷病名をもとに，その他の手術のあり・なし，処置のあり・なし等の条件をみながら14桁の診断群分類コードを決定する。次に，入院日数と医療機関別係数を掛けて請求点数を決定する。

6. 医療サービスの在り方

　診療報酬制度の概要をみてきたが，そのしくみは複雑で，簡単には理解できないことが分かる。患者は，体の心配とともに，医療費への不安も抱えている。患者の不安を少しでも軽くするためには，どのような医療サービスが必要

なのだろうか。

　まずは，医事課職員は診療報酬のしくみに精通し，どのような疑問にも即座に対応できるだけの知識を身につけることが必要といえよう。次に，保険診療に関する多くの決まりを理解し，患者に合った医療資源を提供できる体制を整えることも必要である。その基本に立った上で，コミュニケーションスキルや交渉能力を発揮できれば，優れた医療サービス提供に資することができるであろう。

（黒野　伸子）

7. 診療情報管理

（1）診療情報管理とは

　診療情報管理（Health Information Management）とは，診療情報を適切に収集し，精度の高い診療記録として整備，活用することにより医学・医療の質向上，医療施設の効率的経営への貢献，医療安全の向上，さらにはより効果的な医療政策，医療保険制度構築のために役立てていこうとするものである。医療施設での職種としては，主に「診療情報管理士」がその役割を担っている。

　医学に関する記録は旧石器時代の壁画，古代エジプト時代に使用された紙の原型であるパピルス等に残されている。日本においても奈良時代の『古事記（こじき）』，平安時代から鎌倉時代にかけての『病草紙（やまいのそうし）』等，医学医療に関する記録は医の概念があるところでは何等かの形で残されている。しかし，診療記録の整備を念頭においた診療情報管理の始まりは19世紀後半から20世紀前半にかけてアメリカで発展したと考えられる。診療記録の司書による勉強会，医師による記録の必要性の提唱，病院管理学の誕生などである。日本では1974（昭和49）年に最初の診療情報管理士（当時は診療録管理士）が誕生した。以降，診療情報管理は患者診療，医師の技術評価や向上等に用いられ，診療情報の電子化が標準となりつつある近年ではより大規模な

データ収集と活用へと拡大され，整備された診療情報は医療政策を考える上でも重要な基盤となっている。

(2) 診療情報管理に関連する用語

　診療情報管理は日々発生する診療記録を基盤にしている。日常においては「カルテ」，「診療録」，「診療記録」等いくつかの用語が使用され，それらは広い意味で同じ意味を持ち，医療従事者が医療を提供する過程で生じ，作成された記録を示す。しかし，日本での関連法規等を考えた場合，それらの用語は以下のようにわずかながら異なる意味を持つ。

ⅰ．診療録：医師法第24条では「医師は，診療をしたときは，遅滞なく診療に関する事項を診療録に記載しなければならない」とあり，狭義にはこのように医師が患者に対して行った診療内容の記録を示す。広い意味では，各職種による診療記録全体を示す。

ⅱ．診療記録：厚生労働省による「診療情報等の提供等に関する指針」では，「診療録，処方せん，手術記録，看護記録，検査所見記録，エックス線写真，紹介状，退院した患者に係る入院期間中の診療経過の要約その他の診療の過程で患者の身体状況，病状，治療等について作成，記録又は保存された書類，画像等の記録をいう」と定義されている。

ⅲ．診療情報：上述の指針により，「診療の過程で，患者の身体状況，病状，治療等について，医療従事者が知り得た情報」であると定義されている。

ⅳ．カルテ：診療録，診療記録，諸記録，帳簿等を広くカルテということがある。また，媒体を添えて「紙カルテ」，「電子カルテ」と表現することがある。

ⅴ．診療に関する諸記録：医療法施行規則では，その病院の機能に応じて，病院日誌，各科診療日誌等，「診療に関する諸記録」の種類を定めている。

ⅵ．その他の用語：健康保険法の保険医療機関及び保険医療養担当規則で保存が定められている記録類は「療養の給付に関する帳簿」及び「書類その他の

記録」として「診療録」とは異なる記録として取り扱っている。また，明確な定義はないものの，「医療情報」,「医療記録」という用語もそれぞれ医療全般について言及した情報と記録として使用されることがある。

(3) 診療記録の価値

　診療記録を基礎とした診療情報管理の目的は患者の診療に留まらない。前述のとおり診療情報管理の黎明期はアメリカにあり，病院の近代化に大きく貢献した外科医師Malcolm Thomas MacEachernはその著書『Hospital Organization and Management』のなかで診療記録の価値を以下のように分類している。

ⅰ．患者にとっての価値：日々の診療は診療記録を通じてその経過が各医療従事者に共有されて質の高い医療提供につながる。診療記録はチーム医療の実践と情報共有による効率的医療のために欠かすことができない。また，診療記録は患者の現在の診療に役立つだけではなく，患者が将来再度医療が必要となったとき，継続して役立てることができる。派生して考えると，現代の医療制度では地域包括ケアのように，記録は一施設内の患者に留まらず地域で患者ケアに関与する医療従事者の情報共有のためにも価値を発揮する。

ⅱ．病院にとっての価値：医療施設は，診療記録をもとに提供した医療を量，質ともに分析し，より良い医療提供体制を築き，効率的経営につなげることができる。今日の医療にとって，結果を評価し理由を特定していくことは重要なことである。会計の基礎ともなる。

ⅲ．医師にとっての価値：診療記録は，医師の思考が表現されたものであり，個々の患者診療を振り返り医師の教育，研鑽に使用される。MacEachernは医師についてのみ言及しているが，各職種の専門性が高まっている今日では医師に限定されない。診療記録は各専門領域の視点，技術が蓄積されたものであり，専門職としての成長のため卒後教育には価値ある教育材料となる。

ⅳ．法的防衛：診療記録は医療施設にとっても各職種の医療従事者にとっても法的防衛上大変価値がある。訴訟行為に発展した場合，診療記録は提供した

医療の正当性あるいは過ちを検証する貴重な情報源である。過去の事実確認について，記録は当時の再現に近づける唯一ともいえる資料である。
v．医学研究：正確な臨床データの一つ一つは集積，集計，分析を経て診断，治療効果等に新しい知見を導きだしていく。少ない症例の研究から多施設共同研究等，研究者にとって標準化され整備された診療情報が，診療記録から入手，抽出できれば，より早くより正確に結果を見つけることができ，成果の共有は医学，医療の発展と人々の生活の質向上につながる。
vi．公衆衛生：記録にある診療情報の価値は医療施設内にとどまらない。各医療施設からの診療情報を地域社会，さらに大きな集団について集計，比較することにより社会の人々の健康保持増進，すなわち公衆衛生の向上にも役立つ。記録からの集計は現状を客観的に示し，将来の社会に変化をもたらすために価値あるものである。

　MacEachernが述べている診療記録に加え，日本では独自に「医療保険上の価値」を加えている。診療報酬を算定するためには定められた内容について診療録に記載すること，あるいは控えを貼付することが診療報酬請求の根拠として必要となることが多くあるからである。
　このように，冒頭で述べた「精度の高い記録」とは，上述の価値を最大に発揮できるものであり診療情報管理の目標ということができる。

(4) 法令遵守（コンプライアンス）と診療情報管理

　診療記録はその作成と保存が法律上定められているものも多く，診療情報管理はコンプライアンスとしても大切な領域である。例として，医師の任務，義務等について定めた「医師法」には「医師は，診療をしたときは，遅滞なく診療に関する事項を診療録に記載しなければならない。（第24条）」と記されており，これに違反した場合は罰則（第33条の2）が定められている。また，現行の診療報酬制度では算定の根拠となる内容，書類は診療録に記載または貼付を必要としているものが多い。適切な診療記録の存在は医療が提供された証と

なるのである。したがって、質の高い診療情報管理の第一段階は、必要な診療記録をその有無、内容とも時宜にかなうよう整備するコンプライアンスから始まると考えることができる。

　医療提供者にとって、診療情報はある時点では患者、家族、紹介元等から取得され、ある時点では患者本人あるいは第三者に提供するものである。「個人情報の保護に関する法律」等、法律のコンプライアンスはもちろん、「医療・介護関係事業者における個人情報の適切な取扱いのためのガイダンス」（個人情報保護委員会・厚生労働省）、「診療情報の提供等に関する指針」（厚生労働省）といった指針に従うことも求められる。

(5) 質の高い診療記録と診療情報管理

　診療情報は、活用に向けて準備が必要である。その1つは効率的に記録される様式、ツール作りであり、もう1つは活用できる情報か点検・監査していくことである。点検・監査は大きく分けてコンプライアンスや形式を主眼としたものと記載内容の整合性等に主眼をおいたものがあり、前者は記録の有無、他患者情報の混入の有無等の点検、後者は傷病名・医療行為や患者への説明事項の適切な記載等の点検が該当する。

　診療情報の記録様式として代表的なものは問題指向型診療記録（POMR：Problem-Oriented Medical Record）がある。さらに、指示・実施記録としてクリニカルパス（クリティカルパス）がある。

ⅰ．POMR：患者の抱えているすべての問題を抽出し、解決を図りながら診療を行う問題指向型システム（POS）の一部であり、患者の各問題について現象と思考を①S（subjective）：患者の主観的情報、②O（objective）：医療従事者が取り出す客観的情報、③A（assessment）：医療従事者による評価、④P（plan）：今後の方針、と分類しながら記録していく様式。4つの情報をまとめてSOAP（ソープ）と表現する。

ⅱ．クリニカルパス：一定の基準を満たした患者に使用する診療計画表であ

り，標準的医療提供，チーム医療の促進，効率的病床利用等のために多職種で作成され，検査，処置等項目別に内容と時期を示し，工程管理をしながら実施し必要に応じて特記していくもの。

このように，診療記録の記載方法は，構築された様式に従って行うのが一般的であり，診療情報管理には，関連法規を理解し，臨床職種が診療に必要な記録を過不足なく作成していけるよう紙カルテ様式，電子カルテツール向上のための診療記録作成支援に貢献していくことが必要なのである。

(6) 質向上のための診療情報管理

　診療情報管理は，診療情報の活用を通じて医学医療，医療経営に具体的変化をもたらすことを目指すものであり，診療情報管理領域で行うすべてのことは診療情報活用のためである。

　医療施設は日常的に「疾病統計」や「病院統計」を算出している。疾病統計は，傷病名を中心に集計したものであり，疾病別患者分布，在院日数，転帰等がある。病院統計には，平均在院患者数，平均在院日数，平均外来患者数，外来/入院比率，平均病床利用率，病床回転率等がある。DPC制度（DPC/PDPS：診断群分類別包括支払制度）により診療報酬の包括評価を行うDPC対象病院とその準備病院に対しては「DPC導入の影響評価に係る調査」等，細かいルールに基づいたデータ提出が求められている。データからは各患者の疾患，医療行為情報，診療報酬請求情報だけでなく，救急医療，紹介状況，再入院の状況等が算出可能であり，これらは厚生労働省からインターネットを通じて一般に公開されている。

　統計作成には，比較的容易に収集できる日付や数値の他，諸記録の情報と照合させるなどして点検した後，より単純な表記（コード）を付与し使用するものがある。診療情報管理領域で使用するコードは以下のようなものがある。

ⅰ．国際疾病分類（ICD）：傷病や外因，保健サービスの利用等が包括的にコー

ドされる。傷病に関わる分類のほとんどに使用される。
ⅱ．国際疾病分類腫瘍学（ICD-O）：全国がん登録，院内がん登録等，腫瘍の症例登録に使用される。
ⅲ．診断群分類（DPC）：DPC/PDPS制度で使用されている。ICDコードと診療報酬制度の各診療料コード，特に手術のKコード，処置のJコード，検査のGコードを組み合わせたもの。包括評価部分のもととなる。
ⅳ．悪性腫瘍の分類（TNM）：がん登録等，悪性腫瘍症例で使用するコード。原発腫瘍の進展範囲（T），領域リンパ節転移の有無と進展範囲（N），遠隔転移の有無（M）それぞれに数字を加え，進展の範囲を示したり病期分類を行う際使用する。
ⅴ．診療報酬の診療料に付与されているコード：診療報酬制度では基本診療料，特掲診療料ともにコードが付されている。状況により集計に使用する。
ⅵ．その他の重症度分類：学術団体や研究会が独自で取り組む症例登録に使用される専門分類である。

　これらは電子カルテや部門システムのマスタ整備時に留意することでより統計作成を効率的にする。傷病名に医療行為，重症度分類，在院日数，患者属性などを組み合わせることにより，各医療機関はさらに高度な疾病統計を作成することが可能となる。
　疾病統計，病院統計とも，統計資料は自施設の過去との比較，あるいは同時期の他施設との比較を行い，自施設での診療の改善に役立てることができる。2016（平成28）年から始まった「病院情報の公表」では，解説が付記されることにより一般市民も各医療施設の統計情報が身近となった。診療情報管理はこのように医療施設と一般市民を情報提供でつなぐ大切な領域である。また，昨今は臨床研究の重要性が指摘されている。診療情報管理は臨床研究支援ができるよう，日常的に活用可能な診療情報を蓄積していくこと，迅速に集計でき，適宜統計解析を行う必要がある。記述統計，推測統計を理解し，主要な臨床研究の手法や医学研究支援を行えることも一層重要となる。

（7）診療情報管理と倫理

　人が社会生活を営むすべての場面で，道徳と倫理を振り返ることが必要である。MacEachernは，診療記録を「要するに，書面による内密の情報である」と述べており，内密の情報を活用する診療情報管理にも領域に照らし合わせた倫理が存在する。日本診療情報管理学会が定めている倫理綱領でも，「診療情報は厳正に保護されるべき個人情報」であり「守秘義務の徹底」，「患者の権利の擁護」に努めると定められている。その他にも，安全で質の高い医療の実現，医学・医療の発展，患者本位の医療，患者の権利擁護，社会的地位向上，国際協力，諸規則・規範の遵守等について7つの倫理を定めている。診療情報管理は患者・関係者，医療従事者に最大限に敬意を払い，その名誉を傷つけることのないように医学，医療の発展に寄与させることが大切である。

（村井はるか）

【参考文献】

1.～6.節

遠藤久夫・池上直己（2008）『医療保険制度・診療報酬制度』勁草書房

杉本恵申編（2018）『診療点数早見表［医科］2018年4月現在の診療報酬点数表』医学通信社

広井良典（1997）『医療保険改革の構想』日本経済新聞社

広井良典（1999）『医療の経済学』日本経済新聞社

診療情報管理士業務指針2018
　　https://www.facs.org/about-acs/archives/pasthighlights/maceachernhighlight

7.節

MacEachern, M.T. (1935) "Hospital Organization and Management" PHYSICIANS' RECORD CO.

武田隆久総監修（2016）『診療情報管理テキスト　診療情報管理Ⅲ』一般社団法人日本病院会

武田隆久総監修（2017）『診療情報管理テキスト　診療情報管理Ⅳ』一般社団法人日

本病院会
福永肇(2014)『日本病院史』PILAR PRESS
渡辺直(2012)『電子カルテ時代のPOS―患者指向の連携医療を推進するために』医学書院
東京都病院協会診療情報管理委員会,飯田修平編著(2013)『診療記録監査の手引き―医師・看護師等の諸記録チェックマニュアル』医学通信社
日外アソシエーツ編集部(2013)『日本医療史事典―トピックス1722-2012』日外アソシエーツ
日本医療情報学会医療情報技師育成部会(2016)『医療情報 医療情報システム編』篠原出版新社
日本診療情報管理士協会編著(2007)『最新診療情報管理マニュアル ICDコーディングと診療情報管理の実践知識』医学通信社
日本診療情報管理学会倫理綱領2013
　　http://www.jhim.jp/rinri/kouryou.html

ICTと医療

　ここまでの各章において，病院管理を様々な角度から論じてきたが，その根本をなすのが管理に必要な情報であり，そのもととなる各種データである。例えば，経営判断のために診療科別原価計算を行う場合には，診療科別の人件費，材料費，経費などが必要であるが，これらの元データはわざわざそのために収集するのではなく，ルーチン業務システムから自動的に収集できることが望ましい。もともと医療のICT（Information and Communication Technology）化は，各医療機関内の業務の合理化と効率化から始まり，部門間での情報共有へと発展したものであるが，病院管理の観点からみると，全ての部門システムは病院管理のための情報源としての役割を担っているといえる。さらには，ネットワーク化の進展とともに医療機関同士での情報共有や全国規模での情報の蓄積が進みつつあるが，これは，地域医療や国レベルでの管理に必要な情報源としての役割を担っている。これらの環境整備にともなって，例えばDPC/PDPSのデータやNDB（National Data Base）のデータなど，蓄積されたデータを加工・分析する動きは着実に進展している。各医療機関内で利活用するとともに，他の医療機関や全国平均と比較するベンチマーキングなどは病院管理上の必須の手法となっているし，全国規模のデータ解析結果も出始めている。今後は，保健，医療，福祉，介護など幅広い分野のデータに加え，IoTなどによる個人の生活・健康情報までもが収集可能となり，それらがビッグデータを構成して分析対象となることも近い将来実現しそうである。国は，2017年に次世代医療基盤法を成立させたが，正式名称が「医療分野の研究開発に資するための匿名加工医療情報に関する法律」とあるように，患者情報の

利活用の推進に力を入れていることが分かる。対象となる情報も，医療情報（Medical Information）に限定せず，健康情報（Health Information）へと広がりをみせている。こうした背景を踏まえて，医療のICT化の歴史を簡単に振り返り，次いで，取り扱う医療情報の特性と病院情報システムの概要を説明したうえで，医療ICT化の将来を展望する。

1. わが国の医療ICT化の歴史

(1) 医療ICT化の経緯

医療におけるICT化の先駆けは，心電波形をA/D（アナログ/デジタル）変換してミニコンピュータで自動解析したことであった。ただ，今日でいう医療のICT化は1970年代の医事会計システムに始まり，臨床検査をはじめとする部門業務のシステム化であった。病院全体のシステム化が本格的に浸透し始めたのは1990年代からで，特に1999年の「診療録等の電子媒体による保存について（当時の厚生省）」で示された電子保存の容認は画期的な判断であった。その後国は一貫して日本をIT先進国にするという情報化戦略を推進しており，厚生労働省もその一環として次々と医療のICT化の政策を出している。2001年の「保健医療分野の情報化にむけてのグランドデザイン」，2007年の「医療・健康・介護・福祉分野の情報化グランドデザイン」など，戦略的にICT化を強く推進してきた。図表14-1に医療ICT化の歴史の概要を示す。

その流れは，簡潔に言えば，コンピュータや通信技術を医療にどのように応用できるかという技術志向アプローチから，医療の安全管理や医療の質向上，医療の評価といった高度な情報処理への要請に対して情報システムがどのように応えられるかという目的志向アプローチへとシフトしてきた，といえる。今日第三次ブームと言われている人工知能（AI：Artificial Intelligence）も，第一次ブームではStanford大学のMYCINという細菌感染症に対する抗菌剤の適正な投与をアドバイスするエキスパートシステムで使われたり，最近では，物流管理にRFID（Radio Frequency IDentification）の活用を図ることなど，時

代の先端技術を取り入れていることもこの分野の特徴である。

【図表14-1】わが国の医療ICT化の歴史の概要

年月	出来事	備考
1970年代	医事会計・臨床検査システムから始まって，他の病院内各部門システムの開発・導入	
1980年代	オーダエントリシステムの開発・導入	
1990年代	診療情報の電子保存への環境整備段階	
1999年4月	「診療録等の電子媒体による保存について」厚生省通知	
2000年代	電子カルテシステムの開発・導入	
2001年12月	「保健医療分野の情報化にむけてのグランドデザイン」	
2004年12月	「医療・介護関係事業者における個人情報の適切な取り扱いのためのガイドライン」	2017年4月に「ガイダンス」と名称を変えて改訂
2005年3月	「医療情報システムの安全管理に関するガイドライン」	2017年5月には第5版まで改訂
2007年3月	「医療・健康・介護・福祉分野の情報化グランドデザイン」	
2010年代	地域医療連携システムの開発・導入	
2013年6月	「世界最先端IT国家創造宣言」	2015年6月に全部改訂
2018年5月	次世代医療基盤法施行	

(2) 医療ICT化の目的

医療ICT化の目的は時代と共に変化を続けているが，主たるものを整理してみると次の5つに集約できる。

・医療関連機関内で日常業務の効率を高め，全体として業務の最適化や健全経営に資すること
・医療安全の確立に資すること
・地域包括ケアシステムに代表されるような，医療・福祉・保健・介護等関連の幅広い機関間の連携を進めるとともに，全国的な医療関連情報の蓄積（医療ビッグデータ）に資すること

【図表14-2】IT化戦略における医療・健康の位置づけ

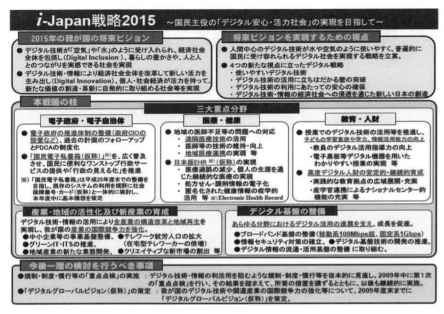

出所：内閣府IT戦略本部の資料（2009年7月）より

・EHR（Electronic Health Record）やPHR（Personal Health Record）など，個人の健康管理に資すること
・BCP（Business Continuity Plan）への対応など，継続可能な医療の実現に資すること

　これらのことは全体として，健康・医療サービスの質を評価し，その向上を目指していると言える。参考のために，国が示した将来像の例として，少し古くはなったが全体の方向性と医療・健康の位置付けが分かるi-Japan戦略2015（図表14-2）と，医療・健康等データの活用環境（図表14-3）を掲げた。

第14章 ICTと医療

【図表14-3】国が示す医療ICT化の将来像

出所：総務省資料『「医療・介護・健康×ICT」の推進について』（2017年10月）より

2. 医療情報とは

　医療のICT化の対象となるのが「医療情報」であるが，必ずしも明確な定義があるわけではない。中心となるのは，患者から収集される情報に，医療職が診療経過とともに付加する情報を合わせた「診療情報」である。そのほかにも，各医療機関の経営管理資料，医療政策立案に欠かせない人口動態・静態情報，地域および全国の医療統計，医学医療に関する知識情報など多岐にわたっている。最近では，医療情報（Medical Information）よりも広い概念である健康情報（Health Information）を対象に拡げる動きが盛んである。個人の健康に関わる様々な生活関連情報（食事内容，運動，生活習慣など）までを含めたいわゆる「ビッグデータ」なども対象となってくる。ここでは，日本医療情

報学会や日本診療情報管理学会で使われている分類で整理する。

(1) 診療情報

　診療情報は，患者の診療過程で発生する情報であり，患者の診療に欠かせない重要な情報であるとともに，蓄積されて，診療の評価や医療施策・医学研究等のために利活用することが求められる情報でもある。診療情報は患者の個人情報であり，その取り扱いには特に厳しい条件が付されている。また，個人の生涯にわたる健康情報の管理を考えると，健診情報や日常生活に関わる情報を含めて体系化する必要がある。診療情報は，一例として図表14-4に示すような分類がされている。その他にも，医師など医療スタッフが，患者や家族に説明した内容や，その反応の記録もこれからは重要になる。

【図表14-4】診療情報の分類

生体情報	個々の生体の静的・動的な状態を示す各種の情報であり，各種検査によって得られる最も直接的な医療情報
症候的情報	主訴（愁訴）など患者の自覚的症状である主観的情報や，身体所見など医師（医療専門職）の観察および観測（計測）に基づく病態情報などの客観的情報
価値判断情報	医師など医療関係者が患者の健康状態や病態について判断する思考過程により得られる情報で，診断情報，治療情報，予後情報など

(2) その他の医療情報

　医療関連施設の医療情報については，2007年の第五次医療法改正の中で，「病院等の管理者は，医療を受ける者が病院等の選択を適切に行うために必要な情報として厚生労働省令で定める事項を都道府県知事に報告し，当該事項を書面または電子的に閲覧に供するべきこと」が定められた（医療法第二章第一節「医療に関する情報の提供等」）。医療機関の基本情報としては，名称，開設者，管理者，所在地，電話・FAX番号，診療科目，診療日，診療時間，病床の種別と許可病床数がある。法改正が検討されており，かかりつけ医の記載や，提供サービスや医療の実績・結果などを示すクリニカルインディケータな

どに拡大されていく方向である。

　他にも，地域医療に関連する情報や国レベルの医療情報など，病院管理や医療管理の視点で重要な情報も多く存在する。診療報酬請求関連情報（レセプト情報・DPC関連情報），特定健康審査・特定保健指導やがん登録の情報は国レベルのデータベースとして構築されている。

(3) 医療情報の処理

　医療情報の特徴を情報処理の視点で整理してみる。データは，表形式でまとめられリレーショナルデータベースとして管理されるが，各項目は，連続（アナログ）データ，離散（デジタル）データ，カテゴリー（分類）データ，バイナリー（2値）データ，順序尺度（等間隔ではないが順序が示される）データなどの特徴を持ったデータであり，それらの特徴を十分に考慮して設計されている。また，医療のデータには，外れ値が多いこと，その外れ値に影響されにくいロバスト（頑健）性を持つ統計量を採用すべきことなども忘れてはならない特徴である。

　診療情報を構成する種々のデータ項目について，その表現方法で分類したものが図表14-5である。このような多様な表現形式を取ることをマルチメディア性と称することがある。

【図表14-5】診療情報の表現形式

種類	説明・留意点	事例
コード情報	コードの標準化が必須である	疾病コード，薬剤コード，保険者コード
数値情報	最もコンピュータ処理向きであるが，定性・半定性データなどに留意が必要	検体検査結果，薬剤投与量
音情報	将来は会話音声も考えられる	心音，呼吸音
テキスト・概念情報	記載の標準化が難しい	主訴，身体所見，検査所見，診断名
図形情報	電子カルテ上の扱いはやや難しい	身体略図
波形情報	標本化・量子化によりA/D変換する	心電図，脳波
画像情報	画質管理が重要になる	X線，内視鏡，眼底，超音波
動画情報	情報量が極端に大きくなる	シネアンギオ

診療情報は，時間的変化により診断が可能になるものであり，内容の連続性や時系列性も特徴の一つである。診療サイクルの中で発生するが，この時間の経過は，比較的短期的な場合と長期的な場合がある。検査結果の時系列グラフ表示をするときに，救急患者と慢性疾患患者を想定するとわかるように，適切に表示するための工夫が求められる。さらには，生涯にわたる個人の健康情報の管理という観点でのシステム化を考えると，技術的には大変チャレンジングな課題である。全国規模のデータベース構築や，複雑な検索・解析処理においては，データの標準化，システムの最適な設計などが求められている。診療情報の保存には種類ごとにその年限が定められているが，紙やフィルムと異なり，電子保存の場合には，保存媒体の耐久性や，媒体の種類の変更にどのように対処するかなど未知の部分もあり，課題として残っている。

(4) 個人情報保護

　2005年に施行された個人情報保護法は，情報のさらなる活用のためという主旨で2016年に改正され2018年に完全に実施された。この中で，個人情報の定義が明確化され，さらにその取扱いに特に慎重な配慮が必要な情報として「要配慮個人情報」が定義された。これまでややあいまいだった指紋等の生体の特徴を示すデータも個人情報であると明確化されたことや，要配慮個人情報の中に病歴情報が挙げられたことなどから，診療情報を扱う医療機関としてはこれまで以上の対策が求められている。具体的には，医療機関の実務面に「医療・介護関係事業者における個人情報の適切な取扱いのためのガイダンス」，「医療情報システムの安全管理に関するガイドライン」など，研究面では「人を対象とする医学系研究に関する倫理指針」などの遵守が求められている。

　診療情報の利用は，大きくは一次利用と二次利用に分けて考える。一次利用は，収集された種々の情報を，本来の収集目的である患者の診療に直接利用することであり，二次利用は，その他の利用で，経営のため，研究のため，公益のためなどに活用することである。その二次利用は，例外を除き原則として患者の同意を得ないといけない点に注意が必要であり，病院管理において大変重

要な課題である。

3. 病院情報システム

医療情報システムの中で、規模を問わず病院で利用される情報システムをここでは「病院情報システム」と称する。しかしながら、

- 各部門の業務の効率化を主目的とする情報システム化から、病院の全体最適化や地域連携を含めた経営管理のためのシステム化が必要になったこと
- 医療安全のために医療者をサポートする機能が強く求められてきたこと
- 一医療機関に閉じて医療サービスを提供する時代から、広く関係機関が情報連携して医療を進める時代となったこと
- IoTに見られるように、情報収集の手段が各段に広がったこと

などから、病院情報システムに求められる機能も変化を続けている。ここでは、簡単に歴史を振返った後、今後を見据えた病院情報システムの概要を述べることにする。

(1) 病院情報システム（HIS：Hospital Information System）の概要

病院情報システムとは、病院の診療業務や全体の管理運営業務を支援するシステムのことをいう。病院の各部門システムと、各部門を連携するシステムを統合して病院全体のシステムが構築されている。電子カルテシステムと同義に使われることもあるが、ここでは、最も広い概念として病院情報システムを用い、電子カルテシステムはその構成要素としてとらえている。

病院の各部門システムが、全体としてどのように情報連携が行われ機能しているかを図示したものが図表14-6である。各部門システムの概要は図表14-7に示し、病院管理の視点で留意点を述べる。

病院全体に関わるシステムとして重要なのは、オーダエントリシステムと電

[図表14-6] 病院情報システム概観

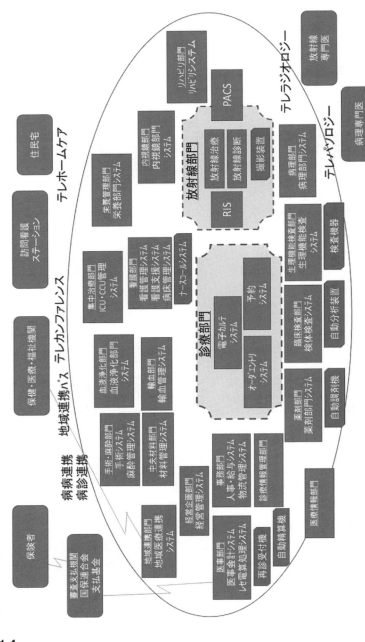

出所：『医療情報の基礎知識』南江堂より

314

子カルテシステムである。

① オーダエントリシステム

オーダエントリシステムでは，診療の過程で発生した指示（オーダ）がリアルタイムで関連部門に伝達されるため，業務の効率化が図られ，情報の共有が進んだ。病院への導入率は高い。その利点は，指示の転記や搬送を必要とせず，指示入力時点で各種チェック機能を働かせることができることである。実施情報の入力まで行えば，実施記録として保存できる。

② 電子カルテシステム

電子カルテシステムについても明確な定義があるわけではないが，ペーパレス・フィルムレスを実現し従来の紙カルテを超える機能を持ったものとして徐々に普及している。参考までにJAHIS（保健医療福祉情報システム工業会）の2018年の調査資料では，その普及率は大学病院や大規模病院では90％前後，全病院でも40％程度まで達している。

③ 医療安全のための情報管理のシステム化

残念なことであるが，診断レポートの見落としによる治療の遅れといったインシデントやアクシデントが無くならない。人の特性であるヒューマンファクターを理解したうえで，ICTが寄与できることは多くあると考えられる。今後は，病院情報システムに，この医療安全への貢献がさらに強く求められるであろうし，人工知能といった技術の活用で効果を高めたいものである。

病院情報システムを構成するのは，各部門の業務を担う各種の部門システムである。医療ICT化の歴史で触れたように医事会計システムから始まったシステム化ではあるが，どの部門でも業務内容は変化を続けており，常に変化への対応を求められている。例えば医事会計システムは最も成熟度の高いシステムではあるが，電子カルテとの連携や，レセプト電算処理・オンライン提出の制度導入への対応など，維持・運用には大きな労力がかかり，病院経営上，十

分な配慮が必要である。

④ **病院部門システム**

ある程度規模の大きい病院で導入されている部門システムを図表14-7に掲げた。

【図表14-7】病院部門システム

部門システム名	機能概要	備考
医事会計システム	患者登録・医事請求業務	レセプト電算処理システム
薬剤部門システム	薬剤部門業務，服薬指導，DI（Drug Information）業務	調剤関連業務，薬剤在庫管理業務
看護部門システム	看護ケア管理，看護師及び看護管理	ベッドサイドケア支援，看護勤務表作成
病床管理システム	病院全体の病床の効率的な活用	空床管理，病床稼働率
栄養部門システム	患者給食の管理	献立・食数管理 栄養サポートチーム（NST）
臨床検査部門システム	検体検査，生理機能検査	精度管理・予約管理
病理部門システム	病理検査	標本管理
放射線部門システム	検査受付・スケジューリング・実施管理	（RIS：Radiology Information System）
医用画像管理システム	（PACS：Picture Archiving and Communication System）	RIS・レポーティングシステムとの連携，対象医用画像の拡大
内視鏡部門システム	予約・実施・記録	病理検査との連携
血液浄化部門システム	予約・実施・記録	
手術部門システム	予約・スケジューリング・材料管理	麻酔部門との連携
輸血部門システム	血液の供給・型管理	自己血輸血
リハビリテーション部門システム	予約・スケジューリング	
物流管理システム	在庫・発注管理	SPD（Supply Processing and Distribution）
経営管理システム	人事管理，財務会計，管理会計	統計・指標作成支援

表に掲げた部門システムの中でも，病院管理，経営管理に直結するのが，物流管理システムと経営管理システムである。

物流管理システムは，物流部門の業務を支援するシステムである。主な機能として，業者への発注，納入を含む在庫管理，院内各部署からの請求に対する配送などがある。急性期か慢性期かによって違いはあるものの，医薬品と医療材料を合わせた額は，支出の20～30％を占めることもあり，病院経営にとっては大きな課題である。また，診療科別原価計算のためには，払い出し先や使用患者の把握までが必要となる。SPD（Supply Processing & Distribution）は，物流業務を一元化して管理するもので，外注を含め普及している。

経営管理システムは，経営の意思決定や業績向上に役立てるための各種指標を算出し，計画と実施の評価を支援する。診療科別の原価計算，損益分岐点分析，DPC別の診療プロセス分析など，厳しさを増す病院経営において，ますます重要性を増している。

(2) 病院情報システムの構築基盤

1960～1970年代の医事会計システムや検査などの部門システムの構築には，一般のビジネスの世界で本格的に利用されるようになった大型汎用コンピュータやオフィスコンピュータによる集中処理型が採用された。その後の部門システムや部門を結ぶオーダエントリシステムの構築には，コンピュータの小型化・高性能化とネットワーク技術の発展によりクライアント・サーバによる分散処理型が採用された。部門システムが多く集まる病院環境には適した形態であった。しかしながら，分散管理の難しさもあり，サーバの高性能化と通信回線の高速化が進んだ2000年代には再びデータはサーバで集中管理するようになり，端末は必要最低限の機能を持つシンクライアント方式も登場した。そうなるとサーバは自院で持つ必要もなくなり，ソフトウェアもデータもサービス提供会社のサーバで管理し，クライアントはネットワーク機能とWebブラウザさえあればよい，というクラウドコンピューティングによるWeb型病院情報システムの構築も現実のものとなっている。ネットワークセキュリティ

やデータ管理上の責任分界点の課題は残るものの，震災等の自然災害や地域医療連携情報システム構築にも対応しやすく，専門家が少なく管理が難しい中小病院や診療所だけでなく，今後は規模の大きい病院への導入も進みそうである。

(3) 病院情報システムの管理

病院完結型の医療提供をしていた時代から地域完結型へと変わりつつある中で，病院情報システムに求められる機能は変化を求められている。今後発展していくであろう地域医療情報連携システムや保健福祉情報システムなどと密接に連携できなければならない。参考のために掲載した図表14-3でも，その点が表現されている。こうした状況の中で，病院情報システムに求められる管理面について述べる。

収集した医療情報の質や信憑性を保証することは，その利活用においては最重要課題である。当然のことながら，ネットワーク化を進めても，情報の共有も意味がなくなる。また，個人情報保護の観点からも医療のICT化における対策は重要である。国がこれまでにとってきた施策のうち，いくつかをここで整理する。

① 電子保存の3基準

電子保存の3基準とは，「真正性」「見読性」「保存性」を指す。この基準は運用管理規程等を通して厳格に管理運用する必要がある。まず「真正性」とは，正当な人が記録し確認された情報に関し，第三者から見て作成の責任の所在が明確であること，かつ，故意または過失による，虚偽入力，書き換え，消去，および混同が防止されていることをいう。「見読性」とは，電子媒体に保存された内容を，権限保有者からの要求に基づき，必要に応じて肉眼で見読可能な状態にできることをいう。「保存性」とは，記録された情報が法令等で定められた期間にわたって真正性を保ち，見読可能にできる状態で保存されることをいう。特に，ペーパレス・フィルムレスのシステムであれば，これらの3

基準を満たすとともに，日々の運用上も遵守されていることを保証しなければならず，病院管理の観点からも厳しい対応が必要である。

既に述べたが，そのために厚生労働省は，2005年に施行された個人情報の保護への対応を示した「医療情報システムの安全管理に関するガイドライン」を出し，その後度々改訂を重ね，現在は第5版となっている。ここにはe-文書法への対応も含まれている。対象は，医療に関わるかかわる情報を扱うすべての情報システム，およびそれらのシステムの導入，運用，利用，保守，廃棄に関わる人またはと組織とされており，病院における情報システムの管理の基本となっている。

その他，今日では各医療機関で情報システムを開発することは稀で，システム提供事業者が開発したシステムを導入することが増えたため，それら事業者に対するガイドラインも出されている。総務省では，ASP・SaaS事業者が医療情報を取り扱う際の安全管理に関するガイドラインを2009年に出したが，クラウドコンピューティングの進展に伴い，近く改訂することになっている。

情報システムを利用するにあたり，そのセキュリティを守ることも重要でかつ難しい課題であり，前述のガイドラインにも触れられているが，そのセキュィティ管理を適切に行っているかどうかを国際的に審査認証しているのがISMS（Information Security Management System）である。かなりハードルが高い認証ではあるが，患者の診療情報を預かる医療関係機関としては，是非とも得て欲しいものである。

最後に，病院管理上必須の対策として，医療情報システムの安全管理に関するガイドラインに示されている4つの安全対策に触れておきたい。これらはすべての関係者が，日常直面するものであり，組織運営の上で重要な課題である。患者情報が入ったパソコンやUSBメモリを紛失して情報漏洩を起こす事件などが絶えないのは由々しき問題であり，情報管理の基本として徹底してもらいたいことである。

② 組織的安全管理対策

　安全管理について，従業者の責任と権限を明確に定め，安全管理に関する規程や手順書を整備運用し，その実施状況を日常の自己点検等によって確認しなければならない（ガイドライン）。

③ 物理的安全対策

　地震だけではなく，今日の異常気象による水害などにも備える必要が高まっている。火事や浸水に対する備え，地震に対する耐震設備の設置，停電時に備えた無停電電源装置（UPS）や非常電源の設置，個人情報が保管されている機器の設置場所および保存場所の施錠，防犯カメラの設置，入退室管理など多岐にわたった対策が必要である。

④ 技術的安全対策

　利用者の識別及び認証，情報の区分管理とアクセス権限の管理，アクセスの記録（アクセスログ），不正ソフトウェア対策，ネットワーク上からの不正アクセス，の項目があり，個々に具体的な技術指針が示されている。具体的には，生体認証，多要素認証，代行入力者の場合の取り扱い，無線LANを利用する場合の対策，シンクライアント方式の採用，などが示されている。

⑤ 人的安全対策

　情報の盗難や不正行為，情報設備の不正利用等のリスク軽減をはかるため，人による誤りの防止を目的とした人的安全対策を策定する必要があるとして，守秘義務と違反時の罰則に関する規定や教育，訓練に関する事項が含まれている。

　病院情報システムの項からはややそれるかもしれないが，医療ICT化構想によく出てくるEHRとPHRについて補足しておきたい。
　EHR（生涯健康医療電子記録：Electronic Health Record）とは，患者の一

元化された健康情報の記録のことである。医療機関毎に管理されていた健康・医療情報を，地域や国レベルで共有し，有効活用しようとするもので，医療機関での診療や各種健診の記録を標準的な形式で公的に一元管理するものとされている。これまで国の情報化施策として示されてきた計画の中には，「日本版EHR」，「電子私書箱」，「どこでもMy病院」，「マイナポータル」などと名称が変遷してきたが，いずれも「生涯にわたる健康情報を，どこにいても本人の承諾のもとに参照できる仕組み」として示されたものと考えられる。

　PHR（個人健康医療記録：Personal Health Record）は，個人の生涯にわたる健康・医療の記録であり，EHRの記録の全部または一部に，個人が各種健康に関する日常のデータを加えて，本人の責任において管理するものである。今日のスマートフォンの普及を見ると，そのアプリ上で自己管理するのが現実的かもしれない。

(4) 今後の展望

　現在国が示している医療のICT化の将来像（図表14-2）の実現には，2025年問題，地域包括ケアシステムの推進などへの対応が求められ，今後の介護需要の増大，少子高齢化などの社会背景や，保健・医療・福祉の連携，個人の生涯にわたる健康管理などの新たなニーズを見据えて，医療のICT化を適切に進めていく必要がある。その医療情報の利活用を担う人的側面をみると，医療機関やベンダで医療のIT化を進める力を持った人材の不足がいわれている。日本医療情報学会が育成を進めている医療情報技師と上級医療情報技師も，そのような背景から誕生し，それぞれ16年と12年を超え，さまざまな領域で活躍しているものの，社会的にも実際の現場でもしっかりと認知されるまでには至っていない。診療情報を専門に取り扱う診療情報管理士についてもやはりまだまだ社会的地位は高いとは言えないのが現状であり，優秀な若い世代がこの分野に参入してもらえるようさらなる努力が求められている。

（内藤　道夫）

4. IoT/ビッグデータの活用

　Internet of Things（IoT）の普及により，従来スタンドアロンで稼働していたデバイス群からのデータは，連続的に大量のデータとなって蓄積可能となった。IoTにより強力な産業システムを構築し業界で勝ち残るかが各企業における近年の主要な命題の一つである。公的サービスの意味合いの強い「医療」という産業においても，モバイルデバイスやウェアラブルデバイスをはじめとするIoTデバイスから飛ばされる多種類，高頻度のデータからいかに意味のある情報を抽出して予防や診断につなげるか，また健康保険，医療機器，薬剤の利用状況や，DPC（Diagnosis Procedure Combination），NCD（National Clinical Database）といった大量・多様なデータ群から医療経済的に有用な情報を抽出するビッグデータ解析への取り組みが盛んである。現在いわゆる情報医療を代表するプレイヤーであるIoTとビッグデータ解析に関しては誰もが未来と希望を抱き試行錯誤を繰り返しており，まさに「データドリブン医療」というブルーオーシャンにおける大航海時代のような状況と言えるだろう。医療におけるビッグデータの利用はBatesらやHermonらにより健康保険サービスの利用状況管理，臨床的な意思決定の補助，臨床情報サービス，顧客（患者）活動の把握といった4つの主要ユースケースが挙げられており，医療ビックデータ自体の有用性が次第に確証されつつある（Bates, et.al 2014, Hermon & Williams 2014）。しかしながらビッグデータは構造化データだけではなく，非構造化データも大量に存在し，加えてIoTにおいてはノイズやハードウェアに依存するデータの質の違いや，エッジ処理を行われることによるデバイス間のデータ格差も生じる。そのためデータの横断解析を行うためにはデータのモダリティや論理的な特性の違いに起因する取り扱いを慎重に行わねばならず，また解析手法や必要とするハードウェアの選定など，解析に携わる人員には多岐にわたる知識と経験を要し，未だ簡単に解析・活用が可能な状況ではない。本項ではIoT/ビッグデータの医療における利活用に関する現状と問題点，今後の展開について述べる。

（1）ビッグデータ

　ビッグデータは，従来の解析基盤や手法では解析が困難な量（Volume），速度（Velocity），種類（Variety）のデータと定義され，この解析には高速の計算機（分散コンピューティングなども含む）で強引に計算するBrute force approachをとるか，新しい分析手法を適応する必要があった。例えば気象予測や交通渋滞予測といった公的情報システムやコンビニエンスストアで清算された商品データに基づく需要予測や物流における最適化はビッグデータ解析により行われており，今やビッグデータ解析は我々の日常生活とは切っても切り離せない重要な解析基盤となっている。さらに近年の並列計算能力に優れたソフトウェアや汎用グラフィックス演算装置（GPU）の著しい性能向上や，それらを利用した解析手法の発達により，従来ビッグデータ解析の範疇に入っていたデータ群が一部ワークステーションレベルにおいても解析可能となってきた。とはいえ，とにかくデータを蓄積して多変量解析を行えば意味のある情報を抽出できるというわけではなく，ハードウェア，ソフトウェアの進歩により次に述べるIoTデバイスと呼ばれる多種多様な高性能な小型デバイスを利用した方向性を持ったデータ収集基盤の有効活用や，病院情報システムや検診システムによるElectric Medical Record（EMR）が普及し，検査データや画像データを電子的に抽出，収集することが可能になった。依然互換性や記録の正確性といった問題は山積しているが，それでも紙ベースで管理されていたころと比べるとずっとデータとしての利用可能性が拓けたと言える。既に諸外国ではEMRだけでなくPersonal Health Record（PHR）をデータソースとして活用し公衆衛生や医療経済で有効に利用するだけでなく生命保険や創薬，医療機器産業など民間で利用可能にする取り組みも行われており，公共の利益に資することは明らかであるにもかかわらず日本はこの領域で遅れをとっている。とはいえ依然我が国では法的，倫理的，物理，論理的障壁により利用が必ずしも容易な状況ではなく，国策として医療データを統合的に利用可能にするための取り組みを進めていく必要がある。

(2) Internet of Things (IoT)

　IoTでは無線技術や携帯電話網などでインターネットをはじめとするネットワークに接続された小型デバイス群（Things）の通称であり，近年ではIPv6ネットワーク（Liu, et.al 2017）やLow Profile Wide Area規格（LPWA）の利用によって，従前のネットワークに存在したアドレス制限という壁を取り払い，数10万，数億個という数のデバイスが継続的に直接データをやり取りすることが可能となった。ネットワーク上でデバイス間のデータのやりとりを効率的に行うための階層アーキテクチャが策定されており，圧，光，温度，湿度，加速度，重力，磁気等を検知する各種センサー，振動や駆動を行うアクチュエータ，照明や表示を行うLEDやe-ink素子，Radio Frequency Identifier（RFID）やBluetooth Low Energy（BLE）タグといった技術を効果的に利用することで目的とするデータを収集し，情報提供や動作を提供する事が可能となる。さらに近年ではIoTに特化したRouting Protocol for Low Power and Lossy Networks（RPLL）やConstrained Application Protocol（CAP）といった低消費電力で長時間稼働することを念頭に置いたプロトコルの規定も行われ（Xu, et.al 2014），いよいよ実用的なレベルになってきたといえる。これらデバイスを利用したビッグデータの収集・管理・解析は近年注目されており，先述したようにこれまで困難であったシームレスなバイタルサインの取得をはじめとする生体データの継続的蓄積が可能となることにより，従来の疾患概念を大きく変化させるような情報が得られるようになってきた。例えばハーバード大学で開始されたProject Code Blueでは脈拍，酸素飽和度，心電等のセンサーをMica2 Motsという基盤に搭載し各患者の健康状態を24時間モニタリングすることで異常予測や早期介入に必要なデータトレンドの抽出に成功している（Khan 2009，Kumar & Devi 2018）。このようなユースにおいてはデバイスの技術的特徴を理解し，出力されるデータがどのような物理/論理特性に基づいたものなのかという知識を持つことが誤ったデータ操作を行わないためには重要である。また，IoTにおいてデバイスが取得したデータが継続的に収集されることによりそれを傍受・改変される時間的なリスクが高いといえる。また，

デバイスが双方向の通信を許可している場合，意図しない命令を混ぜられることによりデバイスが予期しない動作を起こし，結果として使用者の不利益になる可能性が存在する。

ビッグデータにおいても，ノイジーなデータを処理することとなるため，恣意的でなくてもデータ収集や処理の過程でバイアスが入ることがありうる。またビッグデータは前述したようにデータ収集や解析が困難なため，生成したデータが時として検証困難であり，注意が必要である。

① **国内における現状とトレンド**

2018年5月に「次世代医療基盤法」が施行され，医療機関における医療情報を集約し，医療ビッグデータとして創薬などの研究開発に利用できるようになった。さらに2018年6月には日本とタイの間で初の医療ビックデータに関する国際協力包括研究協定が締結された。タイでは既に個人番号による全国民の医療ID統合管理に成功していることは有名であるが，ヒト（患者）やモノ（医療機器など）のトレーサビリティは国策としても重視されているといえよう。現在医療IoTや医療ビッグデータはボトムアップで様々な取り組みが始まっており，いくつかはAMEDを始めとする公的ファンディングの援助を受けながら成果を挙げ始めており，例えばあいち健康の森の津下らは糖尿性腎症による新規透析導入を減少させるため生活習慣改善を目指しビッグデータ解析を利用した腎症重症化予防プログラムや，スマートフォンを利用したIoT糖尿病管理アプリを展開し，IoT/ビッグデータ医療研究のモデル事業とされており，また我々の施設でも愛知県より委託を受け，愛知県医師会との連携により県内67のDPC病院より提供を受けたDPCデータを基に，県内の医療リソースの現状と需要予測や医療政策の問題点把握を行っており，適正な医療資源の投入に対するコンサルタント事業としてのモデルを確立しつつある。

スマートウォッチなどの可搬デバイスによる情報収集は誤差が大きいことが知られているが，IoTデバイスの利用による疾患予測は考え方によっては，ディープラーニングにおける教師データ，すなわち少量の高精度のデータか，

大量の低精度のデータによって構築可能というパラダイムに似ている。すなわち，従前は来院時など時間軸での1点におけるデータの集合体で行っていた診断や治療効果評価が，将来的には部分的に欠損を有する不正確なデータ群であっても長期間トレンドで収集する事により連続時間軸方向や同様の患者集団の中での比較といった線や面での診断・評価が可能になるという可能性を秘めているという点は医療現場においても，予防や介護，ヘルスケア産業においても大きなパラダイムシフトを起こすポテンシャルを持つ技術といえよう。

（大山慎太郎・白鳥 義宗）

【参考文献】
1.～3. 節
JAHIS保健医療福祉情報システム工業会「医療情報システム導入調査」
　　https://www.jahis.jp/action/id=57?contents_type=23
官邸・IT戦略本部「i.Japan戦略2015」
　　http://www.kantei.go.jp/jp/singi/it2/kettei/090706gaiyou.pdf
官邸・IT戦略本部「世界最先端IT国家創造宣言（の変更について）」
　　https://www.kantei.go.jp/jp/singi/it2/kettei/pdf/20150630/siryou1.pdf
官邸・IT戦略本部「「医療・介護・健康×ICT」の推進について」
　　https://www.kantei.go.jp/jp/singi/kenkouiryou/jisedai_kiban/iryoujyoho_sub_wg/dai1/sankou5.pdf
経済産業省「主要施策―個人情報保護」
　　http://www.meti.go.jp/policy/it_policy/privacy/index.html#02
経済産業省「医療情報を受託管理する情報処理事業者向けガイドライン（第2版）」
　　http://www.meti.go.jp/policy/it_policy/privacy/iryouglv2.pdf
厚生労働省「研究に関する指針について」
　　http://www.mhlw.go.jp/stf/seisakunitsuite/bunya/hokabunya/kenkyujigyou/i-kenkyu/
厚生労働省「人を対象とする医療系研究に関する倫理指針（文部科学省・厚生労働省）」
　　https://www.mhlw.go.jp/file/06-Seisakujouhou-10600000-Daijinkanboukouseik-

agakuka/0000153339.pdf

厚生労働省「厚生労働分野における個人情報の適切な取扱いのためのガイドライン等」

http://www.mhlw.go.jp/topics/bukyoku/seisaku/kojin/index.html

厚生労働省「医療・介護関係事業者における個人情報の適切な取扱いのためのガイダンス」

https://www.mhlw.go.jp/file/06-Seisakujouhou-12600000-Seisakutoukatsu-kan/0000194232.pdf

厚生労働省「「医療・介護関係事業者における個人情報の適切な取扱いのためのガイダンス」に関するQ&A（事例集）」

https://www.mhlw.go.jp/file/06-Seisakujouhou-12600000-Seisakutoukatsu-kan/0000166287.pdf

厚生労働省「医療情報システムの安全管理に関するガイドライン（第5版）」

http://www.mhlw.go.jp/file/06-Seisakujouhou-12600000-Seisakutoukatsu-kan/0000053340.pdf

厚生労働省「医療情報システムを安全に管理するために～すべての医療機関等の管理者向け読本」

http://www.mhlw.go.jp/shingi/2009/03/s0301-6.html

厚生労働省「「健康・医療・介護分野におけるICT化の推進について」等の掲載について」

http://www.mhlw.go.jp/stf/seisakunitsuite/bunya/0000042500.html

総務省「クラウドサービス事業者が医療情報を取り扱う際の安全管理に関するガイドライン（第1版）」

http://www.soumu.go.jp/main_content/000567229.pdf

日本医療情報学会医療情報技師育成部会編（2016）『医療情報 第5版 医療情報システム編』篠原出版新社

日本医療情報学会医療情報技師育成部会編（2017）『医療情報の基礎知識』南江堂

4. 節

Bates, D.W., Saria, S., Ohno-Machado, L., Shah, A. & Escobar, G. (2014) Big data in health care: Using analytics to identify and manage high-risk and high-cost patients. Health Aff. 33, pp.1123-1131.

Hermon, R. & Williams, P. (2014) Big data in healthcare: What is it used for? Proc.

3rd Aust. eHealth Informatics Secur. Conf. pp.40-49. doi: 10. 4225/75/57982 b9431b48

Khan (2009) Medical applications of wireless body area networks. Int. J. Digit. Content Technol. Appl. 3.

Kumar, P.M. & Devi Gandhi, U.A. (2018) novel three-tier Internet of Things architecture with machine learning algorithm for early detection of heart diseases. Comput. Electr. Eng. 65, pp.222-235.

Liu, F., Tan, C.W., Lim, E.T.K. & Choi, B. (2017) Traversing knowledge networks: an algorithmic historiography of extant literature on the Internet of Things (IoT). J. Manag. Anal. 4, pp.3-34.

Xu, L. Da, He, W. & Li, S. (2014) Internet of things in industries: A survey. IEEE Trans. Ind. Informatics 10, pp.2233-2243.

第15章 病院における建築と管理

1. 病院管理と建築

(1) 我が国の病院建築の課題

① 短命な病院建築

終戦後の復興期に多く建設された鉄筋コンクリート製の耐火建築物は，我が国にほぼ無限にある石灰や砂利を使用しており，しかも災害に強く半永久的に使い続けることが出来ると大いに期待されて，建築土木に積極的に採用され，病院建築にも数多く普及した。

法的には鉄筋コンクリート構造の躯体部分は約50年，設備部分は約15年が耐用年数と定められているが，我が国の多くの病院建築はその年限に達する前に建て替えられているのが大半である。建て替え理由の多くは「耐震性能が不足」，「老朽や朽廃」，あるいは「設備の劣化による機能不全」などである。

一方西欧の多くの病院建築は，地震が少ないという理由が大きいものの，創建当時の建築を100年以上もの間，修繕や設備の更新を繰り返し，使用し続けられている事例も多い。

近年我が国では長寿命建築，百年建築という標語が生まれ，消費型の社会構造からの脱却に資する動きが一般建築にはあるが，むしろ医療経営を健全化する必要性を鑑みると，病院建築においても長寿命化が図られていくべきであろう。

【図表15-1】施設にかかるコストは氷山と同じ

② 氷山に例えられる建築のライフサイクルコスト

　ファシリティマネジメントの分野では，施設にかかるトータルのコストはしばしば氷山に例えられる。図表15-1の海上に出ている部分は初期の建設費であるが，水面下にはその後の膨大な経費が隠れているという説明に使われる。すなわち水光熱費，施設の管理費，維持保全のための経費，修繕や設備の更新経費といったものが，建物が建てられてから使い切るまでの期間にかかり，建築が50年，設備は15年ごとに更新するとしての条件で，初期の建設費は生涯全経費の1/4から1/5にすぎないという試算がある。いわゆるLCC（ライフサイクルコスト）という概念である。これからの時代は病院の建て替えを繰り返して経営を圧迫するのではなく，計画的にLCCの抑制を実施して延命を図り，健全な経営を図らなくてはならない状況になっていると思われる。

③ 短期間に建て替えられることの損失

　高度経済成長期に建設された多くの病院は30とか40年程経過した時点で，

第15章 病院における建築と管理

【図表15-2】短命で建設を繰り返すデメリット

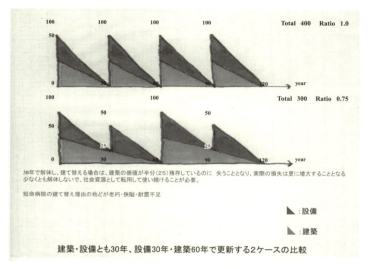

建築・設備とも30年、設備30年・建築60年で更新する2ケースの比較

早くも建て替えられようとしている。図表15-2は，建築と設備共に30年で建て替えを繰り返す場合と，仮に建築は60年，設備は30年持たせて建て替える場合とでは，建設投資金額にどのくらい差が出るかを示している。建築躯体部分の価値が半分残っているのに30年で建て替えを繰り返す場合は，25％程の損失である事がわかる。

④ 老朽化，陳腐化の進行は維持管理が不十分な事が要因

代わりの病院を新たに建設する場合でも，少なくとも既存建物を解体しないで，社会資源として他の用途，例えば福祉施設などに転用して使い続けることが今後は必要であろう。十分な維持管理や中長期の保全計画を立てていない事が，病院などの公共施設などで実に多く，それらに投資続けることで財政難という状況に陥るのである。しかし最近の文部科学省などでは，既存の学校等の教育研究施設は改修を大原則とする施策に転じており，病院や福祉施設も今後はそれに習うべきと思われる。

331

【図表15-3】 FMIによるFMモデル：3つのP

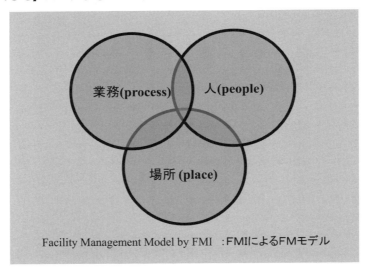

Facility Management Model by FMI ：FMIによるFMモデル

(2) 病院とファシリティマネジメント
① ファシリティマネジメントの真の意味：3つのPの概念

　「ファシリティマネジメント」とは「施設の管理」，すなわち「建物管理」と思われているが，実は建物だけを対象とした概念ではない。IFMA（国際ファシリティマネジメント協会）の前身のFMIという国際組織にて，かつて次のように定義されたことがあり，次節の執筆を担当されている柳澤忠先生が我が国に初めて紹介された。（図表15-3）まず施設の目的を果たすためにProcess（業務）があって，それを遂行するPeople（人）がいて，器としてのPlace（場所）がそれを下で支えるといった3つのPによる概念である。つまりこの3つのPが揃ってこそFMが論じられるのである。

② 病院などのサービス産業のファシリティマネジメント：3つのSの概念

　JFMA（公益社団法人 日本ファシリティマネジメント協会）のヘルスケアFM研究部会では，「3つのP」という考えを更に展開し，施設の目的を果たす

【図表 15-4】 JFMA ヘルスケア FM 研究部会提案の FM モデル：3つのS

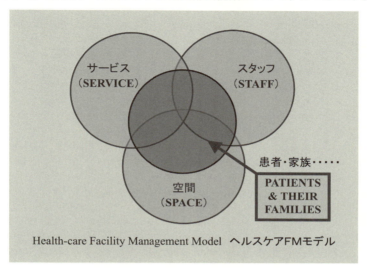

ために Service（サービス業務）があり，それを担う Staff（スタッフ）がいて，Space（空間）がそれを下支えし，患者や家族のために包括的なサービスを提供するというもので，この考え方はホテルや学校などにも当てはまると思われる。（図表15-4）いわば「ハコもの」，「建物」の役割だけを考えることではない事を表している。

（3）患者中心の病院建築

図表15-5は，1962年出版の「Hospital Organization and Management」に掲載された概念図であり，多くの医療スタッフが中心の患者を取り巻いて，良質の医療を目指していることを表している。病院経営者や職員の為に働きやすい環境を実現することも重要であるが，真の利用者（Real user）の為の環境作りが肝要であることは，時代を超えて，理解されているところである。

【図表15-5】患者中心の病院運営

(4) 地域包括ケアシステムの構築に向けて
① 70年代に始まっていた「包括ケア」の必要性の指摘
　1972(昭和47)年頃に受講した柳澤忠先生の「建築計画特論」の講義では，病院の建築計画を考える前に，地域の医療体系(図表15-6)を樹形状に張り巡らせた「コンプリヘンシブ・ケア(comprehensive)」における位置付け，すなわち地域における当該病院の分担範囲を明確にすることが必要で，かつ受療初期段階あるいは日常の健康維持のために，「プライマリーケア(Primary care)」が最も重要であり，住民に近い存在の診療所群と病院との連携が必要であることを強調されていた記憶がある。「地域包括ケアシステム」の構築が唱えられている今日でも，重要な考え方である。

② 地域包括ケアの概念の実現に向けて
　地域包括ケアの実現には，中心的拠点も必要であるが，在宅を支えるケアの拠点を地域に分散していき，ネットワークを作り上げて地域全体をカバーする

【図表15-6】樹形状の地域医療体系（地域から拠点へ）

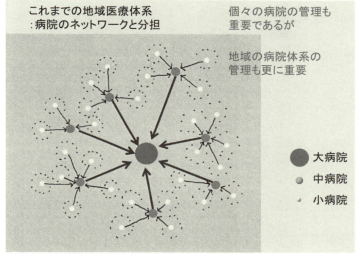

　という考えを今後はとるべきで，前に掲げた図表15-6とは逆の，むしろ中心的病院から地域全体に拡げた矢印で表す方が適切と考えられる。（図表15-7）この概念の実現には施設の配置に留まらず，様々な職能の人々の連携と協働が必要であり，「健康社会の実現を求める病院管理」の展望がそこにあり，病院建築というハード面だけではなく，関連する全てのソフト面，人的配置や業務の見直しを含めた制度や体制の設計が必要となる。

(5) 変化の時代の病院建築のあり方
① 建て詰まり状況の打開策の必要性
　筆者らは名古屋大学の医学部と附属病院がある鶴舞団地の再開発計画を策定した経験がある。図表15-8は再開発以前の配置図であり敷地一杯に建て詰まり状況であった。図表15-9は基本計画策定当時に描かれたマスタープランであるが，敷地全体にホスピタルストリートが延びて，建物が建て増ししても対応でき，かつ各建物も端部が部分増築できるという計画案であった。図表

【図表15-7】地域包括ケアのあるべき体系（拠点から地域へ）

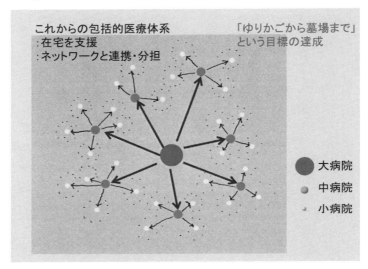

【図表15-8】名大病院再開発以前の配置状況：1990年頃作成

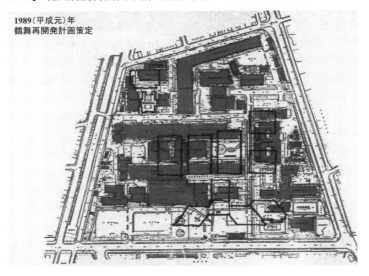

第15章　病院における建築と管理

【図表15-9】名大病院再開発計画の為のマスタープラン：1990年頃作成

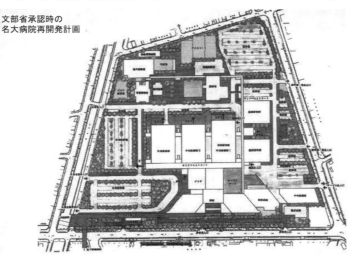

15-10は近年の鶴舞団地の航空写真である。再開発が開始されて20年程が経ち，敷地全体に建物が再び建て詰まり，建設の余地がほとんど無いという状況を迎えつつあり，次の再々開発計画は大きな困難が予想される。

② 公園などの公共用地を隣接させた先見性

次のスライド（図表15-11）は，柳澤先生らと基本計画に関与した小牧市民病院である。北に延びるホスピタルストリートに沿って建物が追加され，部分的な増築が為されてきたが，ついにこれ以上の余地がなくなり，再々整備されることになった。それを可能にした最も大きな理由は，病院敷地の西隣に公園が隣接しており，この公園の敷地を転用して病院の再々開発をスタートし，その事業の完了時に公園を既存病院用地内の別位置に移して整備することになった（図表15-12）。

公共施設に隣接して公園等を隣接して設け，拡大に対応するという手法は，かつて名古屋市において多くの小学校に隣接して公園を設け，その後の校舎や

【図表15-10】最近の名大病院航空写真

【図表15-11】小牧市民病院の再開発計画：増築を繰り返して展開

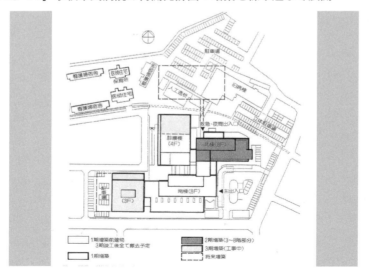

第⑮章 病院における建築と管理

【図表15-12】小牧市民病院の再々開発計画：隣接の公園を利用して展開

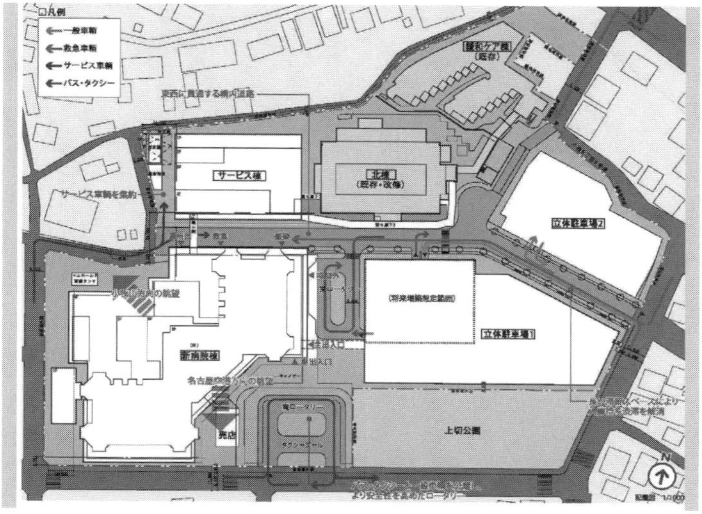

出所：市民病院ホームページより

体育館，プールの増設等に対応した例がある。このような配慮が病院を始め公共的施設の延命を図るための施策に必要と考える。

③ 現代の病院建築の原点

　名古屋大学と小牧の両病院とも，意図的に建物の端部を増築できるようにしたり，ホスピタルストリートに沿って計画的に増築していくという建築的な計画手法が採用された。通りや軸，あるいは幹に沿って成長する手法はモダニズムの黎明期に誕生したと思われる。図表15-13は，フローレンス・ナイチンゲールが戦時下のトルコにおもむき，視察した頃の兵舎を転用した野戦病院の姿で，1885年とある。給排水溝や渡り廊下に沿って整然と隣棟間隔をあけて平行配置され，収容規模に応じて増減させている様子に強く感銘を受けた女史は，イギリス本国に帰国した後，それまで通風や採光が悪く衛生状態などに問題があった市街地の病院環境を改善するため，図表15-14のようなパビリオン

339

【図表15-13】ナイチンゲールが視察した頃の野戦病院（Turkey, 1885）

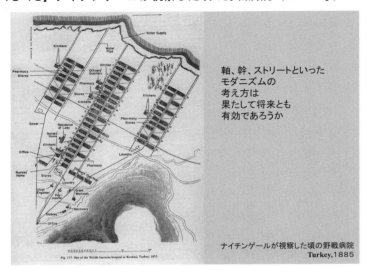

軸、幹、ストリートといった
モダニズムの
考え方は
果たして将来とも
有効であろうか

ナイチンゲールが視察した頃の野戦病院
Turkey,1885

出所：J.D. Thompson & G. Goldin (1975) 'The Hospital', Yale University Press より

【図表15-14】英国に誕生したパビリオンタイプの病院

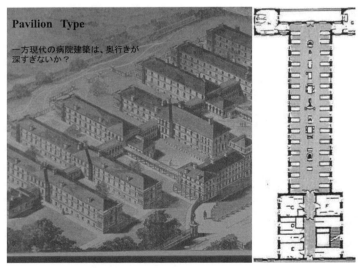

一方現代の病院建築は、奥行きが
深すぎないか？

出所：J.D. Thompson & G. Goldin (1975) 'The Hospital', Yale University Press より

第⑮章 病院における建築と管理

【図表15-15】ガルニエの工業都市

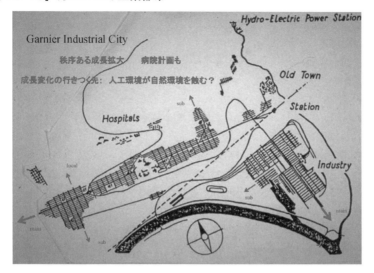

出所：'La ville', Centre Georges Ponmpidou (1994) より

タイプ（分棟型）の建築形態を考案し，やがてそれが世界中にひろがった。現代の病院は診療や検査機能の追加更新の為の小規模な増築が絶えず必要で，医療経営的な観点では大規模な増築は難しい状況にある。むしろ規模が小さく奥行きが浅いナイチンゲール病棟が規則的に配列したような形態が適しており，見習うべきであろう。

④ モダニズム黎明期以来の軸やストリート，幹の発想の役割と限界

　図表15-15は20世紀に入ってトニー・ガルニエという建築家が構想した「工業都市の構想」である。工場とか，住宅や商業，行政施設などが用途別にゾーニングされ，各々がメインの通りとローカルな通りに沿って増殖していくという樹形状の都市である。この軸に沿って伸びるという考え方はモダニズム黎明期以来の共通する考え方である。後に続くル・コルビジュエや，日本では丹下健三，黒川紀章などが賛同し普及した考えであるが，軸に沿って成長するとい

341

【図表15-16】設備階のある病院：退役軍人病院／ロサンゼルス／USA

Los　退役軍人病院

う考え方は，病院の建築計画にも有効な理論であろう。しかし果たしてこれからの時代以降も有効であるかは，検討を要する課題である。

⑤ 設備のための階

　図表15-16は筆者が1980年代に視察した各階の間に設備階のある病院であり，図表15-17は設備階の説明図である。その設計意図を尋ねたところ，工事中に居室階の仕上げと設備の配管・配線工事が同時進行でき工期短縮とコスト削減がはかれることに加え，開院後も業務の中断を少なくして，維持管理のための点検と修繕が日常的に同時進行できるというメリットの説明があった。設備階はその後日本にも導入されたが部分的な例が多い。病院は機能不全を起こさないように工事が行われることが重要と思われ，設備階のような工夫をもっと考えなくてはならないと思われる。

【図表15-17】設備階の説明

⑥ 建築と設備の分離

　図表15-18はパリのポンピドーセンターの裏側の外観である。設備機械やダクト・配管類が外に露出している。建築の構造・仕上げと設備の双方を分離した設計であることを表現している。実際海外ではこのようなデザインの病院事例もある。機能面では優れているが，生活環境としてあるいは都市環境としてどうかという疑問を呈する向きもある。構造や仕上げ，設備の意図的な分離は，今日では「スケルトンインフィル」と称され，主に集合住宅などで普及しつつあり，今後は病院建築でももっと導入の検討が為されるべきと思われる。

⑦ メタボリズムの限界と可能性

　図表15-19は，黒川紀章設計の「中銀カプセルマンション」である。日本の高度経済成長時代，大阪万博が開催された頃に日本で流行したメタボリズム運動時代の作品である。メタボリズムという名の下につねに建築や都市も新陳代謝を繰り返して成長していくべきとの考えで，まさに成長期に合致する運動で

【図表15-18】ポンピドーセンター/パリ/仏：設備と構造・仕上げの分離

【図表15-19】中銀カプセルマンション：黒川紀章設計

第15章　病院における建築と管理

【図表15-20】Plug-in-City（Archigram, 1964）

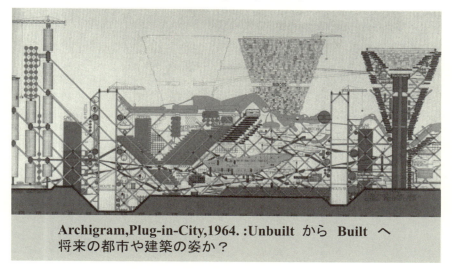

Archigram,Plug-in-City,1964.：Unbuilt から Built へ
将来の都市や建築の姿か？

出所：'La ville', Centre Georges Ponmpidou (1994) より

あった。工業化製品の様なカプセル型のユニットが幹に沿ってトウモロコシのような形状で取り付けられ、徐々に成長していくような表現がとられていた。しかしながら当時や今日までの技術水準では、建物が成長変化を遂げるはずもなかった。しかしながらこれからの急速な科学技術の発展の果てには、そのようなことができる時代が到来するかもしれない。成長と変化はまさに病院建築に必要な概念である。

⑧ プラグインの発想

　その少し前の時代、終戦後しばらく経っても景気が回復せず、若者達に仕事の機会が少ない時代、実現可能性のないプロジェクトを構想して世に問うていたグループがある。彼らアーキグラムやアーキズームといったグループの構想の中に、電気のプラグを差し込むようにして建築を繋ぐ「プラグイン・シティ」という提案があった。図表15-20にあるように、トウモロコシ状の超高層のビ

345

【図表15-21】三角形病棟：セント・マークス病院／ソルトレイク／USA

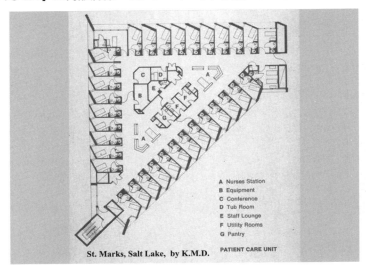

ルやワインラック状の格子の中に建物が組み込まれている都市である。当時は実現できなかったが、やがて可能になる時代には、是非病院建築に導入されるべき手法であろう。

（6）海外の設計思想に学ぶ

我が国の近代化された病院建築の多くは、廊下に機能別に部屋が並んでいるだけの配列に特徴の無い事例が多い。しかしながら欧米においては、しばしば病院に関する思想が強く表現された事例が多く見出される。本節では筆者等が多く参照してきた病棟を例に、いくつか紹介することにする。

① 三角形病棟（図表15-21）

ナースステーションと病室群間の動線の短縮と観察のしやすさなど、効率面で病棟のデザインを追求していくと、矩形よりもより円形に近いコンパクトな形状に行き着く。病室の居住性と看護の効率性の両立を図るために生み出され

【図表15-22】 クラスター（ブドウの房）型病棟：ノートン子供病院／ルイビル／USA

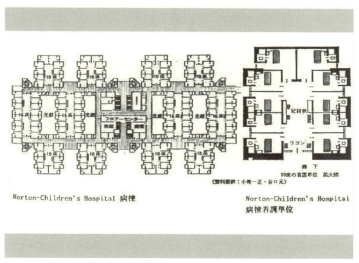

たのが三角形病棟である。我が国では聖路加国際病院で導入され，その後多くの病院でマイナーチェンジされてきた。

② クラスター型病棟（図表15-22）

患者を小規模に編成し，看護スタッフの受け持ちを限定して分散的に配置する体制を具現化した事例である。病室群の中央部のホールが分散型のステーションである。我が国では消防法上避難経路にあたる箇所は，什器や備品を備えた居室としては使用できずこの形状は不可であるが，この考え方の影響を受けた事例はみられる。

③ スタッフステーションの無い病棟（図表15-23）

スタッフステーションの中で看護・医療業務をするのではなく，記録や処置の準備・後片付け等の業務を，できるだけベッドサイドで遂行できるように工夫された事例である。看護単位の中にセンター的なスペースはなく，所要室が

【図表15-23】中心のない分散型病棟：ミシガン大学病院/USA

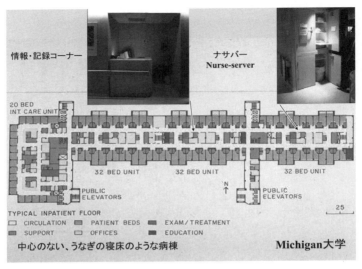

分散的に配置されているのが，大きな特徴である。

また各病室の入り口側にナサバーと称される供給と回収用の棚が設けられ，病棟廊下の随所に記録用のカウンターが備えられている。

④ 看護単位を柔軟に編成可能な病棟（図表15-24）

病棟のワンフロアを大規模にし，かつ廊下の随所にカウンターを分散配置し，多様で柔軟な医療チーム編成で運営され，受け持ちベッドの数も流動的であるという。病棟各階全てがICU・CCU群ともいえる事例である。我が国では一つの病棟は一つの看護単位であることが一般的であるが，この事例は固定的な看護単位という運営思想では無い。新しい時代を予感される事例である。

⑤ 廊下が蛇状にうねっている病棟（図表15-25）：'snake' route

建築設計の専門家は，廊下は効率的に直線にするのが常識であるが，医師団の注文から蛇状にうねる廊下の病棟が誕生した。小児専門の病院で視察は困難

第15章　病院における建築と管理

【図表15-24】看護単位の概念がない病棟：マジョッレ病院／ベローナ／伊

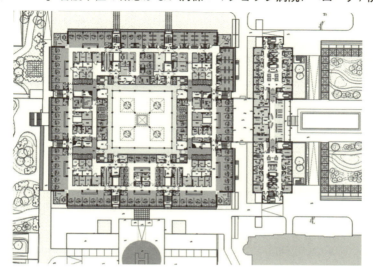

【図表15-25】廊下がうねる病棟：セント・トーマス病院／英

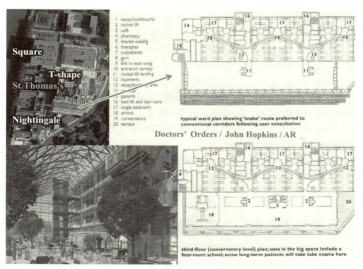

であるが，図面を詳細に吟味すると，小規模なナイチンゲール的な病室がいくつか並び，その配列をカーブした廊下で繋いでいるように見て取れる。

(7) 病院建築で今後導入するべき手法

① コミッショニング：建築の目的を明確化する手法

　以上これまで記してきたことはハードとしての建築の限界と可能性である。より重要な事は医療のニーズに合った病院建築を，設計・施工時に如何に実現できるか，そのプロセスを検証できる手法を見いだすことが重要な課題である。設計段階から施工段階，竣工後の運用段階に至るまで，建築目的が達成できているかを各段階ごとにチェックし，目的達成に導く手法と体制を作り上げることが重要である。建築界では「コミッショニング」と言われ普及しつつある。この手法の導入が病院建築にも，求められよう。

② BIM：建築設計とデータベースシステムの高度化を目指して

　もう一つ着目すべきは，BIM（Building Information Modelling）という最新技術の導入と普及である。以前から航空宇宙や自動車産業で普及し，最近徐々に建築界にひろがりつつある。従来の設計では，図面は平面，立面，断面と別々に描いていたが，このシステムでは始めから立体的な造形を3Dで形づくり，それを水平で切れば平面，垂直で切れば断面，外から眺めれば立面やパースといった図面に落とし込むことができる。建設時に配管をうまく通すことができるかどうかというような検討を事前に確かめることができる利点などがあるほか，最も優れているのはデータベースとリンクしており，それを利用して竣工後の修繕履歴や管理責任者の登録，備品の管理，ベッドの最適配置や，修繕や改装などの履歴の管理ができることである。施設を建設したり，運用したりする段階で有効な情報ツールとして今後活用することが普及すれば，病院の経営に大いに役立つことが期待される。

(8)「脱施設」という考え方

　将来にわたって医療技術の進歩はますます激しくなるであろうし，医療業務のあり方も変化することが予想される。医療スタッフの働き方も変わり，病院で対象とする患者の属性も変わるであろう。我が国では急性期の病院の平均在院日数は現在短くても2週間ほどであるが，将来欧米並みに1週間以内になる可能性も高い。そのような変化の時代に建築や設備も従来通りで良いはずがない。変化に対応できる病院が生き残り戦略として必要である。

　それには変化に対応するハードとしての建築と設備が必要であるし，病院の部門配置の仕方や，更に地域における病院の役割が変化しつつあり，いわゆる再配置の為の地域計画が必要になって来るであろう。

　ある医師から「通院や在宅治療が今まで以上に展開してきたら，町のなかにナースステーションを作って運営する時代が来るかもしれない。家々が分散型の病室群になる」という発言が飛び出した。極論であるがまさに「脱施設」の発想であり，地域包括ケアシステムがうまくいきわたる時代には，このような姿で施設偏重から在宅重視の時代に移行するかもしれない。

(9) まとめ

　最後に筆者の病院管理に関する提案を箇条的に要約して「まとめ」とする。

・国の借金は今や1000兆円に達しており，これ以上病院等公共的事業の建設に投資を続けることは，国の破綻に直結すると認識するべきであり，施設を建設した後は，適切な中長期の保全計画を立て，できるだけ永く使い続けるという基本姿勢に改めるべきである。
・医療や福祉関連の社会的負担は義務的な経費とも言われているが，増大の一途を続けている。公私を問わず，病院等の運営は，経済的自立を目指すべきと思われる。
・建築業に携わる業界は，病院の建て替え需要があることを利して，それを営利目的だけの商売とするべきではない。LCCの削減と施設の適切な運営に

寄与して社会的に貢献する業界や職能であるべきである。
・医療需要の変化に対応できる病院建築が考案され，普及されるべきである。
・建築の設計や施工に当たってユーザーや発注者の出す条件を適切に取り入れるべきであるが，必ずしも彼らが将来のニーズを的確に把握し要求してくるとは限らない。単なる知識や経験に頼るだけではなく，未来を遠望できるだけの視野を養う必要がある。
・成長と変化に対応し，長い期間医療を継続できる病院建築の実現と，転用に耐えて社会資源として蓄積できる建築を増やすために，分野を超えた連携が必要である。

(谷口　元)

2. ファシリティマネジメントFM

(1) 病院にこそ必要なFM

　日本病院建築協会の訪米視察団（団長　柳澤忠）は1984年にFMI（ファシリティマネジメント研究所）を訪問した。こちらが病院建築視察団と知って50名の職員の中で看護師の資格をもつ人がFMの何たるかを説明してくれた。まさに「病院にこそ必要なFM」についてであった。その概要は「施設を取り巻いて変化が常にあり，その為にリスクが生じ，政策決定に大きなエネルギーを要し，管理主体やサポートシステムの確立が必要となる。場と人と業務の調整は必要であり，オフィス以上に変化が激しい建築種である病院にFMが必要なのである。」

　病院にはしばしば新技術による新製品が導入されるが，仕事内容の変革が検討されることは少ないし，なかなか全体像を見ている人がいない。もともと病院には清汚管理とか物品管理・情報管理・環境向上など包括的な業務調整を要する問題が多い。臓器移植時代の厳密なクリーンルームや，各部部局の在庫管理に代わる中央供給システム，紙のない自動伝達システムなど様々な変革があ

り，それらの影響を全体的に予測しつつ，将来に対応するための包括的な計画・経営戦略を立案すべく，FMの基本概念や技法が必要なのである。

FMIはアメリカのミシガン大学のあるアナーバーで1979年に設立され，1980年のIFMA（国際FM協会）の設立に貢献し，1986年に「FMにとって次は何か」と題する最終シンポジュームを行って解散した。アメリカ国会図書館に登録されているFMの定義はこのFMIが1983年に作成した。

(2) ホスピタリティFM

私は2004年米国で開催されたIFMAのWWP（ワールドワークプレイス）に参加し，IFMAヘルスケア部会と医療施設のFMについて懇談した。その中で「アメリカでは医療分野でFMを語るのは当たり前であり，普通の病院には必ずFM専門家が存在している。病院建築設計者は病院のFM担当者を窓口に仕事をする」と語られた。討論に参加したオランダの病院FMerから「医療FMには2つの柱があり，建築とホスピタリティである。後者は環境を整えて患者を迎え入れることであり，清掃・ケータリング・患者用の食事・セキュリティ・駐車場管理などである。」と紹介された。病院管理学における患者を病院は如何に迎えるべきかというテーマと一致しよう。さらにFMはオフィス系と来客対応系に区別する必要を感じている。後者には病院を中心にホテル・学校・老人施設などがあり，ホスピタリティFMの概念を確立する必要性がある。

(3) 病院建築の長寿命化

変化の激しい病院建築の寿命は35年ぐらいという常識があった。今後は70～80年にすべきだと言われ始めている。これからの建築は地球環境を考慮して長寿命が要求され，取り壊しても廃棄物が少ない構造が要求される。さらに変化に対応しやすい増築改修に適した建築構造が求められている。私は1971年にロンドン大学のウイークス教授を訪問し，彼の持論である成長と変化論を学んだ。さらに教授が推薦したカナダのマックマスター大学付属病院を見学し

た。鉄骨造の増築・改築のしやすい構造であった。

　現在愛知県立がんセンター中央病院の再開発計画が論じられている。今後30年・50年・80年の将来に向けて，病院業務を継続しながら敷地内で如何に施設整備を行っていくべきかについてである。そうした議論の中で病床数を平均在院期間と関連させて算出したり，手術室数を余り増加させずに日帰り手術や夜間手術などの臨時運用などで手術件数を増加させる工夫をするなどの経営・運用の議論も必要になる。まさにFMである。

（4）優れたFMの事例

　公益社団法人日本ファシリティマネジメント協会（JFMA）では優れたFMの事例を表彰している。病院の事例が増えることを願っているが，応募数は極めて少ない。その中で第3回（2009年）の優秀FM賞にNTT東日本関東病院とお茶の水の医療法人社団済安堂井上眼科病院が選ばれている。前者は600床を超える高度医療の総合大病院でのFM実践の成果が，後者は視機能に障害のある患者1日1000人を迎える取り組みが評価された。特に印象に残ったのはJRお茶の水駅の職員と街つくり団体の協力があって視覚障害患者の誘導計画が実現した事案である。

　第4回（2010年）の最優秀FM賞に財団法人倉敷中央病院が選ばれている。私は審査員の1人として現地審査に参加しFMの観点から最優秀と判定した。審査講評を紹介する。「家庭的な温もりの中で最高の医療を掲げ，医療の質とサービスを充実させた上，高い収益と安定した剰余に基づく近代化と将来計画を実現しており，病院FMの1つの模範事例である。経営者・医療従事者・設計者が三位一体となった病院経営とFM戦略で，高機能病院化，医師看護師らの増加，床面積増加，40年以上にわたる増築改修実施，新旧の施設差をなくすシームレス化などで質とサービスを向上させる一方，満床に近い稼働率を維持している。さらに平均在院日数の短縮，光熱費抑制などの徹底により経営的にも安定している。大原孫三郎・總一郎の人類愛を根底にしたホスピタリティの思想は，病院のエントラスの対応から感じられる。」

(5) おわりに

　私が病院管理学会第1巻2号に「診療圏の総合調査」を発表したのが1964年である。病院の診療圏が立地条件によってどう変化し，病院の性格・規模をどう決定すべきかを論じた。物をつくる一般の建築家の立場でなく「ことをつくる」計画者の立場のつもりであった。20年を経てFMと出会い，FMはことをつくることであり建築より広い総合計画概念であると理解した。病院管理学の世界に建築関連分野があるが，FM分野があるとお考え願いたい。

　国土交通省の前身は建設省であり，関東大震災の直後から終戦までは大蔵省営繕管財局であった。この「営繕管財」はFMであると私は考えている。日本にはFM的な考え方が古くから存在していたと考えているが如何なものであろうか？

（柳澤　忠）

3. 人に寄り添う環境づくり

(1) 病院におけるストレス

　医療とは病気の患者を治療し健康を回復し維持することであり，病院建築は医療活動を物理的に支える空間を提供している。病院の第一義的機能は，急性期の患者を救うことにあり，高度医療を支える機能性と効率性が求められる。そのため病院建築で最優先されるのは，医療活動を円滑に行うための空間や最新設備を用意することである。

　一方で患者は，身体の異変や不調という不安を抱いたまま，医療スタッフの施す治療の成り行きに身を委ねざるを得ない。まずは肉体的な治療が優先されるが，患者は精神的存在としての人であることが大前提である。とくに病気であるときの気持ちを解放し制御する有り様は，前向きな闘病生活を送るための基盤である。

　患者やその家族もさることながら，医療が高度専門化することで，医療ス

タッフにのしかかる責任やストレスも計り知れなくなっている。病院という現場は患者にとっても医療スタッフにとっても，精神的緊張の交錯する特殊な空間であるといえる。こうした精神的緊張を，少しでもやわらげるための工夫が求められる。

(2) 主体性と居場所の喪失

病人に限らず私たち人間は，主体性を失うと気力を喪失する。病院という環境が，意図せず患者から主体性を奪う可能性がある。ある建築計画学者は，高齢者の地域生活と施設での生活の違いを看破した（外山（2003））。施設特有の空間，時間，規則，言葉，役割の喪失に，落差を見出したのである。

巨大かつ複雑で常に人目にさらされる病院の空間。集団スケジュールに合わせなければならない生活時間，忙しく働くスタッフとのスピードのギャップ。集団生活のために従うべき生活ルール。そして，指示・命令・禁止を伴う教育的言葉。あげくは地域や家庭で担ってきた役割さえ喪失する。

病院環境の理想的あり方を患者等に尋ねると，共通して「家庭的であること」が望まれることがわかる。病院は本質的に施設であり，家庭に代表される環境とは対極にある。空間が巨大で人工的で，愛着を感ずることのない物品に取り囲まれる。いくら清潔なシーツ，快適な水廻りが用意されても心地良い居場所として十分ではない。

(3) アメニティとホスピタリティ

病院における快適性を示すいくつかの概念を紹介する。

人工的に支えられ，巨大装置化しがちな病院であるからこそ，疎外感や違和感を感ずることのないよう，人間的な空間を目指すべきである。医療の専門性を身につけた人が，病気で助けを求める人に手を差し伸べる場として，人が気持ちよく過ごせる空間を目指すことをヒューマナイジング（humanizing）と呼ぶ。1990年代初頭にプライザー教授が用いた（Preiser, et.al 1991）。1次レベル（健康と安全，セキュリティ），2次レベル（機能，効率，作業性），3次

レベル(社会的,心理的,文化と審美的要求)からとらえたモデルが示されている(鈴木(2014))。

次に,成熟した環境の質を表す概念としてのアメニティ(amenity)である。場所・気候・環境などの快適さ,性質・態度などの感じのよさ,生活の楽しさ・便利さを示している。イギリスの産業革命による工業化,公害による汚染,さらに人口集中による低劣な都市環境境など,快適な居住性の破壊を背景に生まれた。今日の日本では,健康で文化的な生活環境を体現することばとして使われる。病院においては,患者の快適性,患者の満足度向上を目指す視点にたった言葉として使われる。

最後に,ホスピタリティ(hospitality)ということばについて触れる。手厚いもてなしを意味するもので,古代ラテン語のhospes(客人の保護者)から派生している。hospitalisは,hospitale(巡礼や旅人のための宿)またはhospital(病院)という言葉と,hostel(宿屋)やhotel(ホテル)に変わった。ホスピタリティは対価を求めるのではなく,おもてなし・喜びを与えることに重きをおく点がサービスと異なる。

(4) 患者のための温熱環境

病院環境は,Healing environment(治癒的環境,または癒しの環境)と捉えることもでき,「心地良い環境は患者の自然治癒力を高め早期回復を促す」いう環境の特性を示す。このことに早くから指摘していたのは,ナイチンゲールである。彼女は,患者の環境について「新鮮な空気,陽光,暖かさ,清潔さを適切に保ち」,「患者の生命力の消耗を最小にする」と記している(Notes on Hospitals, Longman/Roberts and Green, London 1863)。

音,光,温湿度,空気環境は,前述した1次レベルの安全/安心に関わる。音については,療養中の静粛な音環境,診察室の会話に現れるプライバシーが確保されるべきであろう。光については,自然採光もさることながら,機能的には照度を確保する人工照明の演色的な効果にも配慮すべきである。温室度及び空気に関しては,特に感染症への抵抗力の弱い患者に,身体的負荷のかから

【図表15-26】高度医療空間は緊張感の高い閉鎖空間である

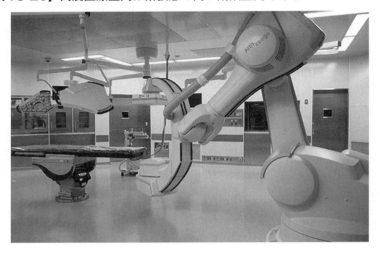

ない計画が求められる。

(5) 日常性の回復

　病院は，日常の外界から閉ざされた非日常空間となりがちである。日常生活において健康に生活していたときに身近にあった風景とは異なる特殊な空間となる。診療，検査のための空間は，患者にとってはそれだけで緊張感が高まる空間である。

　短期の療養においては耐えることのできる非日常空間も，長期になればなるほどストレスが蓄積しがちである。初めて見るもの，見慣れないもの，未知であるものなどに囲まれることで，無意識の緊張が持続する（図表15-26）。

　病院にしかないもの，または病院独特のものではなく，日常生活の中に普通に在るものが病院におかれることで，社会につながった存在として安心感を得ることができる。たとえば，それはコンビニエンスストアであり，気楽に出入りできるカフェであったり，銀行などのATMコーナーであったりする。そこでは，見舞客など通常の人々が見せる日常の会話や行動を見たり聞いたりでき

第15章 病院における建築と管理

【図表15-27】病院ロビーに面した店舗が日常性を引き出している

る。もちろん，テレビやインターネットによる外部からの情報は，病院の外の世界を内部に持ち込んでくれるが，リアルな日常空間が在ることの意味は大きい。

　ある病院（南医療生活協同組合　南生協病院）は，1階のロビー空間が駅への通勤通学の経路として開放されている。学校帰りの高校生がロビーの一部に席を取って，勉強に取り組む等，毎日繰返される日常の風景が病院の特殊な雰囲気を打ち消すのに役立っている。また，外部の市民が自由に出入りできるアトリウムには，フィットネスクラブや旅行代理店などが店を構えている。診察後に汗を流す医師や看護師がいたり，退院間近の患者が旅行の相談をしたりと，病院内の利用者の日常性をも引き出すことに成功している（図表15-27）。

(6) 空間の親密性

　病院においてくつろぐことができないのは，見知らぬ不特定多数の人々の視線を感じなければならない公共空間だからである。高度な医療機関になればな

るほど空間は巨大となり、プライベートな領域が欠如する。また、病院は、空調機で温室度が保たれ、照明器具で明るさをコントロールされた人工空間である。インテリアは鉄や樹脂などの素材であって、柔らかなテキスタイル素材は敬遠される。

　こうした人工的室内環境に自然要素を取り入れることは、気持ちをやわらげるのに大きな効果がある。窓からレンガ壁しか見えない病室と、緑を見ることのできる病室で過ごす患者の療養生活を比較した研究が英国でなされた。緑の見える病室の患者は、在院日数が短く、同等の治療効果を得る投薬量が少なく済む。病室に限らず、大きな開口部を採用することで人工的な病院内部に自然の景観を取り込むことができる。症状によっては外出も可能であり、散策のできる屋上庭園等も効果的である。

　院内に巨大な温室があり、多くの人の気分を和ませるのに大きな役割を担っている病院（倉敷中央病院）がある（図表15-28）。活きた植物の導入が困難な場合は、人工植物を採用することで視覚的に自然要素を演出する方法もある。また、一定の衛生管理のもとで、水生動物の泳ぐ水槽や水の流れを演出する風景も有効である。

　最後に、分かりやすさについて触れる。病院では、患者自身が順序に従って目的地へ移動する必要があるが、規模の大きな病院は患者にとっては迷路のような空間となり、不安要素の一つである。道に迷わず目的地にたどり着けるようにする誘導方法をウェイ・ファインディング（Way Finding）という。直接的には、適切な誘導サインを用いることが求められるが、空間の形や色、あるいはアートや照明等によって、そこがどこであるか、次にどこへいけばよいかを誘導できる環境を整えることも可能である（図表15-29）。

（7）ヘルスケアアートによる人間性の回復
① 人間的感覚の導入
　病院の無機質な空間に、親しみやぬくもりを持ち込むのに有効な手段のひとつがアートである。また患者や家族、ときには医療スタッフの気持ちにさりげ

第15章　病院における建築と管理

【図表15-28】病院内の温室でくつろぐ人々

【図表15-29】アトリウムは複雑な空間にわかりやすさを与える

【図表15-30】パフォーミングアートを楽しむ入院患者

なく入り込めるのもアートの特徴である。病院で扱われるアートをホスピタルアートと呼ぶ。また病院だけでなく老人福祉や障害者施設など弱者に対する配慮を包括する概念としてヘルスケアアートと呼ぶこともある。アート活動のジャンルは、パフォーミングアート（演劇や演奏等）からビジュアルアート（絵画や彫刻等）まで幅広い（図表15-30）。

アートは医療特有の空間的特徴である効率性、特殊性、無機性、閉鎖性、画一性を乗り越える。制度的な枠組みに、人間的な要素（ヒューマナイジング：humanizing）である遊戯性、日常性、有機性、開放性、固有性を持ち込む。

病院でのアートは、いわゆる芸術性の高さを求めるものではない。ちょっとしたユーモアを感じさせるもの、自分の物語として感じられるもの、自然素材を使った親しみのあるものなど、コミュニケーションを誘発し相互作用を触発するものである。

② アートの働きかけ

病状の時間経過に着目すると「病気になりはじめの時期」から「病気からの

【図表15-31】 大型検査機器の不安をやわらげるアート

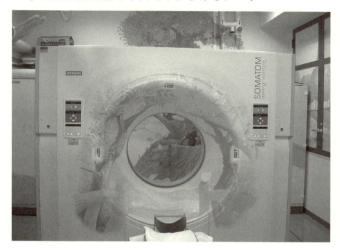

回復の時期」まで気持ちは大きく変化する。アートを活用した環境が、その時々の家族の気持ちを支えると考えられる。

急性期に医療を受ける段階では、意識をそらし不安を一時的に紛らわすディストラクションの効果が期待される（図表15-31）。病状が一段落した回復期においては、不安を転換し気持ちを平常に回復するリフレッシュメント、さらに慢性期においては療養生活に活力を与え応援するエンカレッジメントという効果で働きかける。

全体としてアートに期待されるのは、不安な気持ちをやわらげる癒しの効果であろう。あるいは、入院期間中安心して身を委ねることのできるホスピタリティだ（図表15-32）。病気という状況をそのまま受け入れられることが安心感につながる。アートが自分たちのために設置されているということがわかることで、病院への気持ちが変わる。

③ アートを支える体制

現在、多くの病院でホスピタルアートを導入することが標準となりはじめて

【図表15-32】玄関付近のアートがホスピタリティを発揮する

いる。しかしながら，継続的にアートを支える体制が整えられてはいない。建築同様，継続的な維持管理，更新等の仕組みが求められる。

　こうした体制を病院内に構築するのか，NPOや市民団体など外部の専門組織に委ねるのか，英国の支援組織のあり方を大いに学ぶ必要があろう。

　まずは人材の確保。一部の病院では院内にアートディレクターを配置し，アートの視点から病院環境の改善業務を行っている。大きな効果を発揮しているものの単独の職務であり，十分組織化されていない。次には財源確保。アートに対する財源が予算化されておらず，アイデアが実行段階に移せない。その背景には，病院におけるアートの重要性が一般的には未だ十分浸透していないことがあげられる。

　医療環境が先端的であればあるほど，検査機器や治療機器が整備されればされるほど，関係者の緊張を解きほぐしリラックスさせる環境が整備されるべきであろう。

（鈴木　賢一）

【参考文献】

2. 節

柳澤忠（1969）『病院建築の成長と変化』現代医学

柳澤忠・今井正次（1969）「成長変化に耐える設計」『建築文化』278号

柳澤忠（1972）「マック・マスター大学ヘルス・サイエンス・センター」『病院建築』17号

柳澤忠（1988）「成長変化とファシリティマネジメント」『病院設備』29号

日本ファシリティマネジメント推進協会（編集委員長柳澤忠）（1991）『ファシリティマネジメントの実際．施設を活かす総合戦略』丸善

日本ファシリティマネジメント推進協会ヘルスケアFM研究部会（2008）『病院にこそ必要なファシリティマネジメント．病院建替・増改築に関する調査報告書』JFMA

3. 節

Nightingale, F. (1863) Notes on Hospitals, Longman/Roberts and Green.

Preiser, W.F.E., Vischer, J.C., White, E.T. (1991) Design Intervention: Toward A More Humane Architecture, John Wiley & Sons Inc.

鈴木賢一（2006）『子どもたちの建築デザイン―学校・病院・まちづくり』農山漁村文化協会

鈴木賢一（2014）「病院環境のヒューマナイジング」アートミーツケア学会編『病院のアート』生活書院

外山義（2003）『自宅でない在宅―高齢者の生活空間論』医学書院

病院管理および病院管理学の展望

1. 病院管理の展望

　医療機関のあるべき姿は安心・安全，質の高い医療の提供できる機関を安定して永続的に運営して行くことにある。国民や患者もおそらくそのような医療機関の姿を望んでいると思われる。今後，社会保障システム，医療保障システムは人口減少や高齢化が進む中で，医療技術や医療機器の発展，さらには新しい医学知識の発見などにより変化をし続けるはずである。その変化にきちんと対応し，常に革新マインドを持ち続けることが大切である。

（1）変化への対応と革新マインド

　もろもろの社会的，行政的変化，さらに自院における医療提供体制等の変化に対応して機関のあり方の対応が求められる。医療機関のオペレーションを考えてみると機関発足時にはその時点の理念のもとに各医療職者は最大限の努力をし，医療機器，設備を活用して医療にまい進する。医療従事者の努力により，あるいは医療資源（費用）を活用することにより，医療と経営の質は改善し，患者のみならず医療従事者の満足度等は上がっていく。しかしその上がり方は徐々に緩まり，いわゆる定常状態（plateau）に落ち着く。勿論こういう状態を小規模な変革（マイナーチェンジ）によってしっかり維持してゆくこと

【図表16-1】 病院変革への意思

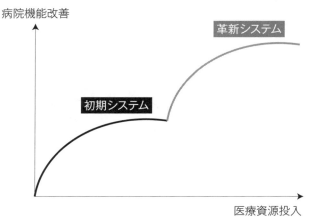

病院変革は従来とは異なる新しい発想の革新システム（新しい発想，新システム，新技術，新プロセスなど）を導入することで飛躍的に可能となる。例えば病院情報システムと電子カルテシステムを導入することで，紙運用システムとは全く違う医療システムが実現する。
出所：筆者作成

も一つの方略ではあるが，大きな変革が必要な場合がある。それを察知するのがトップマネジメントの仕事であり，能力でもある。

　医療機関のマネジメントには病院全体のマクロマネジメントと院内各部署（各組織）のミクロマネジメントとがある。ここで述べたい変革は主に医療機関そのもののマクロマネジメントであるが，機関内の組織の変革，つまりミクロマネジメントも常にあり続けなければならない。

　変革の必要性は，医療機関を取り巻く外部的・内部的変化が生じたとき，すなわちあるべき姿の変革が必要と思われた時とあるべき姿と現実とのギャップを気づいたときである。例えば著しい人口構造や医療産業構造の変化，行政の変化，情報網や交通網の変化などが起こったとき，さらには新しい機器や知識が発見されたときであろう。まさにこれらの変化を契機として，自院の変革が必要と分析されたならば，新しいシステムの導入に踏み切ることを考えるべきである。場合によっては病院の建て替えも考慮しなければならなくなることも

ある。この新しいシステム導入によって新たな飛躍が可能になる（図表16-1）。

　病院変革は従来とは異なる新しい発想の革新システム（新しい発想，新システム，新技術，新プロセスなど）を導入することで飛躍的に可能となる。例えば病院情報システムと電子カルテシステムを導入することで，紙運用システムとは全く違う医療システムが実現する。

(2) 地域の中での医療機関

　今後留意すべき点として病院は自院だけのことにかかわっているだけではなく地域の中の医療機関である視点を忘れてはならない。そして1病院という単一システムから地域包括ケアネットワークの中の1医療機関であること，他の医療機関との対立ではなく，コラボレーションによって地域医療に貢献していることを認識するべきである。そのベースを支えているシステムは多職種連携システムであり，多施設連携による地域医療情報システムである。

(3) 国民目線を忘れるな

　さらに医療者の目線からだけの病院管理ではなく，国民・患者の目線があることを決して忘れではならない。国民・患者が医療についてどう感じているのかは満足度で推測できる。2015年9月厚生労働省の発表によれば（2014年10月，全国488施設，外来，入院患者の計約15万3000人対象），病院の全体的満足度は，入院患者の66.7％％が「満足」，23.5％「普通」が，4.6％が「不満」で，施設規模が大きいほど満足度は高かったという。66.7％が満足というこの値をどう見るか。この数値を少しでも上げるように努めるのが医療者の責務である。不満の原因には医療安全に対する不安，長い診療待ち時間，医療者の説明不足，高い医療費などが想定されている。

　着実な歩みと革新マインドをもって病院運営および医療を行ってほしい。

2. 病院管理学で特に学んで欲しい点

　病院管理といっても一般の医療者にとってはそんなに親しみやすい領域ではない。実際，病院管理については何をどう勉強すれば良いのか簡単に理解できるものでもないが，本書には，学ぶべき内容はほとんど網羅されている。これらの内容を実際の医療現場での経験と照らし合わせて，病院管理学をより深め，自分のものにしてほしい。

　ここでは病院管理学を学ぶ上で，特に学習し，理解してほしい項目を以下に挙げる。

(1) 医療管理・経営とお金の問題

　医療機関が安定して維持・発展するにはコストと成果という視点が大事である。医療についてはもともとお金が絡むことに対して忌み嫌う風潮がある。本来医療は病者・患者の治療を行うという神聖な考えが底流にあるために，その中にお金の概念が入ってくることが嫌われるわけである。さらにどこの大学医学部においても学生教育において倫理学の話はあってもほとんどお金の話は出てこない。すなわち医療経営学そのものが科目として教えられる事は滅多にない。

　病院の機能を病院管理・経営の視点から考えてみる。患者さんの健康状態は病院に受診する前はどんな病気で将来どうなるのか，あるいはこの不安状態をどうしたら解決できるであろうか等，混沌とした状態にある。こういう混とん状態で病院にかかるということは，混とんとした病態を診断や治療によって解消し，健康を回復することを意味する。診断治療過程と健康回復をシステム的に考えると，診断治療には医療資源（コスト（C）で表す）の投入が必要である。この資源を活用することによって，健康回復という価値（ここではαとする）が付加される。この$C+\alpha$が収益でαが利益となるものである。診療報酬的に言うと病院という診療施設において人件費や減価償却費，薬剤・医療材料費（C）に医療知識や技術が加えられ（医学管理料，診断料，処置料，手術料

第16章 病院管理および病院管理学の展望

など），αという価値が生み出される。いわゆるドクターフィー的なものである。したがってこのα自体は当然の報酬と考えてよい。

問題は医療を経営（医療機関を維持・発展）する場合，このαをどのように増やし，あるいは限られたαの中でどのように病院運営を行っていくのかを示すことがトップマネジメントの役割である。したがって病院管理者はこのαを適正に得て病院を安定的に運営してゆくと言う使命がある。成果を上げると言う事は，結局Cを使って価値αを上げていくということになる。つまりその原資となるものは医療資源であり，医療資源はコストという形で示され，その活用によって生まれた成果は利益と言う形で還元される。このようにコストの概念，利益の概念をしっかりと押さえておくべきことである。

ここで営利と非営利という形態から医療を考えてみる。通常営利企業は，企業家がこういうことをやりたいということで，それに賛同する参加者（投資家）がお金を出資し，収益の一部を出資者に返す仕組みである。この仕組みでは企業は利益を最大化して利益を出資者に還元することが想定されている。さらに企業は出資者，顧客，従業員にたいして企業を安定・発展させるという社会的責任もあるが，企業はお金（資本）の出資者の結合体であり，資本に人が従属している状態にある。

一方医療は患者の診療といういわゆる患者のneedに対する治療が先にあって，患者の問題点を解決するべく，患者も含めて医療従事者の結合体になっている。それに診療報酬が付加されるという構造（上記）になっており，このような考えからも医療が非営利であることがわかる。医業の利益は医療の発展に還元される。

医療を医療経済学的に考える視点は重要である。

【参考文献】
村田幸則（2012）「医療と経営学」山内一信編著『入門 医療経営情報学』同友館

山内一信（2012）「日本の医療の現状と課題，医療経営情報学を学ぶ必要性」山内一信編著『入門医療経営情報学』同友館
山内一信（2017）「東海病院管理学研究会の50年と将来展望」『東海病院管理学研究会年報2017年』東海病院管理学研究会

（山内　一信）

【著者紹介（執筆順）】

山内一信	医療法人康誠会東員病院・認知症疾患医療センター院長 藤田医科大学名誉教授，名古屋大学名誉教授
加藤　憲	愛知淑徳大学健康医療科学部スポーツ・健康医科学科准教授
大西丈二	名古屋大学医学部附属病院老年内科講師
宮治　眞	名古屋市立大学客員教授
勝山貴美子	横浜市立大学大学院看護管理学分野教授
小林三太郎	愛知淑徳大学交流文化学部交流文化学科准教授
村田幸則	藤田医科大学医療科学部医療経営情報学科助教
北野達也	星城大学経営学部健康マネジメント系医療マネジメントコース専攻長 星城大学大学院健康支援学研究科医療安全管理学教授
稲葉明日香	医療法人社団友愛会法人本部経営企画室室長
藤原奈佳子	人間環境大学看護学部・大学院看護学研究科教授
米本倉基	藤田医科大学大学院保健学研究科医療マネジメント領域教授
大田真由美	東海病院管理学研究会会員
真野俊樹	中央大学大学院戦略経営研究科教授/多摩大学大学院特任教授
横内光子	神戸女子大学看護学部看護学科教授
松葉和久	一宮研伸大学看護学部非常勤講師医学博士
河合　晋	岐阜協立大学経営学部准教授
黒野伸子	岡崎女子短期大学現代ビジネス学科准教授
村井はるか	藤田医科大学医療科学部医療経営情報学科准教授
内藤道夫	鈴鹿医療科学大学医用工学部医用情報工学科特任教授
白鳥義宗	名古屋大学医学部附属病院メディカルITセンター 病院長補佐/病院教授/センター長
大山慎太郎	名古屋大学医学部附属病院メディカルITセンター特任助教
谷口　元	名古屋大学名誉教授
柳澤　忠	名古屋大学，名古屋市立大学名誉教授
鈴木賢一	名古屋市立大学大学院芸術工学研究科教授

2019年5月30日　初版第1刷発行

病院管理学

監修者	山内　一信
編著者	村田　幸則
	加藤　憲
発行者	脇坂　康弘

発行所　株式会社 同友館

〒113-0033 東京都文京区本郷 3-38-1
TEL.03(3813)3966
FAX.03(3818)2774
https://www.doyukan.co.jp/

落丁・乱丁本はお取り替えいたします。　　三美印刷／松村製本
ISBN 978-4-496-05420-4　　　　　　　　　Printed in Japan

本書の内容を無断で複写・複製（コピー），引用することは，特定の場合を除き，著作者・出版社の権利侵害となります。